"义渡文丛"

领悟集

——重庆市第三十七中学校教师教育教学论文集

伍平伟　主编

北京理工大学出版社
BEIJING INSTITUTE OF TECHNOLOGY PRESS

内 容 提 要

重庆三十七中，近15年来一直努力探索学校教育改革：从2001年开始的研究性学习，到校本课程建设并在重庆市内小有名气；从奔赴洋思中学、綦江中学等市内外课改名校学习，到2012年11月全面启动课堂改革，学校全面学习推动“高效课堂”模式。多年来坚持不懈的探索，从学校到教师个体，从德育到教学，从学生到家长各个层面的教育教学研究从未停止，学校涌现出一批课改先锋，老师们形成了自己的研究文章。为汇聚智慧，我校特别把老师们的研究成果结集出版，命名为《领悟集》，以此沉淀我们过去的行动和思考，并继续前行。

图书在版编目（CIP）数据

领悟集：重庆市第三十七中学校教师教育教学论文集/伍平伟主编. —北京：北京理工大学出版社，2015.11

ISBN 978-7-5682-1527-5

Ⅰ.①领…　Ⅱ.①伍…　Ⅲ.①中学教育-文集　Ⅳ.①G63-53

中国版本图书馆CIP数据核字（2015）第274197号

出版发行／北京理工大学出版社有限责任公司
社　　址／北京市海淀区中关村南大街5号
邮　　编／100081
电　　话／（010）68914775（总编室）
　　　　　（010）82562903（教材售后服务热线）
　　　　　（010）68948351（其他图书服务热线）
网　　址／http：//www.bitpress.com.cn
经　　销／全国各地新华书店
印　　刷／三河市华骏印务包装有限公司
开　　本／880毫米×1230毫米　1/32
印　　张／10.75　　责任编辑／张慧峰
字　　数／292千字　　文案编辑／张慧峰
版　　次／2015年11月第1版　2015年11月第1次印刷　　责任校对／周瑞红
定　　价／46.00元　　责任印制／李志强

编委会

序　一

大渡口区教育委员会主任　毛　勇

重庆三十七中，是重庆市首批重点中学。60年，弹指一挥；60年，岁月留痕。2015年，重庆三十七中迎来了建校60周年的重要时刻。60年来，三十七中人艰苦创业，教书育人，与时俱进，追求卓越；60年来，三十七中人栉风沐雨，砥砺歌行，三校合一，春华秋实。三叶树下，学子守望；重阳木中，教师知行。诸子园里，风华少年亦歌亦舞；荟轩廊中，意气书生浅吟低唱。60年的风雨洗礼，60年的铿锵前行，留下了三十七中人坚实的奋进足迹和攀登指痕。60年的发展，三十七中逐渐形成了自己独特的办学理念和校园文化。如今，三十七中在课程改革、科技创新、艺体培养等方面形成了鲜明的特色，取得了令人瞩目的成绩。

六秩风华，乙未新章。为总结经验，传承文化，继往开来，三十七中人在60周年校庆之际，把自己近年来在教育、教学与管理等方面的物化成果汇编成集，命名为《领悟集》。“领悟”一词，《现代汉语词典》（第6版）的解释是“领会，理解”。——人生在世，仰观俯察，一定需要领悟生活、反思当下。清人秦笃辉在《平书》里曾说：“读书作文，以领悟为上。无所领悟，虽十年八年归于无益；有所领悟，虽一刻两刻可以有功。”可见，在领悟中，人对自身所在世界奥秘的洞悉与人生真谛的彻悟就会如同涓涓细流，汇聚成海。此种“领悟”，对于自身的发展和他人的借鉴都会大有裨益。

在这本《领悟集》里，围绕着“教与学”这条主线，我们随处可见三十七中人对学科教学、衔接教学、教材整合、应试备考的留心与研究，随处可见三十七中人对育人育德、爱与责任、班级管理、环境熏陶的思考与体悟，也随处可见三十七中人对课堂改革、有效教学、科技发明、体艺发展的探索与实践。有心的三十七中人，在领悟中践行着自己的办学理念，在领悟中助推自己以及莘莘学子的长远发展与健康成长！

六十春秋成过往，风正扬帆又起航。“祝公寿共诗书久，一瓣心香已敬焚。”衷心祝愿三十七中人手拈“领悟”这瓣“心香”遥望下一个60年，衷心祝愿“日知”“月能”的三十七中明天会更美好！

2015年11月，重庆大渡口

序　二

王　体

乙未之秋，羊岁重阳；金风送爽，丹桂飘香。适值我校喜逢六十周年庆典。高朋满座，胜友如云；人头攒动，名士致辞；举校庆欢，才俊贺喜。

昔建校之初，井泉亲临；今花甲之岁，桃李满堂。望长江古渡，浩浩汤汤，旧风犹存；思三七历史，绵绵长长，伟业开继。教于课堂，春华秋实；学在课改，日知月能。路问昌乐，学慕齐鲁。内化整合，兼取众长。环境熏陶，活动育人；经典涵泳，国学养正；寻真固本，立德树人。事事反己，时时问心。沉潜深耕，冷热不惧；心思胸藏，风雨无阻。

六十载矣，栉风沐雨，丹心育英才。

六十载矣，砥砺歌行，粉笔写春秋。

一路探索，一路奋进。披星戴月，孜孜矻矻。课内精专，课外博宽。谋教师专业之发展，论文迭出；思教育教学之研究，成果涌现。其文或鼓励赏识，或点拨转化，或警示关心，或激趣养心，或夯基承继，或翻转创新。内容之研究，方法之研究，学生之研究，自我之研究……有研究方有探索，有探索方有创新，有创新方能超越。与学科以相爱，和心灵而会约。求真务实，追本溯源。教师深谙：风格乃人格，作文即做人；教育科研，是“做出”而非“写出”；文章成果，乃经国之大业，不朽之盛事。书山有路，焉能却步；学海尚远，岂容安乐？咬定青山，莫移进取之心；沉潜教学，休做黄粱迷梦。见日知而愈奋，处月能以思宗。终似板桥之画竹，日间挥写夜间思；又如韩愈之劝学，养其根而俟其实。

凡逢庆典，常有佳作。思维成果，化为纸张。网罗锦绣，汇集成编。其著皇皇，焉能无序？

遂口占一律，其诗云：

花甲之岁贺宾朋，文如雪花思无穷。
六十风云成过往，百亩校园与谁同？
思维牵系日知里，研究频显月能中。
甲子邂逅复悠然，乙未新章忆峥嵘。

是为序。

2015 重阳　重庆 37 中

Contents

目 录

✲ 文科篇一

理科篇二

文科篇一

浅析古诗文对培养学生审美情趣的作用

梁健峰

爱因斯坦曾说过：“用专业知识教育人是不够的。通过专业教育，他可以成为一种有用的机器，但是不能成为一个和谐发展的人。要使学生对价值有所理解并且产生热烈的感情，那是最基本的。他必须获得对美和道德上的鲜明的辨别能力。否则，他——连同他的专业知识——就更像一只受过很好训练的狗，而不像一个和谐发展的人。”爱因斯坦的这段话揭示了一个真理：要把受教育者培养成“一个和谐发展的人”，审美教育的作用是其他教育无法替代的。

在我国现阶段，审美教育是素质教育的重要构成部分，审美教育要使受教育者掌握审美基础知识，形成一定的审美能力。培养正确的审美观念，要培养和提高受教育者感受美、鉴赏美、创造美的能力。“课标”中明确指出：“语文课程还应重视提高学生的品德修养和审美情趣，使他们逐步形成良好的个性和健全的人格，促进德、智、体、美的和谐发展。”“在语文学习的过程中，要提高学生的文化品位和审美情趣。”

审美教育是一种形象性的教育。任何一种类型的美，无论是自然美还是人格美，都是以具体可感的形象表现出来的。在审美教育的过程中，就是通过具体可感的形象去吸引人、感动人、启迪人并教育人。而中学教材中的古代诗歌、文章，都是借助具体可感的物象来传情达意的。

审美教育不仅具有形象性，还有情感性。美与不美，就看在审美活动中能否调动人的情感，使受教育者通过亲身体验产生对客观事物的肯定与否定的审美态度和审美评价，进而在情感上受到熏陶。而中学教材中的古诗文语言优美凝练，意境深邃幽远，蕴含着丰富的情感，传达出深刻的思想，能调动受教育者的情感。

所以，通过品读古诗文，能够提高学生的文化品位和审美情趣。教师可以通过让学生“在读中感语言美，于品中悟形象美”的方式来培养学生的审美情趣。

一、在读中感语言美

很多古诗文语言优美而凝练，对仗工整，读起来朗朗上口。学生经常吟诵这些诗文，能感受其和谐的韵律带给人的美的享受。

如《岳阳楼记》一文，四字句如珠走玉盘，整齐对称。“日星隐曜，山岳潜形”“浮光跃金，静影沉璧”，这些句子音律和谐，读起来舌端润畅，心神愉悦，文中类似的句子俯拾皆是。此文同时又结合使用散句，骈散结合，使语言富于变化，读起来有抑扬顿挫之感。如：“予尝求古仁人之心，或异二者之为，何哉？不以物喜，不以己悲。”

《醉翁亭记》同样大量运用了骈散句，增强了韵律美。“临溪而渔，溪深而鱼肥，酿泉为酒，泉香而酒洌”“日出而林霏开，云归而岩穴暝”，这样整散结合，使文章既有诗的意境，又有散文的美感，读来就有一种回环往复、余音袅袅的音乐美。

品读古诗文应该含英咀华，如此才能榴齿含香，陶冶性情，从而培养高尚的审美情趣。

二、于品中悟形象美

（1）古诗文中色彩缤纷、景象万千的自然景观能陶冶学生的性情，净化学生的心灵。

如:《天净沙·秋思》中的“枯藤老树昏鸦，小桥流水人家，古道西风瘦马”，惜墨如金的十八个字勾勒出意境深远、色彩感极强的三幅画面，带给学生无限的美的享受，让学生体会到什么是优美；《沁园春·雪》中的“北国风光，千里冰封，万里雪飘”，广袤无垠的北国冰雪让学生领会到了什么是壮美；《相见欢·无言独上西楼》中的“无言独上西楼，月如钩。寂寞梧桐深院锁清秋。剪不断，理还乱，是离愁。别是一般滋味在心头”，那黄昏中寂寞的梧桐，让学生感悟到了什么是凄美。

由此可见，学生在享受古诗文中的自然美时，培养了审美感受能力，即懂得了如何感受美。

（2）古诗文中塑造了很多具有无限人格魅力的人物形象，他们的精神品格对于学生树立远大的理想，形成正确的人生观、价值观，有着“润物细无声”的作用。

如诸葛亮在《出师表》中表现出对刘氏父子的忠诚以及为蜀汉大业“鞠躬尽瘁，死而后已”的精神，让人肃然起敬；陶渊明在《五柳先生传》中表现出的自得其乐、淡泊名利的思想，让人懂得人生不为功名所累，就能拥有一份从容、一份淡定。杜甫在《茅屋为秋风所破歌》中疾呼“何时眼前突兀见此屋，吾庐独破受冻死亦足”，其中体现的济世情怀让人感动，也让学生明白了自己对国家和民族应尽的责任和使命。出自《孟子》的《鱼我所欲也》，用面对鱼和熊掌之间的抉择，比喻面对生命和大义之间的选择，孟子毅然“舍生而取义”，文中对舍生取义精神大加称颂。

古诗文中宣扬的这些精神让学生学会了鉴别美和丑，树立了正确的人生观、价值观，这样学生就能自觉抵制丑的侵蚀，向美的行为靠拢。由此可见，古诗文培养了学生审美鉴赏能力，即让他们明白了如何鉴赏美。

学生通过感受美、鉴赏美从而提高审美自觉性，不仅仅是为了更好地认识美、欣赏美而获得美的享受，其中还有一个更高的目的就是创造美。中学生正处在培养审美情趣、发展审美能力的关键时期，而古诗文能引导学生去感受美、体味美、热爱美进而创造美，这个过程使学生的情操得到陶冶，从而形成健康、高尚的审美情趣。

若要学生勤动笔，唯有教师善思量

——阅读教学中激发学生写作冲动的一些实践

李　军

作文指导中，学生不想动笔常让教师犯难。这其中，除了学生的阅历、情感、语言积累和写作技能是短板外，其实还与教师是否善于引导直接相关。

先要有想写的冲动，才谈得上写什么和怎么去写，所以，让学生勤动笔，是万里长征的第一步。而要想学生勤动笔，教师就要善于思量，在阅读教学中，想方设法为学生创造动笔条件，营造动笔氛围，让动笔不是敷衍应景，而是合情合理、水到渠成，成为学生抒发情感、表达思想的需要。

笔者在阅读教学实践中，为激发学生的动笔欲望，做了一些努力和尝试，也多少收到一些效果，现整理出来，与大家交流。

一、善伏

教材所选文本，多为名家精品，可供学生借鉴学习之处颇多。备课中，教师要善于挖掘出作文生成的预设点。在灵动、开放的阅读教学过程中，精巧的预设往往能激发学生创新的灵感、思维的火花，从而生成许多“美丽”的作文。[1]

在教学《陈涉世家》时，将学习叙事和写人预设作为重点，学生们投桃报李，抓住不同的人物，多角度地将这一历史事件重新描述了一番，很有创意。

附：《那些残留的记忆》（曾美娅）

那些残留的记忆

佣者：

真累呀，都傍晚了，也该歇会儿了吧，可我在田埂上刚要睡着，陈胜那个家伙却推醒我，还一脸兴奋地对我说："要是我们当中有人出人头地了，可千万别忘了彼此哦！"都不小了，还做白日梦！"我们一无所有，何来富贵呢？"更好笑的是他还叹息什么"燕雀安知鸿鹄之志哉"。

见他看着红色的夕阳沉入幻想之中，我摇了摇头。

…………

将尉：

最近几天发生了很多怪事，不吉利啊。先是士兵们从买来的鱼肚子里发现了用朱砂写的"陈胜王"这三个字，后来又听见丛林里的妖狐在夜里大叫什么"大楚兴，陈胜王"，搞得我一晚上都没睡好。今天早上起来，士兵们都人心惶惶，陈胜这个小子我得提防点儿。我总觉得有事要发生，不知道等待我的是什么。哎，吴广又在说什么要当逃兵，动摇军心，老子先废了他……

二、善引

要找到预设点，教师的引导很关键。要充分挖掘文本资源，引导学生品味、感悟其中的魅力，使他们受到熏陶和感染，产生联想，深刻思考，从而萌生一试身手的冲动。

1. 词句积累，学以致用

俗话说"拳不离手，曲不离口"，可经常进行语段训练，将本课中学到的妙词串联成句段，当场评析；再让学生修补，二次练笔。这不仅能加深学生对词语的理解，还能提升学生的创作兴趣。

2. 创设生动感人的情境[2]

李吉林的情境教育就非常强调情境对学习的作用，创设生动的情境，往往能唤起学生炽热的情感——或爱得深沉，或憎得真切，或悲得壮烈，进而产生创作冲动。

在教学《纸船》时，笔者利用影像、音乐等资源，师生多次表情朗读，将学生感动得泪眼汪汪。再问起住校的同学离开家时是什么感受，大家便不约而同地提笔疾书。

3. 深刻挖掘，启迪思维，让学生富有思想

新课标要求作文教学注重“以学生的发展为本”，教师应多给学生“思维的机会”，对学生进行多方位、多角度的思维训练，在与名家的对话中，净化灵魂，提升思想。在教学中，笔者常让学生展开讨论、辩论，学生将思辨、切磋后的结果整理出来，一篇篇佳作于是诞生。

附：《心中的桃花源》（饶云佩）

心中的桃花源

许多年前的一个梦，引我走进桃花源。
五柳是前世的花，为我开放到今天。
心中的桃花源，红尘里看不见。
你为我开辟的那个路口能否让我回到从前？
…………
你为我留下的那首歌，
我会一直把它唱到永远。

4. 巧借课后练习

《杜甫诗三首》课后练习二让学生改编《石壕吏》，还从人物、描写等方面作了提示。练习三让学生找出对偶句，体会其特点并仿写一两组。

这两个练习，既有词汇、句式的基础训练，又有谋篇布局、表达技巧以及深刻理解、思维拓展的综合训练，提示得当，写作指导性很强，不用教师费口舌，学生便心领神会。

附学生改编剧本片段：

（几声狗叫，几声鸟啼，匀缓的梆子声中，更夫上场）

更夫：天干地燥，小心火烛，关好门窗，防火防盗。

（远处突然传来一阵狂躁的狗叫声）

更夫：妈呀，不好啦，又来抓人啦！快跑啊，官兵又来抓人啦！关好门窗，吹灯熄蜡，翻墙越院，远走高飞啊——

（更夫撒腿就跑，却一跤跌倒，手忙脚乱地拾起打更器具，跌跌撞撞地快速跑下，急而乱的打更声渐远渐小。）

…………

《我的叔叔于勒》课后练习四让学生补写短文，既可帮学生深入思考小说的主题，又可在训练学生思维的同时让其模仿小说的情节设置，一举多得，何乐而不为？

5. 以懒促勤，以写代读，自主练笔

在阅读教学之中，尤其是一些能意会而不太好言说的文章，不妨灵活一点，教师可适当地“偷偷懒”，让学生以写代读，学生也正好少了老师陈词滥调的“聒噪”，皆大欢喜。

如学习八年级下学期二单元巴金和纪伯伦的几篇诗歌，我便告诉学生：要想自读，可以，拿文章出来。学生被这么一激，还真写出了几篇好作品。

附：《守望者》（黄艺妮）

守望者

…………

雾太浓，模糊了日出；夜太深，吞噬了星光。在灯火阑珊的熙熙攘攘中，我沉默地观望。

我展着一页页五线谱，谱着没有词的旋律；我支起横横纵纵的网，托起城市的蓝天。

我太高，抚摸不了大地；我又太矮，触碰不了浮云。笨重的疲倦早已把灵魂压垮，可笔直的身躯却容不得一刻休息。

…………

6. 拓展延伸，放飞学生心灵

为了增加学生写作的兴趣，不能满足于课内，还要到广阔的课外天地去遨游，给他们补充大量的阅读文本，并引导他们由读到写，最后跳出文本，为生活中的感悟而写。

三、善选

除了选出整体优秀的范文，还要选出特点鲜明的例文，多关注闪光点，哪怕是一句漂亮的话、一个优美的词，也要给以足够的肯定，甚至全班展示。如《天空》（郑丹妮），尽管该文整体上有些凌乱，但它的语言相当精美，一些句子的哲理性很强，所以，就不妨亮出这些优点，极大地鼓舞她，以形成示范效应。我很少改动学生的作文，但绝不放过文中的出彩点。一篇作文中，鲜红的对钩很多，因为不是每个学生的作文都有机会被拿出来点评，因此教师要善于让学生知道他的作文哪里有进步、哪里是精华。

附：《天空》（郑丹妮）

天　空

见过所谓的雄伟/无非是一些硬挺脊背装高的山梁
见过所谓的美丽/无非是一汪打捞出污垢后变清的流水
…………
我们的韵华似水/柔软而清凉

四、善评

面对学生用智慧生成的美丽文字，应及时交流分享，且评且赞。教师要点评，但，要写作文的是他们，写出作品的是他们，需要提高的也是他们，因此，欣赏、评议作文的，当然也应是他们。教师推荐的范文可评，学生推荐或自荐的也可评，评语言、评修辞、评结构、评立意……只要好，都可评[3]。采用各种形式，不吝美誉，让学生感到写了就会受鼓舞，在让学生知道怎样才算写得好的同时，不断强化刺激学生动笔的欲望，最后让他们喜欢上写作。

读可促写，写可带读。在阅读教学中，教师要善于思量，变着法儿地让学生多写，而且还不能让学生觉得多、觉得累、觉得烦，努力去改变学生怕写、不想写、没得写这种情况。

参考文献

[1] 许武军. 在阅读教学中巧妙预设，为作文生成奠基［J］. 小学教学参考（语文），2007（7）.

[2] 李庆明. 李吉林与情境教育［M］. 北京：国际文化出版公司，2003.

[3] 陈辉如. 何上好作文讲评课［J］. 中学生优秀作文·教学，2011（2）.

提高语文课堂效率之我见

崔红羽

传统的语文课堂教学存在很多弊端，诸如片面强调教师的教，形成了以教师为本位的教学关系，将学生定位在依赖性层面上，低估、漠视学生的独立学习能力，忽视、压制了学生的独立要求，教师越教，学生越不会学、越不爱学等问题。面对新课标，教师应该时时刻刻都有一种紧迫感。作为语文老师，只有不断更新自己的教育观念，丰富自己的知识，才能在语文课堂教学中用自己专业的语文素养来引导学生爱学语文、会学语文。

当前，课程改革在课堂教学中遇到的最大问题就是低效甚至是无效。课堂教学改革就其总体而言，取得了一些成绩，但是由于对新课程理念的领会不到位以及实施者缺乏必要的经验和能力等，致使课堂教学改革也出现了形式化、低效化现象。要解决以上的诸多问题，我认为应从以下几个方面着手改善：

一、“胸中有丘壑”——课前准备

课前准备是提高课堂效率的关键。因为备好课是搞好教学的基础之基础、根本之根本。教师只有深入钻研教材，精心设计课堂教学，才能取得良好的教学效果。备课的要求是多方面的，但至少要做到以下三点：了解学生的知识“底细”，明确教学目标，掌握教学的重难点内容。只有知道学生该学什么，才能弄清自己该教什么。教学目标决定课堂教学的走向。课堂教学目标明确，重难点内容突出，可以有效地克服教学中的随意性和盲目性，使教学更有针对性。

语文教师备课时，既要认真钻研教材，又要深入研究学生情况，力求制定出明确、具体而又符合学生情况的教学目标、教学重点和难点，精心安排教学过程，灵活运用教学方法和手段，编写出切实可行的教案。力争对学生进行分层教学，当然这首先需要教师对每个学生的学习现状很了解，这样才能在教学中有的放矢，既减轻学生过重的学业负担，又让每个学生都能有所得。学生怀着轻松愉悦的心情上课，何愁课堂效率不能提高？

现在的语文课课堂设计中有不少与文本无关的环节，如花哨的、带表演性质的教学环节，学生看似活跃的讨论，莫名其妙的拓展延伸，等等。教师用一些表面活跃的形式掩盖了教学的本质，让一些眼花缭乱的花哨表演填充了课堂。我们在语文课中应该关注文本，关注语言，关注情感、表达方式等语文本身的东西，这样才能上出真正的语文课。

二、"润物细无声"——方法渗透

"学生要能较熟练地运用读书方法，扩大阅读范围，拓展自己的视野。"这是语文新课程标准所强调的。然而单靠一个学期教材上的几十篇课文根本无法满足学生的阅读需要，也无法幅度较大地提升学生的阅读能力。这就需要大量的课外文章来补充"营养"。但学生如何来阅读课外文章呢？如何举一反三呢？这就需要教师在课内阅读教学中有意识地培养学生的语感，传授方法，培养学生掌握、运用阅读方法的能力。如以下几种阅读方法：一是设疑法。看到一篇文章的题目，就要设想出相关的问题，读书时带着自己渴望解答的问题去读，边读边思考，从而达到基本上读懂课文的目的。如果学生还不具备这种能力，教师就应帮助设疑。让学生们带着这些问题去读课文，使学生不盲目、有目的地读。二是迁移法。课外同步阅读既是教学的一种补充，也是向纵深阅读练习的一个过程。教师在选择课外读物推荐给学生阅读时，应该根据所教文章的特点有计划、有目的地选择，让学生不知不觉地将新学到的阅读方法迁移运用。三是记录法。对一些自己喜欢的文章做点读书笔记，记录优美词句、阅读方法，甚至延伸到课外，对自己看过的课外文章写点心得体会。

对于语文阅读教学来讲，还要注意阅读材料的去粗存精，把烦琐复杂的语文阅读内容以简单明了的形式呈现给学生，从课文中找准切入口。如何上好一堂阅读课，怎样才能提高教学效率？这没有固定不变的模式，它需要根据阅读材料的不同，以及所面对的学生的不同，综合考虑。只有认真分析学生、研读教学材料，才能设计出符合新课程目标和学生认知能力的教学方案，也才可能提高阅读教学的效果。

三、"海阔凭鱼跃"——学生自主

我觉得语文课上应给学生充分的时间读，克服那种浮光掠影、泛泛读上两三遍的做法。在语文教学中，应尽可能地营造浓烈的朗读氛围，促使每个学生的个性充分发展。在这样的氛围中，应吸引学生融入情景，设身处地地感受语言的神奇、内容的丰富多彩、内蕴的意味深长，再通过朗读表达出来。在不断的练习中熏陶情感，发展智力，增强想象能力和思维能力，促进智慧的长进。

语文课上也应给学生充分的时间思考。新课标下的课堂，老师只是引导者，学生才是主体。所以，要让学生参与到课堂中来，让学生积极地思考、踊跃地发言甚至激烈地争论，从而使课堂活跃起来。这就要求老师用自己的智慧来点燃学生的激情，让课堂成为学生张扬个性、展示自我的魅力舞台。

当然，还应把握好课堂的"度"。在课堂教学中，教师对教学速度、难度的调控，直接影响到教学效率的高低。主要表现为：一是课堂教学的速度。它是指单位时间内完成一定量的教学任务的程度，教学速度的快慢意味着在恒定的单位时间里学生接受信息量的多少。二是课堂教学的密度。它是指单位时间内完成一定质的教学任务的程度。课堂教学传授新知识越多，其教学密度就越大。

四、"雄鹰击长空"——创新超越

作为"人类灵魂的工程师"，作为培养 21 世纪社会主义现代化建设者和接班人的人民教师，有必要也必须要树立自己的创新思想，具有创新能力，使培养的人才更富有开拓创新的精神，更能适应未来社会发展的需要。

冷静地想想我们的不少公开课、展示课，有一种强烈的模式化倾向：大多都是让学生自读自悟，然后交流讨论，指导朗读。“独木难成林”，僵化的教学模式使我们的语文课堂走进了死胡同。这就要求我们的老师应该有一种自我超越和创新的意识，敢于打破这种模式，跳出来从不同的角度入手，从不同的教学方法入手——自主学习、情景教学、探究学习都可以运用，文眼、题眼、表达方式都可以成为我们课堂教学设计的切入点，大胆选择最合适的教学方法组织教学，使我们的语文课堂百花齐放。

刘禹锡曾经写下这样的诗句：“沉舟侧畔千帆过，病树前头万木春。”想必没有哪一个教师想成为“沉舟”，成为“病树”；想必具有崇高师德的教师都希望学生能获得更多的知识，能懂得更多的人生哲理。那么，与其仰视别人的博学，不如时刻充实自我，把自己塑造为博学之师！

总之，教学是一个不断实践、不断总结经验的过程，“教学有法而无定法”，正所谓“仁者见仁，智者见智”。只要能够提高课堂教学的有效性，一切为了学生、一切有利于学生的发展，就是有效的方法。

愿我们在以后的教学中不断地探索、发展，真正实现有效的课堂教学，不断提高学生的综合素养，促进教育上新台阶。

浅析2013年重庆中考与语文课改同步行

梁　静

一年一度的中考在人们的关注下落下帷幕。在课改的背景下，我们庆幸地发现：中考这样的选拔性考试已科学地与课改结合，客观公正的评价正在还语文教育一片生态的天空。

一、从试题特点感知课改评价的转变

2013年中考题以语文课程标准为指针，注重对学科基础知识与基本技能的考查，注重人文精神和新课改理念的渗透，也更注重学生实践能力和创新意识的培养。试题特点感知如下：

1. 试卷考点明确，各板块试题体现人性化和选拔性的结合。

2. 呈现学科意识和课改意识的结合：如语文知识与能力、过程与方法意识、情感态度价值观的培养及陶冶意识、语文活动意识、语文生活化意识等。

3. 灵活性强，主观题更尊重了学生的主体参与性，体现其自我意识和思维的开阔。

4. 试题所蕴含的文字信息价值远远超过了分数本身。充分体现“知识是暂时的、变化的、零碎的，而情感、态度、价值观却是持久的、影响学生终身的。将知识作为一个载体，在引导学生求知过程中将教书过程变为育人的过程”的理念。[1]

二、板块解读课改意识和学科意识的体现

语文知识积累与运用部分考点明确，题型常规。基础字词考查植根于教材，促使学生从准字音、正书写、解词义等方面全方位养成积

累的习惯，体现了对汉语的传承要求。病句考查为中考范围基本类型，针对性强。古诗文积累主要考查古诗、文言名篇中的名句默写，重点文言词句的准确翻译、文章主旨把握和写作手法的掌握，体现了初中阶段重在对古汉语进行积累和对兴趣的激发。

仿写题考查学生运用文字生动地表情达意的能力。综合性学习提供生活情景，考查对所给材料信息的整理、归纳能力，对重点信息的筛选能力，还要求对材料信息及其衍生的问题进行拓展提升、探究（比如第一题对科普主题展特点的探究）。

现代文阅读从文章选材上体现寓情和启智相结合，试题注意评价的整体性，特别综合体现了阅读方法的积累和综合运用能力。试题考查学生是否读懂了文章（比如主旨把握、议论文观点如何理解等），并在其基础上要求读深、读透彻，如对某些重点词句（含义深刻的或带有哲理性的重难点语句）进行理解。在灵活性方面，一道题目里潜藏着对别的相关知识的考查。比如第一篇阅读中的14题，题干是“结合语境说说加点词语理解的含义”，其审题难度在“怡然的种种”“柔软的角落”这两个短语。这是两个偏正结构的名词性短语，所以答题要点不仅是对单个词语的含义理解，更重要的是将其结合起来且重心在“种种”和“角落”这两个名词上。除此，第16题题干是“本文的线索是什么”，表面上为针对线索的考点，实际上是考查散文托物言志或借景抒情写作技巧、实物线索与感情线索双线索特点的梳理能力。可见，在阅读教学过程中，阅读方法的有效引导、阅读能力的系统化培养等方面对我们的高效教学提出了要求。

本次作文为二选一的作文形式，一为命题作文，一为材料作文。命题作文《微笑的味道》可从学生的立意、选材上了解学生感悟生活、心智成熟、语言表达等方面的能力。而材料作文要求学生读懂材料、发掘材料的主要价值、多角度地解读材料，运用开阔的思维延伸到现实生活来写作，要求教师在日常教学中引导学生进行思维力、生活感悟力、审美能力的提升，而不仅仅是作文技巧上的点拨。

三、意识先导，践行其后

应树立以下几个意识：

（1）传播正能量意识。整套试卷所选的文字材料传达出来的是美好的情感和积极向上的追求，比如中国梦、重庆梦，安贫乐道的情操，现代文阅读中蕴含的雪中温暖，对科技、人生的客观解读和正确对待。

（2）语文教学生活化意识。试卷中的很多文字材料都是源于近阶段的生活时事，这也许就是在告诉学生：语文无处不在。日常教学中多创设活动，引导学生参与生活体验，在实践中运用语言，可收获语文能力的检验、提高，丰富语文生活。

（3）激发热爱家乡、传承本土文化的意识。如仿写题要求直接通过语言表达对“重庆梦”的展望，综合性学习材料是关于“科技重庆”方面的素材，促使学生对（故乡）重庆满怀热爱，对重庆文化加以了解、保护、传承，对重庆发展加以关注。

最后，让我们坚信：课改，为我们的语文教学开启了一扇窗。当类似中考的评价更注重教育教学过程、人文精神和新课改理念的渗透时，我们可以自信地说：“考试，我们的学生已经准备好了！且看分数，只是教育的副产品，其价值，已远远超越了分数本身！”

参考文献

[1] 赵国忠. 修订后的课程标准课堂教学新变化［M］. 南京：南京大学出版社，2012.

爱是最深的痕迹

蔡秋松

冰心说过："爱是教育的基础，是老师教育的源泉，有爱便有了一切。"是呀，爱是一个永恒的话题，老师对学生的爱更是一种把全部心灵和才智献给孩子的真诚。

作为一名班主任，经验不是最重要的，重要的是要有爱心，没有爱就没有教育。爱是教育的基础，爱也是经过脚踏实地辛勤劳作实现的。爱孩子，并不是要放纵他们，而是要更严格地要求他们。要信任他们、尊重他们、宽容他们、公平地对待他们，要让他们健康快乐地成长。爱是能在学生心里留下深深的痕迹的。

一、因为爱，留下信任的痕迹

教师应该用真挚的情感去热爱学生、关心学生，让学生愿意亲近师长，从而在师生之间架起一座情感之桥、信任之桥。信任是一切工作的基础，爱是信任的前提——没有爱、没有真诚的爱，信任又何从谈起?

爱，要给那些自觉遵守纪律、学习成绩优异的孩子，要给那些生活、学习上遇到困难的孩子，更要给那些我们自认为有问题的、调皮的孩子。献出你的爱，关心这些调皮的孩子，信任他们，你会省却无数烦恼；赢得他们的信任，你的一切工作都可以顺利展开。他们犯错，我们要做到心平气和、以诚对待，切忌当众批评、挖苦。"多一把评价的尺子，就多一批好学生"，只要我们摘掉有色眼镜，换一个角度，换一种评价的方式，他们其实个个都很可爱，都值得我们为之付出深沉的爱。

因为我们的爱，学生知道了什么是信任，懂得了人和人之间信任的可贵。

二、因为爱，留下尊重的痕迹

在我作为老师的人生字典里，从来不说孩子笨，不在孩子们面前说一句粗话，不嘲笑孩子的缺点，因为我爱着他们。他们就像我的孩子，我怎忍心取笑他们？哪怕是一个眼神，哪怕是一次微微的嘴角的变化。教育管理理论指出：“教育管理，主要是对人的管理。对人的管理既要重视行为的规范性，又要考虑尊重人的情感。”人都是有自尊的，没有人不想被尊重。当今的初中生更会在各种场合顾及自己的“面子”。如果你爱着他们，你就不会总板着一副高高在上的面孔来威慑学生，以维护自己的“神圣”地位；而应该尊重他们：一个眼神、一点鼓励、一下小小的爱抚，无不透露出对孩子们人格的尊重。

其实，人与人之间的尊重是相互的，你只有尊重了学生，才会赢得学生的尊重。更何况，身为教师的你，也只有以自己尊重学生、尊重学生家长、尊重所有人的言行举止去影响学生，才能教会孩子如何去尊重别人。

三、因为爱，留下宽容的痕迹

爱学生，像爱自己的孩子一样。孩子就是孩子，正是由于他们幼稚可爱，他们才会不断地犯错，而他们也会在不断地犯错、改错中逐渐走向成熟。在这个过程中，我们班主任应该有一颗宽容之心，既赞赏他们的优点，也要包容他们的缺点；既欣赏优秀的学生，也要宽容后进的学生。

当学生惹你生气乃至发怒时，离学生远一些吧，管住自己的嘴，管住自己的手，否则带来的后果会令你后悔不已。想一想，你是不是在无休止地包容着你自己的孩子，甚至在冷静中发现了孩子又一个潜藏的优点？所以，如果我们在处理事情的时候能做到“蹲下去”，从孩子的角度看问题，对学生就会多一些宽容了。

宽容孩子，给他们说话的权利，给他们淘气的空间，给他们发泄的机会。当学生们在宽容中成长时，他们一定会将他们的宽容给予他人。

四、因为爱，留下公平的痕迹

爱还体现在公平上，公平地对待每一个学生。学习成绩好的学生，老师自然喜欢，可是那些调皮捣蛋的呢？我们的目光在他们身上停留过，而且停留的时间可能还很长，可是，我们是否问过自己：那目光里是关切多，还是责备多？我们是否自私地想过：这个班级里如果没有这些孩子，那该多好啊！

老师一旦对学生有了偏见，教育上就无法倾注爱心。千万不要厚此薄彼，这是每一个学生都鄙弃的行为。公平地对待每一个学生吧，你会在孩子心中播下公平的种子。于是，安排座位，我坚持好中差搭配；制定班规，我征求所有同学的意见；在错误面前，一视同仁，对事不对人；班级活动，我直接以小组为单位，轮流主持。

我的信念是："不能让老实的孩子吃亏，不能让霸道的孩子得逞。"这是做到公平的最低要求，这也将伴随他们走过人生之路。

五、因为爱，留下积极健康的痕迹

有人说，什么性格的班主任，带出什么样的班、什么样的学生。所以，我总是以一颗积极健康的心去面对我的学生。

一个不经意的举动带给孩子们的影响可能是巨大的，于是，我时刻注意自己的言行，做到率先垂范：大扫除时我跟着他们一起干，而不是站在一边指挥；让他们不要浪费，我一次次弯腰拾起地上的粉笔头……

我希望能以自己对工作认真负责、一丝不苟的态度去影响学生。我告诉他们：当天的事情，当天了。他们的练习，我总是及时批改，哪怕晚上带回家去一直批改到深夜。当我听到孩子们的赞叹，看到孩子们钦佩的目光时，我知道他们会更加认真努力地学习；当我饿着肚子与他们一起背书，并亲自为他们买来面包时，我知道他们不但不会怨恨我，反而会加倍地去完成当天的任务，做到当天的知识当天消化。

我想，只要有爱，这教育首先就成功了一半。至少，他们知道了该如何做人、如何待人。我总希望，我的爱能让孩子们学会信任、学会尊重、学会宽容、学会公平，能够积极健康地成长。我的爱，和他们一起承受风雨与磨难，使他们变得坚强，能让他们堂堂正正、快快乐乐地做人。

乐学乐教、善学善教

——浅谈语文新课改课程目标的达成

廖丹妮

新课程改革的理念，真正操作起来是否能够达到目标、效果如何，只有实施之后才知道。我作为一名一线工作者，曾经在教学过程中有过以下几点疑惑：

①学生对于填鸭式的课堂受教方式，已经出现了倦怠，怎样才能提高他们对课堂的兴趣？

②怎样调动学生在现阶段应试教育中的学习积极性？

③如果自己的理解跟教学参考书上的答案之间有偏差，该怎么处理？

④怎样才能最有效地利用学生家长的力量配合教学？

⑤怎样在教学中养成学生的善恶观和审美观？

⑥如何解决学生在学习古文时的疑难？

我总结了对应的几种解决方法，具体如下：

一、适当改变课堂教学模式

要强调知识与技能、过程与方法、情感态度价值观的达成，需要以老师为主导、以学生为主体的课堂互动模式。学习过程中若有内在动力的支持，学生便能从学习中获得积极的情感体验；学习者在学习过程中若能对认知活动进行自我监控，便做出相应的调适。

二、根据学情调整学习计划

每个学生的个性、基础、理解力和反应力都不同。每次考试结束后，我会根据班上成绩划分出小组，确定不同的整体学习计划和目标，然后让学生设定小的学习计划和目标。若有一个同学成绩有进步，那么小组成绩也会提升；若有一个同学成绩下降，其他小组成员可以帮助他分析原因、总结经验教训。

三、师生同解惑

作为老师，尽管在面对学生自主学习的过程中会将遇到的一些问题考虑得更细致、更全面，但是仍然有一些学生所特有的想象力和思维是老师无法掌握的。老师可以把学生的问题写在黑板上，若课堂上没有讨论出结果，那么留下这个疑问也是好的。起码，学生在这个过程中意识到了主人翁的参与感和重视感，对这门课的兴趣也会越发浓厚。

四、给根棒子吃颗糖

勤与家长联系，但和家长联系的时候要注意方式方法，联系家长不是“告状”，必须给予孩子一定的信任和空间。很多时候，现实情况是孩子不是为了自己学习，而是为了赢得家长的注意、表扬或鼓励而学习。

五、学以致用

因为有些课文时代太久远，当代学生很难和课文作者产生情感共鸣，他们不一定会理解和赞同当时人的人生观和价值观。老师应该正确引导学生结合身边的事情对其加以理解，可结合新闻，可换位思考。课文中的一些看似教条的内容，到今天仍然是有借鉴意义的，比如《论语》中的“己所不欲，勿施于人”“择其善者而从之，其不善者而改之”“三人行，必有我师焉”，等等。

六、趣学古文

当代中学生和文言文的距离感相当大。我做过一个小调查，两个班的学生，对文言文学习感兴趣的只有百分之几。而感兴趣的，原因有以下两种：一是在翻译文本时可以和同学讨论，这让他们觉得有趣又热闹。二是老师抽问翻译句子时，充分的准备可以让他们在全班同学面前表现突出，增强他们的成就感。根据这样的学情，我总结出以下几种教古文的方法：

（1）自创版本学古文。

网络、电视、杂志等都是学生获得最新信息的途径。有一个学生在背诵《水调歌头·明月几时有》时，直接唱出了王菲那首《明月几时有》。把古文编在自己喜欢的歌曲里，不失为一个好办法。

（2）阶段性复习。

古文都有相通的地方。老师在学生第一次接触古文学习的时候，会告诉学生词类活用、通假字、虚词、句子翻译的常识和方法，让大家有一个初步印象。多接触几次，对古文的印象也就有规律性的认识了。当然，每一个古文单元都要进行一次复习，让学生搞清楚自己学到了哪些古文知识，并举例运用。在大家可以“跌跌撞撞”地自己解释和翻译的时候，再回到教过的文本中，深化学生对课本的认识。

（3）古人轶事添趣味。

在学习古文之前，多了解关于作者和文本人物的背景轶事，这对了解文章内容和作者感情很有帮助。

（4）确认最佳记忆时间。

每个人的最佳记忆时间是不一样的。我们可以根据自己的遗忘规律确定一个背诵古文的固定时间段。初背就定在记忆力最好的时间，复背就定在快要遗忘的时间。“艾宾浩斯遗忘曲线”告诉我们人类遗忘发展的一条规律：遗忘过程是不均衡的，先快后慢——在1天时间里遗忘得很快，以后逐渐变缓。因此，一定要让学生及时复习已经背诵过的内容。

（5）多读历史文学类书籍。

作为一门深具历史积淀的人文学科，中国古代文学有其自身的历史发展脉络。多读历史文学类书籍，有助于大家对古文有一个框架性的认识。对了解古文发生的社会大背景、提高文学修养、拓宽视野也很有好处。

作为一名新老师，希望自己也能在新课程改革中与学生共同成长，早日实现教师由灌输者到引导者的角色转变，和学生一起乐学、好学、善学。

浅谈中学课程模块划分及跨学科育人模式改革

王继刚

近年来，随着素质教育的不断深化，如何提高学生综合能力成为中学教育亟待解决的问题。中学阶段开设的课程涉及语文、英语、数学、物理、化学、生物、历史、地理等诸多学科。从目前的模式来看，各科教师及教学内容相互独立，很少开展跨学科教育教学活动。这无疑成为制约学生综合能力提高的瓶颈。

笔者认为，可以按照各学科间教学内容相联系的紧密程度，将课程划分为四个教学模块，即语言模块、数理模块、化生模块、史地模块。针对四个模块各自的特点，以学科间的交叉领域为突破口，采用适当的教学方法及手段，引导学生思考并理清各学科知识点间的联系，以便使其对所学知识融会贯通。

一、语言模块内容整合及教学模式改革

语文、英语同属于语言类学科，都注重培养学生的听、说、读、写等语言运用能力。两门课程的教学方法和手段也类似，都是通过教师讲解并梳理课文的结构、重点词句模式进行教学。

基于语文、英语课程的相似点，可以让两门课程的内容进行适当交叉。例如，可以从中外名著中节选一些经典语段，由语文教师及英语教师分别对经典语段的中文版及英文版进行讲解。学生在领略名著风采的同时，也训练了英汉互译的能力。在此基础上，鼓励学生阅读一些名著的中英对照版，或者翻译一些中国成语或谚语等，以使学生

练习巩固。对同一内容进行中英对照教学，有助于学生了解汉语思维及英语思维的不同，并掌握英语不同于汉语的表达方式。

二、数理模块内容整合及教学模式改革

数学课程与物理课程渊源由来已久。物理学的发展一直与数学密切相关。从某种角度而言，物理学是由精确的数学逻辑所操控的：古希腊人是“数学物理”的第一个践行者。他们引入了坐标轴的概念，从而把空间几何的所有量都转化为一些简单的数字。今天，这些被称作“物理学的基本定律”[1]。对于物理问题的处理，首先需要利用物理定律将物理问题转化成数学问题，其次需要求解该数学问题，并讨论数学结果的物理意义。数学课程中涉及的函数、积分等，都已成为解决物理问题的有效工具。

借助于数学、物理课程的有效结合，可以将枯燥的数学方程与现实生活中的物理现象相结合，也使物理问题的研究不再局限于定性分析。在现有教育模式中，数学、物理课程间的结合已有体现。数学试卷中通过描述物理过程来引出数学问题的例子比比皆是。任课教师可以在教学过程中有意识地引导学生分析某种物理现象，建立相关的数学模型并寻求有效的计算方法。

三、化生模块内容整合及教学模式改革

化学与生物学是联系紧密的两个学科。化学是生物的基础，生物体本身（无论是动物、植物还是人体）都是化学物质的有机结合。生命存在的过程总是伴随着各种化学反应。将化学课程与生物课程教学内容相融合，更有利于学生掌握化学反应的重要意义，也有利于学生了解生命的起源与实质。

例如，在讲解化学元素周期表时，任课教师可以引导学生思考哪些元素是维持人类新陈代谢不可缺少的。众所周知，植物的光合作用是生物界得以生存和延续的基础，是植物、藻类等在可见光照射下，利用叶绿素等光合色素，将二氧化碳（或硫化氢）和水转化为有机物，并释放出氧气（或氢气）的生化过程[2]。任课教师在讲解“光

合作用”相关概念时，可以补充列出具体化学反应，并由此延伸出可以用光引发的其他各类化学反应。

四、史地模块内容整合及教学模式改革

历史课程要求学生掌握重大事件的时间、地点等要素，学生常会觉得内容多、知识点散乱。若以时间为序，虽然有条理，但不直观。地理课程通常要求学生了解各地的气候、地形、自然资源等，虽然较直观，但知识点相对独立，也不容易记忆。

笔者认为，可以将历史课程与地理课程相结合，帮助学生形象记忆知识点，这就正如旅游景点介绍自然景观时总会附上一两则民间传说或神话故事，让人印象深刻。教师在讲课时，可以将地图作为串联历史事件的线索，让学生在熟悉教材内容后，自行整理并在地图上标出历史事件发生的地点；在同一地点有多个历史事件发生的，再以时间为序罗列事件。学生在整理历史知识点的同时，也掌握了地图的分布。对照历史事件分布地图，可以进一步总结回顾各地的气候、地形、物产等地理课程要点，这样有利于知识点形象化、条理化，也便于学生记忆。

五、结语

按以上四个模块进行跨学科教学，由不同学科的任课教师共同讲授交叉领域的内容，有利于拓宽学生视野。但这种模式对任课教师的专业素养提出了更高的要求。任课教师应通过“集体备课”“专题讨论”等方式，进一步加强学科间的交流，整合学科交叉领域内容，从而达到“综合育人”的目标。

参考文献

[1]［法］费朗克斯，等．数学物理学百科全书［M］．北京：科学出版社，2008.
[2] 朱正威，赵占良，等．生物学［M］．北京：人民教育出版社，2012.

放手也是一种爱

——语文教学管理中的尝试心得

符春艳

叶圣陶先生说："教是为了不需要教。……就是说教师要引导学生，使他们能够自己学，自己学一辈子，学到老。"用先生的话来解释，就是："教任何功课，最终目的都在于达到不需要教。假如学生进入这种境界：能够自己去探索、辨析、历练，从而获得正确的知识和熟练的能力，岂不是就不需要教了吗？给指点，给讲说，却随时准备少指点、少讲说，最后做到不指点、不讲说。这好比牵着手走，却随时准备放手。"

《普通高中语文课程标准（实验）》指出，教学活动需要师生之间的双边互动，教师为主导，学生为主体。学生是学习的主人，教学应为学生创设良好的自主学习情境，帮助他们树立主体意识，根据需要调整学习心态和策略，探寻合适的学习方法和途径。教师要敢于把学习主动权交给学生，让他们成为学习的真正主人。

最初教书时，我已然明白这点，却在实践中不自觉地采用了传统的教学管理模式，既不敢放手，也不放心放手，无形中让学生也继续被动地学习。结果，大大降低了学生学习语文的兴味。

我知道，要改变这种现状，就必须真正尊重、信任学生，尝试着解开束缚他们的那双"手"。

一、备课

放手让学生参与备课活动，让学生在学习之前充分了解教学意图以及过程。

学生有自己的思想和天生的好奇心，他们的需要才是备课的主导。在备课之前，我会通过调查、询问等方式来了解学生的需求，发掘激发他们学习语文兴趣的触发点，以供教学设计的需要。比如，根据《语文教师教学用书》的要求，学习《林黛玉进贾府》一课时，学生必须先了解《红楼梦》。备课前，我调查得知，大多数学生没读过《红楼梦》。基于学生几乎都喜欢看电视剧，我便设计由此切入教学。由于该剧属古典型，所以在欣赏之前，我为他们准备了图片资料和文字注释，以帮助其了解内容、解读人物。学生则在引导下同步准备，或阅读，或查阅，为之后的学习讨论积累材料。聚集了集体力量的教与学才会丰富有趣，这样不仅能帮助学生在学习时找到快乐，还可促使师生共同进步。

二、课上

魏书生曾说过，教师不替学生说学生自己能说的话，不替学生做学生自己能做的事，学生能讲明白的知识尽可能让学生讲。如果想提高学生的综合素质和创新能力，教师就必须要敢于放手。课堂学习，教师的任务是“授之以渔”，而非“授之以鱼”；学生的自主、合作、探究才是实现有效学习目的的主要手段。

教学过程中，为了强调学生的自主实践性，为了发挥学生的主体作用，让他们能充分展示自己，我做了一定的尝试：新课教学中让学生当小老师，自己备课，登台讲课，简评习题，让学生在实践中逐渐学会学习的方法。文言阅读中，让学生自主学习，合作探究，学习把握重要知识点的方法。作文教学课上，让学生在规定的时间内合作作文，包括写作、批改、展示和评选，让学生在欣赏学习成果时充分了解检查环节。为了配合学习，我也适时让学生自己组织开展了课前三分钟讲演、课内随机讨论、专题辩论赛、戏剧表演等活动，鼓励他们踊跃参加，大胆创新，收到了良好的效果。

放手思考，可以训练学生的思维能力；放手阅读，可以培养学生的自学能力；放手说话，可以锻炼学生的表达能力；放手活动，可以提高学生的参与意识；放手探究，可以使学生认识语文的生活化。我对此较有感触，学生的实践能力不可低估。

三、课后

《普通高中语文课程标准（实验）》反复强调，学生是语文学习的主人，教师在教学中要敢于把学习主动权交给学生。教师不仅课上要放手，课后也要放手。

探索中，我们建立了监督检查和信息反馈系统，施行自主合作责任制，采用分学习小组管理、竞争的办法。小组采用“双选”的自由组合方式，教师可根据情况适当调整，其目的是要各小组无论在人数、性别上还是在成绩、能力上都达到平衡，形成一个完整而又相对独立的结构，其中的每个人各负其责。无论成功、失败还是快乐、伤心，重要的是让学生参与管理的过程，使他们从中得到一定的认知感受。促使学生与教师平等的对话沟通，增进学生之间的情感交流，培养学生的责任感。

给学生一个机会，让他们去尝试；给学生一个问题，让他们去解答；给学生一种权利，让他们去选择；给学生一种条件，让他们去锻炼；给学生一片天地，让他们去创造；给学生一片空间，让他们向前进。

因为，放手也是一种爱！

参考文献

[1] 中央教育科学研究所．叶圣陶语文教育论集［M］．北京：教育科学出版社，1980.

[2] 秦训刚，蒋红森．高中语文课程标准教师读本［M］．上海：华东师范大学出版社，2003.

教师在有效课堂中的智慧生成

田家鸿

“勤勤恳恳、任劳任怨、兢兢业业”“焚膏继晷、夜以继日、废寝忘食”成了贴在教师脸上的标签。教师就该透支身体、降低生活质量，甚至以缩短生命来完成自己的事业?“把自己从复杂、艰苦的劳动中解脱出来，做一名有智慧的教育者”这一思想现在已得到越来越多的人的认同。新的课程改革，就是要把师生从琐碎而繁重的重复劳动中解脱出来，提高效率，提高质量。从这个意义上讲，作为教师，抓好课堂教学特别重要，而运用智慧增强课堂教学的有效性则是重中之重。因此，我想从思考教育和实施教学的角度来谈谈我对做一个有智慧的教育者的思考。

一、坚守出智——把自己的职业思想和职业行为坚守成一种智慧

有专家认为，不是每一个学生都能成才。即便我们一线的教育者认识到这一点，我们也不敢说出来，更不敢在实际的工作中去践行，仍然想方设法把泥人塑造成铜像——至少也要变成铁人。其结果是：参与其中的每一个人都心力交瘁。但没有一个人敢说“不”，更没人敢放弃。从某种意义上讲，我们的教师在过去的评价体制下已经养成了十足的奴性，奴性十足的人是做不好具有创造性的教育事业的。其实，我们每一个人在刚开始自己职业生涯的时候，都是怀揣着理想的，然而，后来却在种种因素的影响下改来改去，人云亦云，亦步亦趋，邯郸学步。最后，即便是有点智慧，那也是照搬来的别人的东西。

所以，我们要敢于坚持，也要敢于放弃。一个连自己的职业理想

和职业行为都无法坚守的人，又怎么能在自己的职业生涯中形成特点、成就智慧呢？但凡那些有成就的教育者，无不是在对自己的职业理想的坚持中成就了自己教育智者的形象。

二、爱中生智——爱连生命的奇迹就可以创造，还会创造不出智慧吗

爱因斯坦说过："一个人智慧的伟大，往往依赖于人格的伟大。"

教育是一个人性的领域，爱自己的孩子是本能，爱别人的孩子是神圣。从遗传学的角度看，一个人源自从妈妈几百万个卵细胞中杀出来的"前500强"（而且还必须排在100～249之间），源自父亲4～16亿个精子中的成功者，是度过了生命的磨合期、经受住了灾难的考验的胜利者。从伦理的角度，人们常说，500年修得擦肩过，1 000年才修得一回磨。今天能与学生相磨一回，那是1 000年才修来的缘分，我们没有理由不去关爱他们。从人的特点看，人的精神属性可以穿越时间和空间来满足精神的愉悦。陶行知说："大人如果小看我们的小孩，那么，他比小孩还小。"所以，我们对学生漠不关心、不闻不问，甚至有歧视辱骂等行为，都是缺乏智慧的表现。只要有了像对待自己儿女一样的爱，你就能创造出种种充满智慧的教育方法。

三、反思得智——反思一桶水与一杯水的关系；反思教与学的关系

老师要给学生一杯水，自己就要有一桶水。其实静下心来思考，学生的一杯水，并不一定都是老师倒给的。换个角度看，在21世纪这个几代人同时成长的年代，对某个领域的知识的把握，学生与老师之间不也是一桶水和一杯水的关系吗？从这个意义上讲，学生获取知识的途径和方法是多种多样的。因此，教师教育学生，最重要的并不一定是知识本身。该教给学生什么？什么是学生最需要的东西？老师该向学生学习吗？该如何对待师生互动而产生的新知识？它与书本知识相比，哪个更重要呢？

对这些问题加以思考，我们就会发现过分注重书本知识和间接经验的教学弊端，掂量出在课堂上师生“万众一心”奔向标准答案的教育后果，分析出大容量、高频率、快节奏的课堂教学的得失。这些思考本身就是一种智慧，更不用说在思考的基础之上产生的解决问题的智慧策略了。当我们更多地关注学生的精神领域、关注学生的学习状态、注重学生的直接经验、注重学生对知识的体验过程，我们会惊讶地发现学生学习的状态所带来的学习效益远远大于方法，知识的可接受性远远大于知识的系统性。

当思想的智慧指导我们行为的时候，行为就戴上了智慧的光环。

一、关注细节，在细节中发现智慧

课前要想细。一般来说，课前备课，我们都要备教材、备学生、备方法、备板书、备课件、备提问，但很少有人注意到要备课堂情景，还要备老师的语言。教师根据课堂的适时情景来激发学生课堂学习的良好状态，这比你声嘶力竭地去传授给学生学习方法所带来的学习效果要好得多。因此，教师一定要备学生的精神领域，关注学生适时实地的精神和心理、身体状况。

又比如说，我们对课堂语言的准备，除必须使语言具有感染力、吸引力、启发性、激励性外，还要防止霸权语言、口头禅、口水话。更重要的是，要用语言突出学科的文化价值。

无论是老教师还是年轻教师，都必须要经过三个程序来完成备课：一是独立阅读文本备课；二是借助资料比较备课，去粗取精，去伪存真；三是在实施过程再备课，从有效走向优质。这样，我们才能把课堂内外的知识备深、备全，做到脑中有矢、心中有材、目中有人、手中有法，如此才能运筹帷幄，驰骋千里。

课中要做细。课堂教学中，学生感知信息的有效途径，最重要的就是视觉和听觉。研究发现，学生 80% 的学习信息是通过视觉得来的，15% 的学习信息是通过听觉得来的。所以，确保学生视觉通道和听觉通道的有效参与，是提高课堂教学质量的重要途径。因此，教师在组织教学中，哪怕是教室的光线、色彩，教师的衣着、服饰、表情、动作，都是影响学生学习的重要因素。这些细节中隐藏着大智慧。正是因为在学生面前俯下身子与挺直腰板给学生的心理感应是完全不一样的，所以叶圣陶先生谆谆告诫我们老师一定要“俯下身子”来与学生交流。目光、眼神、嘴、声音等因素中，同样隐藏着维护课堂秩序的大智慧。

二、凸显学科价值，在学科文化中发挥智慧

每一学科，无论是课堂教学的目标确立、课堂教学过程的设计，还是课堂教学的组织实施，以及课堂教学的管理等方面，都有其潜在的学科文化价值。教师在实施教学任务的同时，千万不要丢失学科文化价值，而使课堂千人一腔、千课一面或是不伦不类。课堂语言是实现其学科价值的重要载体，教师必须掌握学科特色，挖掘学科文化，而且要用语言去传承文化。特别是教师的评价语言，更要体现学科的特点。整堂课不是用一个“好”字便了得，也不是来点掌声、来点喝彩就能使课堂有效。亢奋热烈的课堂并不一定是有效的课堂。

三、积累案例，在复杂的教学情景中积累智慧

教学其实是一个复杂的过程，教学情景的不确定性、教育对象的复杂性、教育决策的不可预见和不可复制性决定了任何课堂教学都不是按图施工的过程。同时，没有哪一种方法是万能的——能适应瞬息万变的教学情景的方法，只能在不断变化的动态的情景中生成。正如孙子所说，“兵无常势，水无常形，能因敌变化而取胜者，谓之神”。所以，我们只有在大量的教学案例中积累大量的“临床经验”，增强对种种教学情景的适应能力，久而久之，我们的教学能力才会上升为教学智慧。一位名副其实的“智慧型教师”就这样产生了。

升级你的心智模式

——高中语文作文训练中的美学

莫能芳

为作文而作文，忽略了对学生心智模式的观照，导致高中生作文既无脊梁的峭拔，亦无血肉的丰满。

因为作文中要求学生彰显的那些伟大思想——真实、美丽、善良、自由、平等、公正，若以概念的方式传递，便会失去体验，没有美感，道德就会变成枯燥无味的空话。我们自己的感官体验、从社会获得的所有信息和所受的教育，还有思考的结果和经历，都构成了我们自己的心智模式。“虽然我们不能改变我们的过去，我们却能改变对于我们过去的看法，这才是心智模式的伟大之处。”[1]

混沌—察觉—醒觉—超越，这四个步骤，是心智模式升级的必经之路。而语文教师在学生从最初的混沌到最后的超越之间，能从小处着手：美学即景点染，感性唤醒学生察觉，拓展习作外延；能从大处着眼：美学策划熏陶，理性刺激学生醒觉，提升习作内涵。在教学设计、活动实践、“下水”示范等阶段中，相互铺陈，螺旋上升，升级学生心智模式，峭拔学生习作脊梁，丰满学生习作血肉。

一、教学设计

布鲁姆说：“一个带着积极情感学习课程的学生，应该比那些缺乏热情、乐趣或兴趣的学生，或者比那些对学习材料感到焦虑和恐惧的学生，学得更加轻松、更加迅速。”因此这一阶段，教师主要利用能激发学生兴趣、热情的，使之能轻松、安全地投入到写作学习中的美学知识，即景点染，感性唤醒学生察觉。

(一) 类型预设

备课过程中，把美学的相关内容（如绘画、音乐、书法、园林建筑、雕刻、哲学等）融入教材。以音乐、图片等学生易感兴趣的形式进行，并注意各领域的交叉互补（如诗歌教学中加入绘画欣赏，书法教学中融入哲学等）。

(二) 课堂生成

“北京师范大学教育学院肖川教授指出，真实高效的课堂，一定是‘学生可以实质性地参与教学过程的课堂’。其实，自新课程改革以来，我们从不缺乏‘学生参与’的课堂，我们缺乏的是‘学生有效参与’的课堂。”[2] 而这两者的最本质的区别，我认为是看学生是仅仅完成了老师的预设目标，还是在课堂上新生成了目标并真正参与其中积极解决。

二、活动实践

(一) 活动策划

“好的老师具有联合能力。他们能够将自己、所教学科和他们的学生编织成复杂的联系网，以便学生能够学会去编织一个他们自己的世界。好老师形成的联合不在于他们的方法，而在于他们的心灵——这里的心灵是取它古代的含义，是人类自身中整合智能、情感、精神和意志的所在。”[3]

因此，我把学生按写作水平的高低分成 A、B、C 三个层次，分阶段分别完成文学、音乐、绘画的系列鉴赏活动。美学策划熏陶，理性刺激学生醒觉，从而提升学生习作内涵。

A 组学生在把自己的经历、感官体验、文化教育与他们敬仰的文学大师进行对照时，大师们的心智模式会焕发出迷人的光彩，这些光彩浓缩成精辟的警句，涤荡着学生的内心。通过学生的咀嚼，这些浓缩的精辟警句便又衍生出更加血肉丰满的人生故事，在学生的文字和演说下，影响了更多学生的心智模式。

B 组学生完成音乐鉴赏，C 组学生完成绘画鉴赏。B 组、C 组在

A 组理性思维的引导下，注入鲜活的感性思维，三个层次相互铺陈、螺旋上升，升级学生心智模式，峭拔学生习作脊梁，丰满学生习作血肉。

（二）活动反思

“我们要把整个情绪和思想改造一下，移动了方向，才能面对美的形象，把美如实地和深入地反映到心里来，再把它放射出去，凭借物质创造形象给表达出来，才成为艺术。”[4] “通过具体情境中的学习，学生可以清晰地感知所学知识能够解决什么类型的问题，又能从整体上把握问题依存的情境。”[2]而活动便是最直观的学习情境之一。因此，在活动结束后，包括每一个小阶段结束后，都应迅速、及时地组织学生反思，形成文字。A 组学生在 B、C 组学生活动之后对自己小组进行反思，发现自己习作中缺少丰富灵动的美感；B、C 组学生在自己小组活动之前，对 A 组学生活动进行反思，借鉴了他们习作的思想高度，让自己的习作峭拔了脊梁。各小组积极广泛地展开对话、沟通和交流，在相互学习、模仿和借鉴中，寻求相互间的尊重、肯定和协同，以合作、和谐的发展方式，获取差异化基础上的进步。

三、“下水”示范

（一）口头示范

这种即景点染主要体现在讲述故事和寻章摘句上。老师看似无心，但却最是用心；学生看似随意，但却最是留意。比如在讲到亲人的故事时，我很自然地讲到我和婆婆的那把老竹篾凳、我和妈妈的那碗麦耳朵、我和哥哥的那棵接骨丹、我和姐姐的那朵南瓜花。然而学生感动非常，在批阅学生习作时，我就看到了学生写奶奶的八角茴、爸爸的锄头、妈妈的梳子、姐姐的香椿……比如我课堂上看似随口说的“方寸教室，无限江山；咫尺书卷，天涯心田”“每个惊喜的背后都是苦心经营”“慢步快走在人生的余路上”等，学生们听了后几乎都会主动去背诵。

（二）活动示范

在口头示范的基础上，教师在各种活动中也应给学生很好的示范作用。比如在语文复习资料中有这样一段话："屠洪刚的音乐伴奏着我们《孔雀东南飞》的表演，《三国演义》的旋律击打着曹操慷慨的琴弦，周杰伦的《兰亭序》缠绵了王羲之的笔端……与经典对话，和时尚过招；我们在语文世界里挖掘生活的内涵，我们在生活舞台上拓展语文的外延。我们一直在努力！"

（三）习作示范

"当与学生面对面交流时，唯一能供我立即利用的资源是：我的自身认同，我的自我的个性，还有身为人师的'我'的意识——如果我没有这种意识，我就意识不到学习者'你'的地位。真正好的教学来自于教师的自身认同与自身完整。"[3]而"下水"习作示范便成为语文教师展现自身认同与自身完整最好的途径。它展现的不仅仅是教师的文字，更是文字背后教师的人格、品性、心智模式，它必将对学生的心智产生深远的影响。而心智模式的改变必将从内向外促进学生习作——心智峭拔习作脊梁，内容丰满习作血肉。

参考文献

[1] 古典．拆掉思维里的墙［M］．长春：北方妇女儿童出版社，2011.

[2] 赵国忠．新修订后的课程标准课堂教学新变化［M］．南京：南京大学出版社，2012.

[3] 帕克·帕尔默．教学勇气——漫步教师心灵［M］．吴国珍，余巍，等，译．上海：华东师范大学出版社，2005.

[4] 宗白华．美学散步［M］．上海：上海人民出版社，1981.

例谈新材料作文之审题立意

王　体

一、作文审题立意

写作学上流行两句话：文品即人品，作文即做人。简言之，即文＝人。可见，文与人密切相关。众所周知，写作流程包括审题、立意、材料、结构、语言等环节。其中，材料要新颖，结构要清晰，语言要有特色，构思要精巧。但这一切前提要求审题立意是关键。审题是作文的第一步，是文章成败的关键。审题，其实质是通过对作文题目的思考和分析，了解命题者的意图，弄清写作对象、范围、重点、要求，明确立意，并确定文章的体裁。立意，说穿了就是明确写作意图，确立具体作品的创作主题，意乃作品的灵魂。“意犹帅也”，意在笔先，一般地讲，立意力求既准且新又深。文章的立意是伴随在审题的过程中确定的。

二、新材料作文

近几年高考，命题作文、话题作文不再风光，兴起的是所谓的新材料作文。何为新材料作文？其实也就是后话题作文、题意作文、命意作文，从本质上讲，它是材料作文，吸收了传统意义上材料作文和话题作文的长处，只给材料，不定话题。它考查的是审题的能力、生活的积累以及学生的文字组织和表达能力；它要求文章贴近生活实际，关注社会人生，注重理性思辨。从内容上，可分为事实、观点、比喻、寓意等材料；从形式上，又可分为文字型、图画型材料。

三、六例解析

（一）阅读下面的材料，根据要求写一篇不少于800字的文章。

一对恋人乘坐一辆巴士进入山区。在一个风景区门口，这对恋人下了车，他们下车后，巴士继续向前驶去。

巴士驶过一座山下时，一块巨石从高处坠下，将巴士砸得粉碎，车上的乘客无一生还。

消息传来，那对恋人惊愕万分地说：“假如我们还在那辆车上……”

一般人都会认为，他们说这话，言外之意就是说：幸好我们提前下了车，不然的话……

是的，死里逃生的他们，可以这么说。

可是，他们说的并不是这个！

而是：“假如我们还在那辆车上，而没有下车，那么，那辆巴士就不会因为我们下车而耽误时间，它就会赶在巨石坠下之前驶过那个危险区，而不会车毁人亡！”

要求选好角度，确定立意，自拟标题，文体不限（诗歌除外），写一篇作文；不要脱离材料内容及含义的范围作文，不要套作，不得抄袭。

▲“恋人下车”审题要领

理清关系	找准关键词	弄清内在逻辑		择点定向，做出价值判断
一般人	“庆幸”	己、小我	自私、利己	不健康的心理、心态：否定、批判
恋人	“惊愕”	人、大我	关注、理解、同情、悲悯	人性的光辉/灵魂的高贵：肯定、赞美
				见解的独到/视野的宏阔：肯定、赞美
参考题目：1. 换位思考，心系他人；2. 心存善念，珍惜眼前人；3. 心中的“那辆车”，我们是不一样的人；4. 时机，生活的可能；5. 最美的回答，小大之辨，等等。				

（二）根据以下材料撰写一篇文章：

要想上梯子，必须从底下爬起。（英国作家狄更斯）

梯子总要一节一节地爬。（欧洲民谚）

在你往上爬的时候，一定要保持梯子的整洁，否则你下来时可能会滑倒。（美国管理学家蓝斯登）

请根据上述文字，选取一个角度，自拟题目，写一篇不少于800字的文章（不要写成诗歌）。

▲“梯子”审题要领

1. 研读材料，找准关键词句。

第一则：关键处应是“底下”；第二则：关键处应是“一节一节”；第三则：关键处应是“整洁”“滑倒”。

2. 理清关系，弄清内在逻辑。

从第一则“底下”，可以明确其指向应是基础、底层、民间、草根等。从第二则“一节一节”，可以清楚其指向应是走好每一步、循序渐进、点滴积累。第三则“整洁”“滑倒”，其指向应是完整、平整、洁净，进一步想到人生之为人与品行，注重方式，合理进取，不要不择手段，必须升得平稳、下得平安；否则只能落得“爬得越高，跌得越重”的下场。

3. 择点定向，做出价值判断。

从以上解析，我们明白，三则材料虽然都出现“梯子”的话题，但实质上三者并不是并列关系，而是有主次之分，应是递进关系，且第三则应该是重点。据此，我们可以择点定向，做出价值判断：君子爬高，攀登有道；人生进退，有方有度。

（三）阅读下面的文字，根据要求作文。

犹太王大卫的戒指上刻有一句铭文：“一切都会过去。”契诃夫小说中的一个人物的戒指上也刻有一句铭文：“一切都不会过去。”

这两句寓有深意的铭文，引起了你怎样的思考？自选角度，自拟题目，写一篇文章。

▲参考立意

成功和失败只代表过去，唯有忘记过去，才可能走进新天地；过去不能忘，因为历史是一个永远的存在；人生不会什么都过去。

（四）但丁的名言："走自己的路，让别人去说吧！"波兰谚语："常问路的人不会迷失方向。"

▲参考立意

既要有"走自己的路"的坚定信念，又要有"常问路"的虚心精神，如此才能走好自己的人生之路。

（五）阅读下面材料，根据材料自主立意，自拟题目，写一篇不少于800字的文章。

有个教授做过一个实验，12年前，他要求他的学生进入一个宽敞的大礼堂，并自由找座位坐下。反复几次后，教授发现：有的学生总爱坐前排；有的则盲目随意，四处都坐；还有一些人似乎特别钟情后面的座位。教授分别记下他们的名字。10年后，教授的追踪调查结果显示：爱坐前排的学生，成功的比例高出其他两类学生很多。

▲解析思路

第一步：找出关键词句。

第二步：由具体现象中提炼出抽象道理，即突破生活表现，挖掘材料寓意。善于类比，巧抓"事"与"意"的相似点，深入挖掘内在含义。

参考立意：①积极的态度决定成功的高度。

②要有不甘落后（敢为人先）的精神。

③要树立明确的目标（争第一）。

④勇于坐在生活的前排等。

（六）阅读下面的文字，根据要求作文。

有一副对联，上联是"若不撇开终是苦"，下联是"各能捺住就成名"，横批"撇捺人生"。"若"字如果不向左撇就是"苦"字，"各"字如果能把那一捺变成一点就是"名"字，一撇一捺即"人"字。

这副对联所蕴含的人生哲理，引发了你怎样的思考或联想？根据你的思考或者联想写一篇文章，不少于800字。

▲**参考立意**

既要学会放弃，又要懂得坚守；撇开人生的诱惑，耐得住寂寞、清苦、磨难。

新材料作文之材料，多是两则甚至或多则，其关系，一般存在单一型与多关系（并列、对比、递进等）型等情况，并以多关系（并列、对比、递进等）型较为常见，比如以上（一）至（六）的材料。因此，把握命题意图的关键，在于首先弄清材料之间的关系，然后再用常见方法审题立意：研读材料，找准关键词句；理清关系，弄明内在逻辑；择点定向，做出价值判断。

新材料作文在审题立意方面设置有一定的难度，这就要求我们在日常训练中必须加强对审题立意方面能力的培养，遵循严谨的步骤，开拓新思维，选取新视角，发表新见解。同时，也应静心审读材料，明确新材料作文的硬性要求：

①整体把握，懂内涵。

②找联系，多角度（最佳角度和适合自己的角度）。

③重思辨。

④（尽量）用材料，切忌照搬照抄材料。

同时，也应注意如下禁忌：

①偏题或离题。

②照抄材料。

③有材料，但缺乏必要、准确、到位的分析；有分析，但又乱“开花”，立意不集中。

④单纯引述，随意改动，杜撰故事，生搬硬套，信马由缰，无甚内涵。

我们应时刻牢记：作文即做人，写作其实就是戴着镣铐的舞蹈。

新课改下的“语文个性化教学”

周 坪

20 世纪 90 年代以来，世界上很多国家和地区进行了新的课程改革。日本的新课程留给学生更多自由发展的空间；英国的新课程标准强调关注自我成长；我国台湾的新课程标准强调个体的身心发展；瑞士、芬兰等国家也在高中课程改革中强调个体、个性发展的重要性。由此看来，关注每一个学生个性的充分、全面的发展，已成为教育改革的趋势。

《高中语文课程标准（实验）》多次强调要使学生“有个性的发展”：高中语文课程应使学生“为终身学习和有个性的发展奠定基础”；选修课程更应“促进学生有个性地发展”；“根据自己的特点，扬长补短，逐步形成富有个性的语文学习方式”等。

大家常说，“有什么样的语文教师，就有什么样的语文教学”。这就是说，个性化的语文教学来自有个性的语文教师。语文教师的个性既是他个人的一种魅力，又是他的教学境界的一种真实体现。想要让自己的学生得到个性化的发展，语文老师首先必须得有个性化的教学，以此让我们的学生真切地感受到什么是个性，什么是让人欣赏的个性。

一、个性化语文教师要有自己的特长，并善于发挥自己的特长

“能说一口流利的普通话，有较广的知识面，有一定的艺术基本功以及应用现代化教育技术的能力”，这是对我们语文教师基本素质的要求。而我们语文教师的个性化教学，就是要充分展示属于我们自己的语文方面的特长。如特别擅长朗诵的语文教师，他的课就可以以

朗诵为主，有的时候尤其是上文学作品课的时候，听他读一篇课文，他的教学任务可能就完成了一半；有的语文教师写得一手好字，有些学生或许就是因为喜欢老师的那一手好字而喜欢上他的课的；有的老师擅长写作，他的作文教学就是自己和学生一起写同题作文，给学生提供示范；有的老师擅长古文，根底很深，上起古文课来轻松自如，把本来很枯燥的古文教得鲜活生动，如此等等，不一而足。总之，如果我们语文教师要能恰到好处地发挥自己的语文特长，和学生们一道感受语文之美、语文之妙。在这个过程中，也就逐渐形成了我们自己的个性化教学；学生的个性或许就在我们这春风般的教学中慢慢养成了。一举两得，何乐而不为？

二、个性化语文教师要尊重和欣赏学生的个性化

语文学科与数理化等有显著的差别，那就是有时没有统一的“标准答案”，而“评价”恰恰又是整个教育教学工作中容易被忽视的环节。回想我们每次考卷批改工作尚且存在很多问题，贯穿于我们整个语文教学过程中的“注重学生个性发展，挖掘学生潜能”等客观评价也就更加难以实现了。

因此，我在语文教学中时常提醒自己：一定要聆听并尊重学生个性化发展的呼声。有时，即使要打乱自己原本的教学计划，但只要是学生的探讨交流仍意犹未尽，我就会毫不犹豫地停下教学步伐，留给学生更多的探讨交流时间。

在语文必修（一）现代诗歌单元教学即将结束时，我随口说了这样一句话：“同学们，在诗人生花妙笔的带领下，我们一路走过毛泽东的橘子洲头、戴望舒的蒙蒙雨巷，还有徐志摩的柔波康桥，老师明天也很想看到属于你们自己的文字惊喜。”就是我的这随口一说，第二天上语文课我走进教室时，只见满黑板工工整整、密密麻麻的全是学生的诗歌创作！有些文字虽然还显得很稚嫩，但我仍然与学生们一道对这些热情的文字一一做了品评。品评结束时，下课铃声也响了起来，但教室里却响起了热烈的掌声——我知道，这掌声既是送给那些在黑板上呈献诗歌的同学，也是送给我的，因为在他们看来，老师

尊重了他们。

这里，我要特别补充说明的一点是：自新课改以来，我一直秉承着一个理念，即讲台与黑板是我们师生共同拥有的教学阵地。所以，我的学生可以在黑板上书写自己的得意文字，可以在讲台上挥洒自己的独到见解。我想，这应该是我个性化教学的体现吧！当然，这也是对学生个性的尊重与张扬。

三、个性化语文教师要善于营造语文个性化学习的氛围

教师必须尊重学生、爱护学生，这早已成为教师们的共识；新课改也要求“努力营造一种友好和谐的语文教学氛围，以唤醒学生的主体意识，充分发挥学生的潜能，达到良好的学习效果”。而这“和谐”氛围的构建，关键在于我们教师自己要放下架子，切实做到善于控制自己的不良情绪，善于跟学生交流沟通。上学期开学之初，我第一堂语文课的开场白是这样的：“同学们，请你们相信，老师我虽然不是全年级最好的语文老师，但我绝对是全年级最勤奋的语文老师。”寥寥数语，赢得了学生对我的好感与信赖。至少在学生的心目中，我是一个很真诚的老师。当然，良好语文教学氛围的营造，不仅在于好的开端，还需在每一节语文课上得到充分体现。譬如，我对“语文课前三分钟”就不做太多要求，只要内容积极健康就好；至于形式，可以是演讲，可以是美文朗诵，可以是情景剧表演，可以是时政要闻播报，可以是猜谜语，甚至可以是讲笑话。这样就既照顾了学生的个性发展，同时又营造了友好和谐的语文教学氛围。

总之，我们要在语文新课改的大环境下，立足于文本，立足于自己的教学特点，立足于学生的实际，不断学习，不断耕耘，不断创新，不断提高。

设计学生阅读问题　实现阅读教学高度

周　英

从语文素质教育的角度来看，阅读在学生的语文学习过程中无疑占有最重要的地位。新课程理念告诉我们：学生通过阅读要能够把握文本自身蕴涵的语言的丰韵魅力和浓郁的感情色彩，实现对文本客观理性的分析；要能够完成与文本之间动态的作用和完善构建，达到主观感情的强烈投入。把艺术体肢解是愚蠢的。然而，正像对人体进行解剖一样，对人体的把握又是必不可少的，问题是阅读开始和持续的动力。基于以上认识，笔者结合阅读教学的实践，谈谈如何通过设计学生阅读问题，实现阅读教学高度。

一、设置程序性和阶梯性的问题

一篇优秀的文章，就是一个循序渐进、具有内在联系的问题体系，就是作者进行表述和描绘、联想和想象、思考和推理的比较复杂的发展过程。问题是学习开始和持续的动力。于是，课堂教学就要针对文本的特点和学生的认知规律设置程序性和阶梯性的问题。这里要避免两种倾向：一是程序过粗，隐含条件过多，学生思路不明确；二是问题设计太细，关节过于显露，不利于思维的开展。程序性问题帮助学生明确完成阅读目标的过程中要做什么事情、先后顺序怎样。比如针对《我与地坛》这篇文章的教学，我提出了“找出表述地坛景物的所有内容，体会作者史铁生的思想是怎样发展的”这样一个有阶梯的问题。杜夫海纳说：“审美对象就是辉煌的呈现的感性。”这个设计就整体辉煌地呈现了文本的内容，使学生既能有深刻的体验过程，又拓宽了这个学习过程的生成空间。总之，问题设置要体现文本的程序性和阶梯性，用问题使对文本的理解逐渐深化，引导学生由浅入深、由现象到本质、从具体到抽象，一步一步地深入思考和探究，从而做出正确的理解、推理和判断，最终找出文本的深刻内涵。

二、设置所指性和能指性问题

指向性是指设置的问题指向一定的方向，方向指导行动，没有方向就会让学生如坠雾里、如隔大山。设置所指性问题，指问题的设置具有明确的方向，可以体现文本的所指，可以实现学生与文本的完美沟通，在课堂上演奏出一首和谐幽雅的律动乐曲。例如教学穆旦的现代诗歌《赞美》时，我设置了一系列问题，这样完成了对文本的解读：（1）一个面：意象群是什么？答案：①满目疮痍的中华大地。②苦难深重的民族生活图景。（2）一个点：一个农夫形象是怎样的，其象征意义是什么？答案：坚忍、勤劳，有责任，具有反抗精神；是千百万中国人民的缩影，凝聚着民族生存力的全部内容，是灾难的中华民族的象征。（3）一句话：体会每一节都以“一个民族已经起来”作结的意味。（4）齐唱一首歌：齐唱《义勇军进行曲》，以感情渲染，结束课堂教学。我们设置的一系列指向明确的问题，体现了教师作为课堂引导者的地位，更好地调控和监督了学生的学习过程，讲授式学习被代之以主动探究式学习，这完全像优秀的歌手演唱动听的歌曲，幽雅抒情中有着激情的爆发。知识覆盖以点带面，探究过程循序渐进，以问题为经线、以知识为纬线，引导学生思考、讨论、总结，在思维的碰撞中令整个课堂高潮不断。设置能指性问题，可以实现阅读的高度。

“能指”指问题的“能够指”，即一个问题能够包含的全部方面，这个“能”是需要学生探索的“能”，这更需要课堂灵感激情的迸发。这里的设置和学生的思维结构不和谐，学生的认知结构对此很陌生，但这却使学生在惊奇中迫切需要进入积极的思维状态。如《勾践灭吴》的教学中，我设置了一个看似简单的问题：我们从勾践身上学到了什么？学生都知道说学习勾践卧薪尝胆的精神。当我又问还学习到了什么时，就没有人回应了。最后我指出，学习他作为国君、作为领导者的精神，这使学生对文章有了更深刻的理解。可见，能指性是探索内容包含中已知后的未知，更应该是思维中原知后的逆知。又例如对《将进酒》这篇文章的解读，设置了这样的题目：李白究竟是在劝谁喝酒？这个问题显然使学生思维的触觉突破了文本的显性层面，而进入李白苦闷、复杂的心灵之中。这里就体现了思维中的能指。反之而言，这个问题既是能指性问题，也是结合语意后的所指性、应指性问题，更是我们阅读高度中的应该知、必须知。

三、设置探究性、开放性、应用性问题

黑格尔在他《美学》的绪论里说：一个小男孩把石头抛在河水里，以惊奇的神色去看水中出现的圆圈，觉得这是一个作品，在这个作品中他看出他自己活动的结果。这个耐人寻味的事例说明了探究带给人的美学感受。在新课标的指引下，关于探究性这一问题的讨论正在深入进行。笔者以为，探究性单就文本本身的阅读而言，是指设置涵盖文本内容较广的题目，让学生主体合作探究有较大的探索空间，教师合理引导学生具体深刻地理解文本的语音之美、形文之美和内涵意义之美；而非仅仅指那种快速浏览、小组讨论、学生评价、拓展练习甚至架空文本“一堂闹”的课堂模式。而要完成“生本”对话，即完成学生与文本的完全对话，则应更广泛地搜集材料、更具体地组织过程、更完善地归纳总结等，教师要引导学生不断变化视野，重建对文本的合理理解，培养学生的创新思维品质。这样一来，学生的学习就成了一定范围的研究性学习。开放性问题的设置是调动学生的知识资源、生活资源、情感体验资源的手段，激活隐藏于学生内心深处的对文本的理解；实现文本世界和现实世界的联系；创生教材的活力，填充艺术的空白，回归生活的真谛。在上《我的呼吁》一课时，在学生基本理解了史怀哲先生的呼吁“全社会重视尊重生命的伦理”后，我设置了以下三道质疑讨论题：（1）为什么农民在牧场中可以割下一千朵花，而在回家的路上却不能为了消遣而采下一朵花？（2）既然作者认为要尊重一切生命，那么对待杀人犯的生命应持什么态度？（3）依照作者的理论，如何看待中国政府对台湾问题的原

则立场？这样紧扣文本，使理性的知识形象化，逐层深入进文本和学生的内心，课便得到了很高的评价。又如舒婷诗歌《祖国啊，我亲爱的祖国》，可以让学生用一句话表达对祖国的爱。应用性问题是指用语言来表达语言，培养学生的语文应用能力。

总之，阅读是关系学生一生的大事。因此，阅读除了对作品品位、理解、把握和运用等实践活动外，还应该包括培养阅读趣味和理想，乃至在理论上达到形成阅读观念和观点这样的高度。这符合学生的终身发展观。我们必须使包括“问题设置”在内的各种有效阅读手段活跃在学生的思想里。积极培育学生的思维之树，语文素质教育的未来定会结出智慧之果。

一串假项链与四串真项链

——论《项链》中玛蒂尔德的得与失

戴娅琴

《项链》讲述了一个爱慕虚荣的女子玛蒂尔德丢失了一串借来的项链，利用十年时间偿还，直到最后才得知那只是串假项链的故事。

文中，作者有一段评论："人生是多么奇怪、多么变幻无常啊，极细小的一件事可以败坏你，也可以成全你！"这段话引发了我和学生的思考和热烈讨论。我们认为：玛蒂尔德虽然因为弄丢了一串假项链而陷入十年的贫困，失去了美貌，让人叹惋；但是，也正是这个偶然事件改变了她的生活轨迹，让她在十年里不仅挣得了一串真的钻石项链，还获得了比钻石更珍贵的三串人生项链——自我的涅槃、友情和爱情。

让我们来看看她的收获。

（一）十年磨难，收获自我

玛蒂尔德是幸运的，老天给了她十年的物质磨难，夺取了她的青春美貌，却让她找到了真正的自我。

丢失项链之前的玛蒂尔德极其贪慕虚荣，整天幻想着能过上上流社会的贵妇人生活。同时，她又明确地知道这些只是不切实际的幻想，因此她"常常整天整天地哭泣"。

当她四处借债，花了三万六千法郎赔了一串真项链之后，她被逼出了英雄气概，踏实生活。十年之后，当她偶遇弗来思节夫人，能从容地告诉对方事情的真相。

项链的丢失让玛蒂尔德从幻想的云端坠入凡间，10 年的漫长阵痛一点一滴地磨去了马蒂尔德的美貌与虚荣，还给她一个自我——真实、自信。所以，我们欣慰地看到，她勇敢地走向佛来思节夫人，告诉她事情的来龙去脉，将一串最耀眼夺目的“项链”挂在了自己的身上。

（二）赢得尊重，收获友谊

在整篇文字中，有关佛来思节夫人的情节并不多，一般读者关注的是她借项链时的大方，这为后文揭示假项链埋下伏笔。我们要关注佛来思节夫人的表情——除了结尾处的感动，另一次是还项链时：“佛来思节夫人带着一种不满意的神情对她说：‘你应当早一点还给我，也许我早就要用它了。’”

佛来思节夫人明知那是串假项链，但还是对玛蒂尔德迟还项链表达了不满，这与前文所说的“很有交情”有出入。我们可以推理，跟过去的马蒂尔德一样，佛来思节夫人也是一个爱慕虚荣的女子，而她的虚荣心恰好可以在“心比天高，身为下贱”的玛蒂尔德身上得到满足，所以她们成了朋友，却不一定有真正的友谊。另外，玛蒂尔德十年的艰辛生活中，佛来思节夫人从没出现过，即便是“君子之交淡如水”，也不至于如此吧？所以虚荣的玛蒂尔德结交了同样虚荣的佛来思节夫人，她并没有找到友谊，至多是满足了别人的虚荣心理。

结尾处，佛来思节夫人的感动，我觉得可以作两种理解：为玛蒂尔德倾家荡产还给她一条真项链而感动，这种诚实的美德，至少她曾经失落过；为玛蒂尔德十年的勇敢生活而感动，毕竟，面对十年的苦难，需要极大的勇气。也许正因为如此，佛来思节夫人终于真正认识了玛蒂尔德，认可了玛蒂尔德，也正是在这个时候，玛蒂尔德得到了又一串耀眼的“项链”：真正的友谊——佛来思节夫人告诉了她真相。

（三）经受考验，收获爱情

路瓦栽是爱着玛德尔德的，但玛蒂尔德却不是欢天喜地地嫁给路瓦栽的。她自认是委屈下嫁，所以整天幻想，整天哭泣；在宴会上自我陶醉，完全把丈夫抛在一边。

一个并不两情相悦的婚姻是很难平等、很难拥有真正的爱情的。至少这时的玛蒂尔德并没有意识到丈夫的爱，或者说根本不在乎丈夫的爱。

但项链的丢失给了玛蒂尔德重新认识丈夫的机会，路瓦栽的担当和不离不弃给了玛蒂尔德面对生活的勇气和信心。因此，我们欣慰地看到了这样十年如一日的一幕：玛蒂尔德面对了现实，勇敢地过上了穷人的生活；路瓦栽除了工作，给别人誊写账目到深夜。

这对夫妻在十年的苦难生活中相濡以沫、同甘共苦，玛蒂尔德也因此收获了真正的爱情。还有什么项链能比这个更让一个女人感到幸福呢？

一件珠宝可以让一个女人光彩夺目，但是再美的女人都有年老色衰的时候，什么样的女人才具有永恒的魅力呢，她需要由内而外散出个人独特的魅力，这是需要修炼的。在《简·爱》中，平凡但勇敢刚强的简·爱虽遭遇意外变故，但最终获得了真爱；在《乱世佳人》中，历经苦难而成熟独立的郝思嘉获得了全世界的爱。玛蒂尔德弄丢了一串假项链，失去了青春美貌；但她却找到了勇敢自信的自我，收获了一生的友情和爱情，可以算最幸运和最幸福的女人。

处处有创意，时时展魅力

——对初中英语课堂创意教学法有效性的探索

彭 嘉

在英语教学中，所谓创意，就是能很好地激发学生学习英语的兴趣，能有效地增强教学效果的新方法和新手段。在初中英语教学中，我们需要的创意应当为：教师教得生动，学生学得主动，使英语教学有新意、有激情，从而既体现教师的主导作用，又充分发挥学生的主体作用。

一、对初中英语教学进行有效创意教学法的必要性

我们天天都在教英语课，也常常去听别人上英语课，学生也天天在学习英语。但是我们却看到这样的情形：英语在初中学生中两极分化，学生最头疼的是英语，最不愿学的也是英语。这就导致老师备课事实上变成只为少部分学生而准备的。在中国绝大部分地区，课堂是唯一使用和体验英语的地方，离开了这个语言环境，学生很难有机会去接触和演练学过的英语。所以提高课堂质量、提供更多用英语交流的环境，增加学生用英语表现自己思想的机会，是每个教师真正要肩负起的责任。新课程理念下的英语课堂教学，就像一部优秀电影，不仅要求导入引人入胜、过程充实丰满、操练环环相扣，而且结尾总结也要精彩动人、异彩纷呈。有创意的教学设计，不仅能巩固知识、强化兴趣，还能激起学生的求知欲望和创新思维，对整个课堂起着画龙点睛、提升魅力的功效，可再次将课堂教学推向高潮，为构建高效课堂画上完美的句号。

二、对初中英语教学进行有效创意教学法的探索

孔子曰："知之者不如好知者，好知者不如乐知者。""有效创意教学法"能点燃学生的求知欲望，变"要我学"为"我要学"。"有效创意教学法"可以以旧带新、以易带难、以熟带生，达到融会贯通、动静结合、循环往返的效果，使教学具有新鲜感、启发性和衔接性。但是"创意有效性"难，难就难在它必须在短短几分钟内吸引住学生的眼球，稳定学生的情绪，提高他们的注意力，从而让他们在轻松愉快的氛围下带着强烈的求知欲及热情投入到英语学习中。那么，作为英语教师，应如何精心设计有效的创意环节，让学生产生"课已止而意未了、趣未停"的感觉呢？笔者认为创意无处不在，贯穿于整堂课的始终。本文尝试运用不同的创意方法——有时开门见山，切中要点；有时顺藤摸瓜，演绎推理；有时设置情景，如临其境……以期达到很好的教学效果，展示课堂的无穷魅力。

（一）真实场景模拟法

笔者曾听过第二十九中学罗殊老师的一节读写课——人教版新目标八年级下册 Unit 3 What were you doing when the UFO landed? Section A 3a 和 3b. 本堂课的重点是使学生能够初步编写科幻小故事。老师用一段有激情的 MTV、UFO 的各种模型，以及经典科幻电影《E. T.》的片段引入新课。这样有创意的导入，迅速抓住了学生的眼球，学生们仿佛置身于外星人的世界中，全神贯注，当然也就轻轻松松地解决了 3a 和 3b 的内容。之后，为了进一步的提升，老师又播放了一段 UFO 变身为手机的视频，并让学生们想象：One day, when your phone or TV turns into the UFO or the alien, what were you doing at that time? Are you scared, happy or sad? Please discuss with your partners and write group compositions. Don't forget to draw a nice picture about your composition.

在这样近乎真实场景的引领下，同学们相互学习，取长补短，不断碰撞出思维的火花，产生出一个又一个的金点子。大家在小组活动中增强了自信，也取得了共同进步。

作品展示：

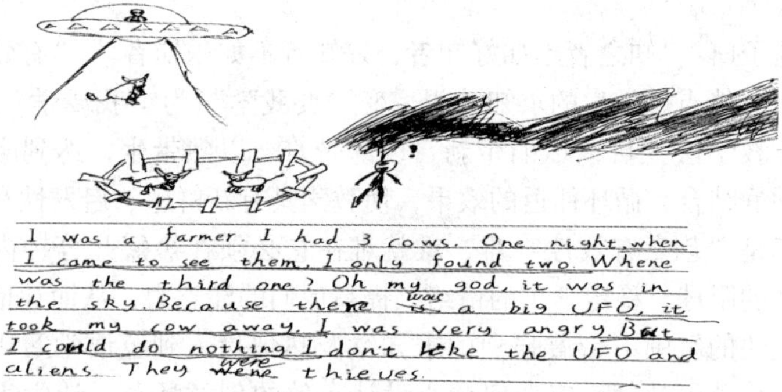

（二）类比引领法

上个月大渡口区的一节关于如何提高 Cloze（完形填空）正确率的英语课，也让笔者眼前一亮。首先，该堂课的老师引领学生们认识到：要提高完型填空的能力，strategy（阅读策略）是最重要的。随后，她在 PPT 上展示了一个红黄相间的格子，如下：

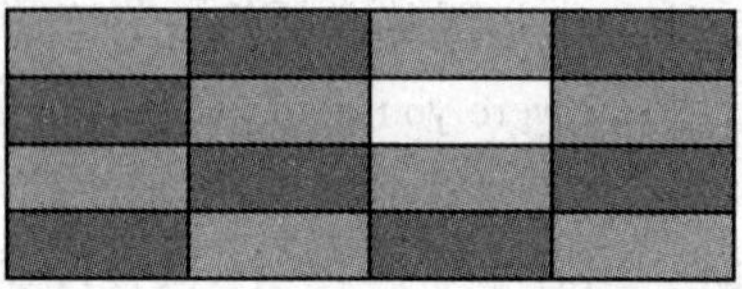

她问学生："The blank should be ________." 同学们很快便回答出是"yellow"。于是她又问："How do you know?" 同学们说是根据周围的颜色规律来判断的。所以，可得出结论：The colors around the blank are the clues（线索）. 这时，老师就说："那么，我们做完型填空时也要去努力发现 clues. 这就是我们今天要学习的一个非常重要的 strategy——context（上下文）"。

老师用简单明了的方式让学生理解了 Context 的含义，以及 Context 在这个题型中的作用，也让学生对这个策略具体的操作有了一定的直观的感受。笔者相信，这样生动、形象的创意定会给学生们留下深刻的印象，将来学生在做阅读题时，一定可以信手拈来。

（三）贴近生活法

创意无处不在，创意来源于生活，创意更需要贴近生活。去年听过一堂由育才中学老师上的全市公开课。主题是："Poem Appreciation and Writing!"老师用一首耳熟能详的英文歌《Jingle Bells》引入新课，并询问学生的看法：What do you think of it? Use one or two words to describe it. 有同学用 fun、interesting 来形容这首歌。紧接着，老师引导学生从歌曲的 lyrics 找出了押韵的三个词：snow、go 和 way. 这就为后面的教学做好了铺垫。之后，老师引领学生从不同的角度欣赏了不同类型的 poem：有 rhyme（押韵诗）、blank verse（无韵诗），还有 free verse（自由诗），等等，有效地引领学生进入到诗歌的境界，使学生真切地体会到了诗歌的美。接着，老师在屏幕上给出了一首新型的诗，并告诉学生这种类型的诗叫 Cinquain（五行诗）；老师请各小组观察、讨论五行诗的写作特点。随后，有同学根据自己对中学生以及中学生活的看法，写出了如下的 Cinquain：

Students
Lovely, young
Learning, improving, enjoying
Just like morning sun
Hopes

这激发了所有同学的创作热情。之后，各小组写出了有着各式各样主题的 Cinquain：有歌颂老师的，有表达对班级的热爱的，甚至有人写每天上学挤公交车时的情况。

当然，同学们的创作都是与他们生活、学习的环境息息相关的。最后，该堂课以全班同学共同创作的一首赞美育才中学的 Cinquain 达到高潮，结束课程。这节课无疑是非常完美的，学生们真正感受到了创作的乐趣，体会到创作并不是特别困难的一件事；当然，这节课也提升了他们的人格修养和文化修养，而这也正是英语教学的真正魅力所在。

全班的作品如下：

Yucai

United，creative

Learning，helping，growing

Love around the world

Family

（四）悬疑设置法

设置一些悬念，能够使学生产生刨根问底的欲求。心理学家认为，悬念可以造成一种急切期待的心理状态，具有强烈的诱惑力，能激起人探索、追求的浓厚兴趣。教师在讲授新课之前设置一定的情景，提出新奇的或者有“头”无“尾”的问题，让学生进行思考，可以充分调动他们的思维，使他们产生一种强烈的求知欲，变相增加讲课的吸引力。我在课堂教学中常用此方法。

我还尝试过游戏歌曲法、时事结合法，等等。当然，教无定法，但必有法。课堂教学是一门艺术，展示创意的方式多种多样，既没有固定模式可循，也不可千篇一律。但，重在有效。这就要求我们从教学实际出发，依据教材内容、针对学生情况，勤于思索，巧于构思，敢于创新，展开想象，放飞激情，如此定能演绎出“响如撞钟，清音有余”“五彩缤纷，光芒四射”的魅力英语课堂来。

参考文献

[1] 王钢峰．美育与美学［M］．厦门：厦门大学出版社，1999.

[2] 王永，余文森．课堂教学的水平与境界［J］．中国教育学刊，1995（2）.

[3] 赵宏义．中小学教师职业道德修养［M］．长春：东北师范大学出版社，1998.

[4] 刘兆吉．高等学校教育心理学［M］．北京：北京师范大学出版社，1998.

[5] 林立．初中英语课程标准解析与教学指导［M］．北京：北京师范大学出版社，2012.

[6] 赵国忠．课堂教学新变化［M］．南京：南京大学出版社，2012.

高效集体备课促有效课堂教学

朱万霖

随着新课改、减负提质等措施的实施，英语课缩减，而教材未删减，如何在有限的教学时间内完成教学任务呢？我认为应充分发挥集体备课的作用，增强学生主动学习和自主学习的能力，有效地提高课堂效率——以高效集体备课促有效课堂教学。

一、特点各异巧分配

我们年级英语备课组9人，其中2人为“60后”，高级教师；2人为“80后”，二级教师；其余5人为“70后”，一级教师。其中，有2人曾到英国任教1年，1人曾到英国进行文化交流。这是一个具有潜力、阶梯型的集体。但由于绩效工资的实施，教师们评职的机会较为渺茫，加之大部分教师在家面临“上有老，下有小”需照料的局面，因而工作的动力不够。如何调动老师们的工作热情和主动性呢？我向全组教师提出“多快好省，互助互利”的思想，根据教师特点分配工作——先自己备课，后提交备课组进行讨论分析，从而做到资源共享，互帮互助，共同进步。

二、讨论分析促有效

因为坚信“只有把工夫花在备课上，才能保证本领显在课堂上”，所以我们对每一个教案、学案，每一堂课都进行反复的推敲，努力做到“胸中有标（课标），目中有人（学生），腹中有本（教材），手中有法（教法与学法）及心中有数（预计课堂教学中可能出现的问题）”。每个板块的着重点也有差异，即：“学案”关注知识的整体性、全面性、循环性等，以便学生能及时进行预习、复习巩固。“教案”及“课件”的设计则重点关注课堂的引入、知识的呈现、活动的展开及任务的设计。经过反复讨论与分析后，我们再形成共案（含教案、学案、课件、单元测验等）。

在集体备课中，强调将核心知识在课堂上讲透彻，并坚持知识“堂堂清”。同时达成“高度关注学生”的共识，帮学生“搭梯子”，并坚持培养学生良好的学习习惯。

三、理论学习做铺垫

在教学实践中，我们深感自己理论知识的欠缺。我本人有幸参加了我区为期3年的优秀人才项目培训、重庆市PTS语言教学实践培训和区英语学科工作站工作，这使我有更多的机会参加各级会议、专家讲座。我认真参加培训，做好笔记，及时将这些新的理念和方法带给备课组的全体同伴，与他们共同交流和分享。

此外，本人利用备课组时间组织大家学习理论，学习了《怎样教英语》《有效教学》《张思中外语教学法》《任务型语言教学》及“中小学教师发展丛书”等英语教学专著。通过学习，大家决定在教学中适当采用“张思中的单词集中识记法”，并注重“语法适当集中”，培养以学生自主学习为主的学法指导，并保证每期开展适当的兴趣活动，以此提高学生学习英语的兴趣。

四、学法指导助提高

如何更好地有效教学？古语说，“授人以鱼，不如授之以渔”。因此，我们从七年级新生一入校开始，就对学生进行英语学法指导。

（一）培养良好习惯，保证教学有效并高效

学生一进入中学，我们就进行了5个习惯的培养与训练。

1. 诵读习惯：要求学生根据不同材料进行不同形式的跟读，如：开书，句句跟读；关书，复述所听内容；还有跟读磁带等方式。要求学生每天诵读英语20分钟，并背诵重点对话和段落。

2. 书写习惯：教师起好示范作用，坚持书写规范，并对学生的每次书写进行评价，及时表扬、展示优秀书写，纠正错误、潦草书写。

3. 改错习惯：要求学生坚持自查，及时在批改或评讲后进行改错，并坚持整理错题本，以帮助其复习巩固。同时，老师传授学生正确的做题方法。

4. 动笔习惯：要求学生准备课堂草稿本（用于记录课堂练习，或对听力内容、别人的英文对话或值日报告进行记录）和课堂笔记本，坚持做好笔记。

5. 按时完成作业的习惯：英语作业分为书面与口头作业。为避免学生忽视口头作业，我们坚持家长督促与小组督促相结合，并坚持课堂上的及时检查与考核。

（二）集中学习字母与音标，突破语音关和拼写关

进入七年级，我们先进行 26 个字母的正确发音和书写练习；接着，马上采用张思中的音标对称法，让学生进行相关语音知识的学习。坚持每个单元进行音标巩固学习和单词的正确拼读，帮助学生突破单词记忆关。

（三）课前预习与课后巩固练习，帮助学生牢固掌握知识

我们的学案按单元帮助学生归纳出词汇学习、语法突破等板块。首先进行课前预习（语言的接受性练习），然后进行课堂操练（语言的表达性和重复性训练）、课后笔头练习（创造性练习）。这样既培养了学生的自学能力，同时又对重难点进行了 3 次不同层次的练习，较好地遵循了语言学习的循环性原则和任务相依性原则。

五、活动丰富提兴趣

爱因斯坦说过：“兴趣是最好的老师。”由于学生在小学阶段已接触了英语，学习英语的兴趣不再高涨。如何保持学生的学习兴趣与学习积极性呢？我们备课组提出在课堂内外坚持开展丰富的英语课外活动，保持学生的学习兴趣并调动其学习主动性。

（一）课堂中采取各种形式，调动学生的学习主动性，并为学生创造更多的运用英语的机会

1. 听歌猜词活动：我们根据课程安排选择一些学生感兴趣或与课程相关的歌曲，进行听歌猜词活动。即把歌曲挖空，让学生反复听歌再补歌词，最后再唱会这首歌。这项活动，不仅调动了学生的积极性，同时也发展了学生的听力、理解能力，扩大了学生的词汇量和音乐能力。

2. 各种课堂游戏：我们根据教材需要及知识点的不同，设计各种游戏或活动来帮助学生学习，并调动他们的学习主动性。如猜谜游戏、FSW、Time Lines 教学法、chant 等，从而丰富课堂，激发学生的学习兴趣。

3. 表演活动：我们采用了两两对话、3～5 人小组活动、值日报告、课堂表演、专题表演等形式，让学生有更多的机会展示自己。

（二）课外开展各种比赛，提高学生的学习兴趣，并提升学生的各种能力

1. 单词竞赛：每学期开学前 3 周，全年级进行新旧单词比赛。这调动了学生的学习兴趣，增强了学生复习与预习的能力。

2. 英语歌曲比赛：以班级为单位，在全年级进行英语歌曲比赛。形式不限，有独唱、合唱、歌曲联唱、大合唱甚至表演唱。平时英语成绩不太好的学生，在这次比赛中却表现突出，这使他们增加了自信，同时也增强了学习英语的兴趣。

3. 书法比赛：为了规范学生的书写，培养学生的书写美感，我们在全年级开展了英语书法比赛，并把优秀的书法作品张贴出来。

4. 英语朗诵比赛或表演比赛：全年级坚持在每学年进行英语剧表演或演讲比赛。

通过几年来集体备课的尝试，我们深深体会到：只有充分发挥每个组员的特长，分工协作，集思广益，形成高效的集体备课，高度关注学生，把兴趣与知识过关过手相结合，才能调动学生的学习积极性，才能更好地完成教学任务，以达到国家英语课程标准提出的教学目标——“培养学生综合运用语言的能力”。

参考文献

[1] JEREMY HARMER. How to Teach English [M]. 北京：外语教学与研究出版社，2000.

[2] 陈静波. 有效教学——初中英语教学中的问题与对策 [M]. 长春：东北师范大学出版社，2007.

[3] 龚亚夫，罗少茜. 任务型语言教学 [M]. 北京：人民教育出版社，2006.

浅谈初中升高中英语教学的衔接问题

孙慧蓉 段国丽

一、前言

区进修校组织的“二诊”考试结束之后，我校按照市教委的要求，提前录取高中学生。这些较为优秀的学生，不再参加“中考”。为了使他们的高中学习有更高的起点，我们利用这些学生初中毕业前的那两周时间，对他们进行初中升高中的英语衔接教育。在上衔接课时，我们从词汇补充、记忆能力、语法强化、创新写作等方面对他们进行重点培训。在对2011级学生进行了英语学习衔接教学后，我们整理了所使用的资料，将其作为我校今后初升高衔接教学的参考资料。我们两位老师组成小组，也由此开展了如何上好“初升高”衔接课的课题研究。这填补了我校“初升高”衔接教材的空白，充实了我校的校本课程。

二、音乐欣赏，外教授课，提高英语学习兴趣

1. 音乐在生活中起着很好的调节作用。在课堂上，我们利用英语歌曲巧妙地将学生带入愉快的英语学习氛围。初三的学生在后期复习阶段压力大，精神紧张；进入衔接班后，我们首先用音乐来使他们紧张的神经得以放松，使他们进入一种自然愉悦的学习状态，带着享受的心理去学习。

我们所选择的，是大多数中学生都喜欢的一些流行歌曲，以《Yesterday Once More》为例：

Step 1. 学生听了这首歌曲后，让他们说出对这首歌的总体印象。

What do you think of the style of this song?

I think the song is ________.

A. encouraging　　B. cheerful（快乐的）

C. very sad　　D. slightly blue（淡淡的忧郁）

Step 2. 再听一次，用所给的下列单词完成歌词。

along,	breaking,	really,	happy,	long lost,	long ago,
smile,	favorite,	again,	young,	listen to	

When I was ________,

I'd ________ the radio,

Waiting for my ________ songs,

When they played I'd sing ________

It made me ________.

Those were such ________ times and not so ________.

But they are back ________,

Just like a ________ friend. All the songs I loved so well!

…

Step 3. 介绍歌手（由学生在课前去搜集资料，独立完成；根据需要，老师补充）。

卡朋特乐队（Carpenters）是由美国卡朋特兄妹二人组成的演唱组合，20 世纪七八十年代风靡一时。

学生聆听他们所熟悉和喜爱的英语歌曲，既欣赏了音乐，又在不知不觉中掌握了歌词，尝到了学习英语的乐趣。

2. 此次初升高衔接教学得到了学校领导的大力支持，划拨了聘请外教的经费。我们从欧文总部请来了教学经验丰富的外教 Roger 老师，与同学们一起为大家展示了一堂生动活泼的英语活动课。

Step 1. Quiz:（Two facts, one lie. Students guess something about Roger and then talking about themselves.）

I don't have a son.

I like playing soccer and tennis.

I am married.

Step 2. Revise prepositions, then lead in prepositions of movement and place. And ask the students to put them in the correct category.

Step 3. Use these prepostions to finish the game→Obstacle Track.

Write down obstacles, students need to get to the other side. Draw the items they can buy to overcome the obstacles.

（学生分成 A、B 两组，每组都有机会选用正确的介词以赢得资金。如果答错了，还可以通过向黑板投纸质飞镖来赢得一定数量的奖金，再用奖金去买“生命”和弓箭、游泳圈等穿越所设置障碍的物品。看哪组先穿越完所有的障碍，达到对方的起点——最先到的是 winner。)

Step 4. Free talk. Students raise any question and talk with Roger.

Step 5. Music time, enjoy a song named “Yellow” and ask students to find out the missing words in the lyrics.

课后小结：纵观 Roger 的一堂课，其亮点在于他的自我介绍是由 Quiz 引入，再把要学的内容组织成一个穿越障碍的游戏，新颖而又有趣，极大地激发了学生的求知欲和兴趣。他听歌曲、填单词的这种寓教于乐的教学方式，与我们的理念不谋而合。

三、复习旧词，补充新词，提高单词记忆能力

1. 以歌曲《Yesterday Once More》为例，初中词汇里出现过 encourage、cheer，所以学生很容易猜出 encouraging 和 cheerful 的意思。slightly 则是新词；blue 在这里的意思是 sad，在 blue movie 里它有“色情的”之义。对随着他们感兴趣的歌曲而来的单词加以适当补充，能很快吸引他们的注意力。

2. 在衔接教学中，我们还选择以《新概念英语》为主要资料来源。该套丛书是风靡全球的经典英语教材，也受到中国学生的广泛欢迎。在教学过程中，我们分析了教材和学生的实际情况，将分散的 144 课重点整合成品牌车归属国、健康疾病类、购物旅游类、文化交际类等话题。

例如：

Lesson 6 What make is it?

Lesson 52 and Lesson 54 What nationality are they? Where do they come from? 我们将世界各国比较流行的车型介绍给学生，同时介绍它们的生产国，这样既巩固了学生在初中阶段所学过的国名、国人、语言，又能拓展学生的知识面，激发他们学习英语的兴趣。

3. 根据新课程标准，初中毕业生应该掌握的词汇为 1 600 个左右。但是实际情况是，大多数学生都能顺利记住并使用初一、初二时所学的词汇。而初三所学的词汇在中考中所占的比例比较小，所以往往容易被忽略。比如，初三出现的以 a 开头的单词，在高一都是重现的重要黑体词汇。我们用写仿句/造句的形式，有意识地使学生巩固了这些词汇，并取得了明显的效果。例如：achieve *v.* →achievement. If you work hard, you will achieve your dreams. What are the major achievements of our Party? (achieve 是在初三 p. 24 Unit 3 Teenagers should be allowed to choose their own clothes. 里面最后一篇阅读文章里出现的，高一教材里则直接出现了它的名词形式 achievement)

四、强化语法，引入修辞，增强组词造句能力

1. 直接引语和间接引语

学生一到高一，直接引语和间接引语就成了重点语法。所以我们补充了由连词 whether 和 if 引导的直接引语和间接引语的转换，不但详细讲解了它们的区别，还做了大量的练习进行巩固。

2. 定语从句

在初升高的教学中，除了最简单的引导词 who、which、that（关系代词），以及关系副词 where，其他的一概不讲或者涉入不深。所以我们在授课过程中有意引入了非限制性定语从句与限制性定语从句之间的区别这部分知识。

3. 非谓语动词的理解和用法

(略)

4. 几种常见的修辞格 (Figures of Speech)

句子语法正确，说话和写文章符合语言规范，这是言语交际得以正常进行的基本条件。但要使我们的交际达到预期的效果，还应辅以

各种修辞手段，这样语言才会生动活泼、充满活力、感人至深。

单词是语言构成必不可少的“砖块”，语法使它骨架丰富，修辞让它美丽生动。

五、课题研究后的效果与反思

效果：由于我们按照上面的步骤对初中阶段的重难点进行了精心整合，结合新概念梳理话题，每天都听写补充单词和重难点句子，大多数同学的词汇量有所增加。对于重点课文，我们还要求学生复述或者背诵，这些对听力口语写作都有一定的帮助。我们所选的课文新颖、幽默、有趣，容易引发学生共鸣，激发其学习热情和积极性。

反思：在我们的衔接教学中，听力练习不足，部分内容补充延伸不够丰富，对语法的讲解及练习还不够深，还应该补充讲解句子成分和几个重要的从句。由于我们是第一次进行衔接教学，缺少经验，有些资料还不够完善，质量也有待在今后的探索中逐步提高。

参考文献

[1] 中华人民共和国教育部. 新课程标准 [M]. 北京：北京师范大学出版社，2011.

[2] 路易·亚历山大. 新概念英语 [M]. 北京：外语教育与研究出版社，培生教育出版社中国有限公司，1997.

请珍重“新目标”英语课本中的阅读材料

杨媛玥

前　言

《新课程标准》指明：“合理开发和积极利用课程资源是有效实施英语课程的重要保证。”英语教学资源包括英语教材和有利于学生语言综合运用能力发展的其他资源，而英语教材是英语课程资源的核心部分。在八年级下期，教材在每单元增加了阅读训练，目的是要求利用这些阅读资源训练学生的阅读能力。八年级是学生英语阅读能力培养的重要时期，教材提供了丰富的阅读材料和有针对性的训练策略。但在现行阅读教学中，仍然有很多问题，主要体现在以下几个方面：

（一）偏离目标，泛读成精读

训练学生的英语技能是具有阶段性的——先听说，后读写。教材在八年级下期增加阅读部分，是考虑到学生整体能力的需要。学生阅读能力提升，会大大地提高英语学习的效率。而在平时的教学过程中，一些老师却忽略了这个目标，把阅读能力训练变成了语言知识详解，泛读成精读，这不是本末倒置吗？

（二）忽略策略，无的放矢

教材在每个单元的阅读部分都设置了一个 Reading Strategy（阅读策略），目的是要求教师利用它们来训练学生阅读能力。但有些教师忽略了阅读技巧指导，只让学生完成阅读，回答了几个问题，把训练变成了检测，这不是无的放矢吗？

（三）缺乏趣味，教法单一

教材为学生提供了丰富的阅读内容，它们涉及知识、娱乐、科技、人文及教育等方面，实用性和趣味性很强。但有些教师在进行阅读训练时，只注重完成阅读任务，忽略了学生的品行教育及情感体验，没有思考如何通过活动来激发学生学英语的兴趣。所以，教法单一，缺乏趣味性，更别提寓教于乐了。

之所以会这样，是因为仍有相当多的教师还未真正理解《新课程标准》对学生的三维目标的要求，传统的应试教学依然根深蒂固。老师们只注重语法和知识点教学，违背了新的教学大纲所强调的“以人为本，以发展学生的能力为宗旨”。

发现问题是解决问题的前提，有问题就必须解决，如此才能促进我们的教学。那么，如何在八年级下期充分利用教材中的阅读篇幅来训练学生的阅读能力，使其具有实效性呢？我认为我们应当从以下三个方面入手：

（一）明确目标，专时专练

对学生进行阅读能力训练，需要有明确的目标。初中阶段，学生的阅读能力要达到3~5。从八年级下期开始，教材增加了阅读训练，这就要求教师充分利用这些阅读篇幅和策略，充分保证一周一次的阅读能力训练，而且专时专练。

（二）利用策略，提升能力

阅读策略是使学生有效阅读的方法，是使学生阅读能力提升的手段。阅读前，教师应告诉学生阅读策略是什么，并指导学生使用它们。学生用这些策略能预测文中的相关内容，进行扫读、找读、认读、略读、跳读，快速接受信息，使阅读教学更有针对性，有的放矢。如在第一单元的阅读中，其阅读策略是：通过标题和图片推测你要读的文章的内容。老师在阅读前会让学生看文章中的图片和标题，然后问学生：Can you see the picture? What's it about? For now or the future? Can you guess what the title means? What will the world be like in the future, do you know? Will people have robots in their homes? 学生在回答这些问题后，应当了解到该文章主要是对将来的生活的预测，并与机器人的话题有关。

（三）寓教于乐，形式多样

新课标指导下的教学，其情感态度与价值观目的是培养学生的健全人格，这也是新旧课标的区别之一。教材中的阅读内容积极向上，具有思想性、趣味性、知识性、文化性和时代感。学生们在阅读过程中获取了信息，得到了乐趣，丰富了知识及文化经历。学生们通过表演或讨论这些话题，提高了学英语的兴趣，增强了自信心，并达到了寓教于乐目的。如在第一单元中，学生表演的话题是："What will the life be like in 100 years? What will you be in the future ?" 这些表演可以说达到了让学生"放飞梦想"的目的。在第二单元，话题是："学会放松，学会思考，终身受益。"

总之，合理开发和积极利用教材资源是有效实施英语课程的重要保证。我们有理由相信，凡是有利于学生发展的，一定是我们努力的目标！

参考文献

《全日制义务教育中学英语课程标准》中华人民共和国教育部制定，北京师范大学出版社（2011 年）

阅读理解文章，从文章标题入手

李　娅

笔者在3月份参加了一次高中英语的赛课听课，这次赛课的内容是高二第二单元的“Two Great Figures in Olympic Games”。其中第一名获奖者的阅读导入方式给我留下了深刻的印象，并引发了我对初中阅读课程的反思。

第一名获奖者首先从文章的标题入手，让学生看着标题，提出了以下几个问题：（1）From the title，what does the article talk about？（2）Do you know some famous Olympic players？Who are they？（3）Can you guess who the two great figures are？老师通过这一系列对文章标题解读的问题，引出了文章的主要内容，并通过对话、讨论、猜想等活动引出了Two Great Figures——Coubertin and Samaranch。然后，老师抛出了透视文章标题的第四个问题：“Why do we call them two great figures？”引导学生对文章进行泛读，让学生在泛读后总结出Two Great Figures——Coubertin（Giant of Olympic Games），Samaranch（Father of Olympic Games）。围绕对文章标题的解读、透视而展开的这一系列活动，给我留下了深刻的印象，也让我对初中阅读尤其是初三阅读教学进行了反思，并收获良多。

一、标题的作用

标题位于文章之首，用来高度概括文章内容、点明文章主旨，是段落中心思想最精练的表达形式。通过文章标题引领阅读，通常具有以下作用：

1. 预测文章内容，指导学生猜想

根据对文章标题的解读和透视，能启发学生的思维，激发学生的阅读兴趣，同时还能活跃课堂气氛。通常，教师可以引导学生围绕文章标题进行一些预测活动。

例如：讲授人教版初三第一单元的阅读文章——“How do we deal with our problems?”时，通过对文章标题的透视，教师可以从以下几个方面启发学生：Do you have any problems with your study and your life? What are they? How do you deal with your problems? 这样对文章标题进行解读和透视，让学生有了谈话的主题，有了互相交流的机会，既活跃了学生的思维，也活跃了课堂气氛，使课堂不至于一开始就陷入沉闷的阅读气氛中。

2. 认清篇章结构，默化写作技巧

新课标对初中英语的阅读要求是：学生九年级初中毕业时，其英语水平应达到国家英语课程标准中规定的五级水平。关于“五级”的要求，其中有一条描述为：“能读懂7～9年级学生阅读的简单读物和报纸、杂志，克服生词障碍，理解大意；能根据上下文和构词法推断、理解生词的含义。”所以说通过阅读文章，弄清楚文章的题材，是阅读技能技巧的一大培养。

例如：人教版初三 Unit 13 Section A 的3a 标题为“Restaurant science”。通过对文章标题的透视，让学生认识到这是一篇科普说明短文，让学生能够根据科普说明文的特点，预测文章的篇章结构：标题是文章要说明的主要内容；这类型文章的结构多为总分总式或递进式。通过对标题的解读，可以做出一些预测性的谈论，先让学生谈谈他们所知道的“Restaurant science”，这种预测性的问题可以拓宽学生的知识面，也鼓励了学生用英语表达自己的所知所想，加强了英语的语用功能。同时，通过告诉学生这类型文章的篇章结构，让学生找出文章说明的脉络和线索：饭馆的颜色科学、饭馆的灯光科学、饭馆的音乐科学和饭馆的食品科学。认清了文章的篇章结构后，让学生体会说明文的结构，这样一来学生对文章的内容也会记忆深刻，同时也潜移默化地提升了学生的写作能力和技巧。

3. 理解文章主题，升华文章内容

文章的题目很多时候也是作者意图、行文思路、心声、态度等思维模式和内心活动的体现。从这个方面，通过对文章标题的正确理解，能促使学生在阅读文章时与作者的思路保持一致，拉近作者与学生的思维距离，从而使学生更加深刻地理解所读材料。

例如：人教版初三英语 Unit 8/Section A 3a 阅读材料的标题是："Being a volunteer is great!" 从标题就可以看出，作者认为做一名志愿者是很愉快、很幸福、很伟大的；同时作者还倡导人人都贡献一分力，人人都做志愿者。在解读文章标题时就把作者的这种感情色彩、心声、想法跟学生一起探讨清楚、透视明白，让学生带着这一主线去阅读这篇文章，学生的心态自然也会受到感染，变得积极有趣，那么他们对这篇文章的理解也就会很深刻，同时巧妙地把思想德育教育融进英语教学，使一篇简单的英语阅读在内容上变得更加丰满，很自然地使文章内容和思想得到了升华。

4. 帮助英语学习，增加欣赏美文的兴趣

初中的英语阅读课文的标题大多是比较直接的、浅显易懂的，但在课外阅读文章中却有很多阅读材料的标题采用了修辞手法，如果能有意识地介绍一些这样的文章给学生，让他们正确理解并欣赏这些标题，学生就可以体会到文字运用的美感和巧妙，并增加欣赏、阅读的兴趣。如："Gone with the wind（飘）""On Eagle's Wings（展翅高飞）""Much to Live for（生命的追求）"……这些标题都来自于经典的英语美文，在上阅读课时，教师可以有意识地在阅读热身阶段引入适当的美文标题，指导学生，跟学生一起解读，跟学生一起欣赏这些标题，然后叫学生在课后去寻找、阅读这些文章，这样就激发了学生的阅读兴趣，也拓展了学生的阅读知识面。

二、自拟标题

自拟文章标题这一活动，主要通过两种方式来进行：一是由老师为一篇文章拟定多个标题，然后请学生从中选出最好的标题。这种方式也是考试的时候常用到的测试方式。如人教版初三 Unit 13/

Self check 中的那篇文章，老师就可以拟出以下几个标题——“My Surprise Day”“My Bad Day”“My Lunch”等，然后要求学生自己阅读，从而选出最好的标题。通过对标题的自拟选择，培养了学生的综合、概括能力。二是让学生自己为文章拟出一个或多个标题，然后让学生将其与文章的原标题进行对比，或与其他同学所拟的标题进行对比，以培养他们评析和鉴赏标题的能力。如人教版 Unit 3 的阅读课文，标题为“Should I be allowed to make my own decision?”这一标题直接用一个疑问句抛出了文章要讲述的内容，缺乏号召性和积极性。有学生阅读后把标题改为“My decision，my success”“My decision rights”等，这样的标题更能唤起人的阅读积极性，引起人的共鸣，让人感受到阅读的愉悦。而这样的阅读活动也会使课堂更加生动活泼，让学生的语言思维得到充分的展现和发挥。

三、标题的应试功效

在阅读中，通过对文章标题的解读和透视，我们也培养了学生的解题能力，让学生在解答标题类试题时具备了以下的解题知识和解题技能、技巧：能区分概括不够的（也叫以偏概全的）标题选项；能区分过度概括的、为扩大范围而设置的标题选项；能区分以事实、细节替代文章中心设置的错误标题选项。

四、结束语

文章标题作为文章的中心和灵魂，先于文章内容与学生、与读者见面，所以解读、透视标题是教学中不可忽略和忽视的一个环节。教师在平时的英语教学中，在注重培养其阅读技能的同时，也要加强对学生阅读标题能力的训练。尤其是要充分利用好教材，以教材为载体，从标题入手，逐步培养学生的阅读技巧和能力，提高其阅读速度，使学生在阅读中感受到乐趣、感受到成功。

高中学生使用英语导学案的问题分析及改进措施

钱　静

导学案是为教学服务的，是在老师的学法指导下，以学生自主学习为主的教学辅助手段。美国的布鲁巴克说过：“最精湛的教学艺术，遵循的最高准则就是让学生自己提出问题，自主学习。”只有让学生有了学习的主动性，才能很好地调动其学习的积极性，从而有效地提高了学习效率。

在英语学科导学案的使用过程中，笔者检查到学生有乱做或抄袭的现象，而且这不是个别现象。这与我们的初衷背道而驰。结合我班学生的具体情况，我做了如下的分析和改进建议。

一、学生的学习情况不尽如人意

我班的学生中，中等生占多数，英语基础不扎实，对于知识体系没有清晰的认识，处理导学案应付了事。还有一部分后进生，学习目标不明确，缺乏学习的恒心和毅力，导致学习态度不端正，于是抄袭的现象便时有发生。

【改进措施】

积极了解学生的学习情况，有针对性地查漏补缺、夯实基础，尤其是初、高中未衔接的语法知识。优化课堂教学，通过学生的课前演讲和英语短剧表演，提高英语学习的生动性和趣味性，激励学生积极参与。提高教学效率，提炼本堂课的重点和难点，向课堂“40 分钟”要质量，让课堂教学减少无效或低效的活动。有意识地引导学生扩大阅读量，多看英文报纸和杂志，多多了解外国的风土人情和传统文化。利用小组合作模式，进行“一帮一”互助；用好评价机制，激励学生奋勇向前。加强沟通与交流，帮助学生树立信心，克服学习上的困难。

二、时间的安排上有冲突

高考6门学科的导学案有可能会在同一时间发放。学生面对铺天盖地的导学案，往往会不知所措。如果每一科老师都催着交作业，学生也只有选择抄袭或是敷衍了事。

【改进措施】

一方面，多与其他学科的老师沟通和磋商，尽量协调时间上的冲突问题。同时，在作业量上也达成一致，争取让学生在40分钟内能够完成。当天有晚自习的科目就不再安排作业。另一方面，教师要教给学生更多的方法与技巧，强调自主学习和合作探究相结合，使学生有效并高效地完成导学案的任务。

三、导学案的编制有问题

1. 教案化的导学案是最常见的问题。

如果老师在编制导学案的过程中，随意将其定位于教案，学生做起来便会无比痛苦。教案是教师为开展教学活动而设计的方案，重点是教师怎么教和如何教。导学案针对的是学生，重点在于学生怎么学和如何学。两者有着本质的区别。学生拿到这类导学案往往会不知所云，学习效率大大降低。

2. 习题化的导学案也会干扰学生。

英语学科导学案是通过知识点的阐述和解释，激发学生的主动思考，培养合作、探究意识以及语言综合运用能力。习题化的导学案不能取代学生的自主学习过程。简单、重复的操练，只会增加学生的负担，甚至将某些学生推向抄袭的阵营。

【改进措施】

新的教学模式，要求以学生的自主学习为主体，以学习小组的合作探究为辅助，教师进行适当的点拨和指导，师生共同完成教学任务。所以，编写导学案要从学生的认知水平和知识水平出发，为其学习服务。既要直击要点——如语言知识点，容易混淆、容易忽略的地方；又要让学生在问题的合作探究中获得学习的快乐。同时，老师要注意“搭梯子”，多设置一些有梯度的学习任务，让学生循序渐进地获取知识。

练习题可以是导学案的一部分，用来巩固教学内容，检查教学效果。它不能完全替代导学案。如果将学生的自主学习变成习题演练，学生就会被埋在茫茫题海之中，这与新课改的精神背道而驰。导学案的设计思路为：教师设计引导性的问题和活动，让学生通过沟通、交流、质疑等形式完成任务，体会和学习语言，形成语言能力。英语是一门工具，学生应借助导学案进行有效的听、说、读、写等语言操练。

编制时，还可以加上人性化的语言，如：“抄袭害自己哟！”“亲，抄袭的导学案即刻包邮回家哟！”学生们觉得既有趣又幽默，就会下意识地约束自己的行为。

实践证明，导学案对于教师的巧教、学生的乐学起着重要作用。教师应深度思考和透彻领悟其实践意义，善于发现和解决使用过程中的问题，真正用好导学案，在新课改的道路上越走越好、越走越远。

参考文献

[1] 姜雪．高中英语导学案之我见［J］．现代交际，2012（10）．
[2] 李炳亭．我对导学案的认识和建议［N］．中国教师报，2012-10-31．
[3] 刘瑞清．导学案教学方式的实践与思考［J］．神州，2013（35）．
[4] 马卿．高中英语导学案教学中的问题及对策［J］．课程教育研究，2014（10）．
[5] 吴永军．关于导学案的一些理性思考［J］．教育发展研究，2011（4）．

谈谈高中英语教学中的德育教育

隋晓鹏

一般人认为，德育教育这个话题，应该是班主任、语文教师、德育教师谈论的事。其他学科的教师，涉及德育教育比较少。其实，作为教师，无论教哪个学科，都应该努力做好德育教育工作，因为教书育人是教师的职责。那么，作为高中英语教师，我们应该怎样做好德育教育工作呢？新颁布的英语课程标准明确指出：英语课程的学习，既是学生通过英语学习和实践活动，逐步掌握英语知识和技能、提高语言实际运用能力的过程，又是他们磨砺意志、陶冶情操、拓展视野、开发思维能力、发展个性和提高人文素养的过程。

个人认为，其中磨砺意志、陶冶情操、拓展视野、发展个性和提高人文素养的过程，有赖于德育教育的渗透。近年来，我在英语教学中主要尝试了以下几方面的德育教育方法。

一、爱国主义教育

在平时的英语教学中，教师不仅要挖掘教材，还要充分发挥教育对提高学生素质的基础性作用，在教学中进行适度的拓展。例如：对学生进行爱国主义的教育。我在教重大版 Book 4 Unit 5 Art and Culture 这一单元的阅读课文时，先指导学生认识中国结，使学生了解它的制作方法、它的种类和它所代表的寓意，然后叫学生回答教材上的问题：In what way are Chinese fancy knots related to Chinese culture? 以及：Why are Chinese fancy knots important to Chinese people? 最后叫学生在互联网上查找还有哪些有关中国传统艺术品以及中国传统文化的英文介绍，然后在班内进行交流，让同学们了解中国的传统节日、传统文化、传统习俗，从而增强他们的民族自豪感，培养他们的爱国主义情怀。

二、理想教育

在教重大版 Book 3 Unit 5 Dreams and Dreamer 时，我首先引导学生思考：你的梦想是什么？你将怎么去实现自己的梦想？通过学生对这两个问题的讨论，引入课文《Follow Your Dream》。通过文中小男孩的故事，我告诉学生：一定要追随你的心，不要让别人偷走你的梦想。在下一个单元 Perseverance and Success 中，我先让学生仔细阅读课文《A Great Man in a Wheelchair》，了解霍金的故事：霍金 17 岁时考取了著名的牛津大学，21 岁时却患上了萎缩性的脊髓侧索硬化症，医生说他至多能活两年半。但他顽强地向命运发起了挑战，两年半过去了，他不仅坚强地活着，还成了伟大的天体物理学家。通过对课文的学习，我让学生讨论如何面对成功道路上的困难和挫折，让学生知道成功都不是一帆风顺的——不经风雨，哪能见彩虹？我们在学习中、生活中遇到挫折时，不应该怨天尤人，而应该树立正确的态度。只要我们能从容地面对它，自信地战胜它，坚持不懈地努力下去，成功就会离我们很近了。

三、感恩教育

如重大版 Book 2 Unit 2 Parents and Children 的中心话题是“父母与孩子”。我围绕“感恩”这一中心话题，设计了语言活动：先让学生思考父母与孩子应该是怎样的关系，然后再让他们思考自己和父母现在是怎样的一种关系。通过这两个问题，导入本单元。最后，让学生欣赏一个 Flash 作品——男孩与苹果树的故事，其目的在于使学生了解到：苹果树就是我们的父母，而那个小男孩就是我们自己。我们不断地向树索取，而树也心甘情愿地把自己的一切给予男孩，直到剩下一个树桩。故事中小男孩的心态也是很多学生的心态，认为父母对我们所做的都是应该的。我在教授这一单元时，除了运用任务型教学，还精心设计教学任务，指导学生形成感恩意识。在完成本单元的教学后，我还组织学生进行了一次以“拥有一颗感恩的心”为题的英语主题班会。同学们通过讨论，认识到父母养育自己的辛苦，认真思考自己该如何去孝顺父母。Challenge Yourself 这一单元则介绍了母亲节的由来。通过这一话题，我组织了一次英语征文活动，题目为“我心目中的母亲”。很多学生在文章中谈到了自己对母亲的爱。

总之，在高速发展的当今社会，在英语教学中渗透德育教育是非常有必要的。为了让这种德育教育起到很好的作用，在平时的教学中，我们要充分考虑到学生的兴趣爱好，注重挖掘教材，采用形式多样的活动以激发学生的兴趣。让设计的每一个活动都更贴近学生的生活，让学生既能在愉快轻松的环境中学习，又能提高他们的素质、扩展他们的视野、增强他们的爱国情怀、社会责任感和历史使命感。

创设学习情景，让学生将所学英语知识活化

张佩嘉

建构主义认为，学生是学习的主体，知识获得的方法是学生去发现，教师的任务是为使学生获得知识创设情景，引导和帮助学生在发现的过程中进行创造。情景教学的目的是最大限度地激发学生学习英语的积极性，全面提高学生的综合语言运用能力。创设学习情景，就是创设一些能引起学生共鸣、激发学生求知欲的学习环境，使学生的兴奋点一现再现，激起学生继续学习的兴趣。

一、创设学习情景的前提

良好的师生关系是创设学习情景的前提，它有利于学生和教师之间、学生和学生之间平等合作、互动交流。创造民主、和谐的学习氛围，对英语学习更为重要，因为有效的师生关系是有效教学的前提。

二、创设学习情景的方法

在英语教学中，我们根据教学内容和教学目标的要求，从以下几个方面来创设学习情景，让学生将所学的英语知识活化。

1. 实物图画情景。

语言与思维紧密相关：思维是语言的核心，语言是思维的外表。可运用挂图、简笔画等，让学生有一目了然的感觉，学生的主动性也会增强。例如在讲“Is this your pencil?”“Where's my backpack?”等时，我们就带实物创设情景；在讲“Why do you like koalas?”等时，可以通过展示动物图片创设情景。

2. 表演情景。

由教师指导部分学生通过表演课本剧或分角色朗读来创设情景。这种情景由学生亲自参与，必然能使其产生新鲜感和亲切感，乐在其中并积极思考。表演是强化和巩固听说训练的最佳途径。该情景是将教材知识进行再现和活化，把英语学习与生活实际紧密联系起来，从而达到学以致用的目的。

3. 媒体情景。

学习英语的难点在于：除课堂外，学生没有更多的英语语言环境，这在很大程度上限制了学生的语言能力的发展和提高。多媒体集中展现图像、动画及声音，构成教学内容所要求的情景，把自然的形象浓缩于尺幅之中，以小见大，更加形象地展示认识对象，突出教学主题，充分调动学生的多种感官。例如在讲“Do you want to go to the movies?”时，利用多媒体创设各种电影情景；在讲“It's raining.”时，创设各种各样的天气情况；在讲“How do you get to school?”时，录制各种车辆的声音，让学生通过听声音来判断交通工具；等等。

4. 音乐渲染情景。

课堂教学中运用音乐渲染可以产生强烈的震撼作用，给学生以丰富美妙的感受，使他们心驰神往，插上想象的翅膀，在具有韵律的情景中较好地理解教学心内容。英语歌曲是学习英语的动力和催化剂。

5. 游戏情景。

游戏是一种能让人亲身经历的综合性的活动，要求参与者动脑又动手，而这正好符合初中学生爱说爱动、喜欢表现自己的心理特点。一般应选择规则简单、趣味性强、与所要讲授的课文内容或语言知识有紧密联系的那种。例如学习颜色时，玩“颜色大转盘”；学习“What time do you go to school?”时，玩“What's time，Mr. Wolf?”的游戏；学习“He said I was hard-working.”时，进行传“话”游戏；等等。

6. 竞赛情景。

摆擂台，学生之间展开知识对抗赛。例如：在讲解第三人称单数做主语时动词的变化，动名词，过去式，过去分词，形容词、副词的比较级等时，都可以用这种方法。竞赛活动就是让学生在轻松的情景中活用所学语言。

情景创设的方法多种多样，需要依具体内容而定，甚至把几种情景相结合起来。在创设学习情景的过程中，注意情景中选取的形象要鲜明，能满足学生的需要，而且一节课中情景间的自然衔接也很重要。如果能将多个情景连接起来，构成完整的情景链，就更好了。这样的话，既能使整个课堂如行云流水、环环相扣，又能引人入胜。

浅谈新课改背景下高中英语学习小组的建设

赵　茂

为贯彻新课程标准的基本理念——突出学生主体、尊重个性差异、倡导学生参与，我校推行了“271 高效课堂”的教学模式。学习小组是高效课堂模式中的基本单位，也是小组进行合作探究学习的组织基础。学习小组的建设要以小组为基本形式，让学生在一个小群体里面合作探究、相辅相成、积极交流，借助外界一切有利于学习的因素来帮助学生形成学习氛围，激发其学习动力，让学生主动参与学习，并辅以一定的调控、评价以及监督机制，从而确保小组建设为高效课堂服务。只有将学习小组建设好了，才能更好地实施高效课堂的教学模式，真正体现“以学生为本”的教学理念。

英语作为一种语言工具，是用来帮助人们进行交流的，所以学生在学习英语时，必须要培养说话能力、交流能力、交际能力。而将学生放到小组里，让他们在与他人合作、互助、竞争的过程中，练习语言、使用语言、提升语言运用能力，就是一个潜移默化的学习过程。而且，高中阶段的学生随着心理和生理的不断成熟，往往不愿意主动与他人进行沟通合作，将他们“投放”到小组学习中，能帮助培养其交流协作的能力，并使其在学习上获得更大进步。所以，高中阶段的英语学习小组要进行合理的、有规划的建设，并加以适时的监管与调控，以确保高效课堂的开展，让学生自主学习、合作交流、共同提高。

一、全面兼顾，合理分组

刚升入高中的学生在心智方面还不成熟，如何让其在进入高中后能很快熟悉生活环境、身边同学，并对新老师产生好印象？这有赖于学习小组的最初建设，也就是分组环节。

首先，应对学生个性特征、家庭背景、学业水平、能力倾向和兴趣爱好等方面进行详细调查，也可通过统计学生个人信息来获得这些内容。分组可采用互补搭配原则，即男女比例均衡、性格外向和内向的间搭、成绩好的和较差的间搭、城市和农村学生间搭、兴趣特长不同的间搭，让小组内成员各异。此外，小组之间的分组情况应平衡，即各小组的综合成绩、综合能力平均，以保证小组竞争的可比性和公平公正。

其次，小组人员以 4 ~ 6 人为宜，每组由一名具备一定组织协调能力、积极向上的学生来担任组长，负责组织活动，带动学习氛围。教师通过培训小组长，让其搞好自己小组的内部建设（如在活动中形成明确的分工：谁负责活动记录、谁提问谁评价等）。课堂上，学习小组成员围坐一起，由组长带领实施小组活动。在小组建设成形之后，也可由组员轮流出任组长，由此体现公平公正原则，促进组员间的合作与竞争。

二、合作探究，任务教学

合作探究是小组建设的目标，小组建设成功与否取决于学生是否能通过团结协作、探索钻研来解决问题、学习知识。小组中，学习不再是个人行为，而是集体行为，这需要学生有足够的团队意识和协作精神。而任务型教学能很好地调动学生的积极性，培养其合作意识，让学生以任务为目标、以小组为团队，通力协作，目标一致，完成学习任务。

要开展好合作探究，就要选择并安排好任务。在英语课堂上，选择具有一定挑战性、开放性、探索性的任务，才能更好地开展合作探究。比如，学习欧·亨利的《警察与赞美诗》时，让学生分角色扮演；谈论现代科技的利弊时，让学生分为正、反双方辩论；学习语言点时，学生预习后上台讲解，再小组讨论总结。实施任务型教学，教师必须保证任务有趣味、可操作，在过程中突出小组的有效协作。

三、人人参与，精彩展示

小组合作学习的模式是以小组为单位，但又不能只注重整体而忽略个人。在一个整体优秀的小组里面，也可能存在不认真参与的个体：或做与学习无关的事，或对学习任务敷衍了事。这就需要教师及时指导，让其明白：只有小组中的所有成员全力以赴，才能让合作学习的效果发挥得最好，让每个同学获益。教师可以对小组合作学习的过程予以评分，鼓励那些全体成员都认真参与的小组，及时纠正个别不良现象。发挥组长的监管能力，完善组员间的监督机制，采用计分、检测等加以控制。

合作探究后，小组要向全班展示交流。展示可以是课堂上的分享，可以是课后交流，甚至可以是一堂别开生面的主题交流会。演讲、总结、图片、唱歌、表演，都可以成为展示方式，教师可鼓励学生通过不同方式进行展示。过程中，有认知与技能的交流，也有学习过程与学习方法、情感态度与价值观的交流。精彩的展示能激发学生学习合作的兴趣，使学生得到成就感，这都为合作学习的成功提供了原动力。

四、全面监督，适时调控

教师对于小组建设、小组学习必须全程监督，认真观察了解每个小组的活动情况。当开展得顺利时，应及时给予表扬；当出现问题时，应及时干预并提供有效指导。比如半学期后，学生出现成绩起伏、心态变化等情况时，教师应根据这些情况对分组搭配进行调整，或重新分组。一般情况下，每学期应调整一次小组划分，以使其有更宽广的交往空间。分组调控可兼顾学生自愿和教师干涉，在一定程度上给予学生自主选择的权力或协商分配的自由，以便使成员间达成一致，构成相互承认的荣誉共同体。

在合作学习中，学生时常会因知识面局限而不能深入探究问题，这时，教师作为学生学习的向导，也是学习的合作者，要深入到每个小组，倾听大家的发言，适时组织成员交流，帮助活动顺利开展。教师还应注重培养学生上台展示的能力，如站姿、语速、音量音色、语言组织等。展示前，先向大家问好，并做简短的自我介绍："Hello, everybody! My name is... I am from Group..."展示完，应说："That's all! Thank you!"此外，还应对学生的展示内容有一定了解，给予适当指导，使学生在上台时能有精彩表现。学生上台表现的进步，将会成为其学习的动力、学习中的最大肯定。

五、多元评价，长效机制

单一评价必定不是长效机制。小组合作学习旨在"不求人人成功，但求人人进步"，所以评价要做到客观公正、形式多样，以激励学生投身于小组学习，让此模式良性循环下去。评价应多元化，可有自我评价、组内互评、组长评价、小组互评、教师评价等，通过计分使个人间的竞争与小组间的竞争相互关联，让一个小组内既有合作也有竞争。

教师还应对学生看待评价的态度予以引导。评价中的积分只是对学生某阶段表现的反映，不应是学生追求的全部，教师不能对得分低的学生一味否定，相反还要想方设法帮其正确认识自己的表现，根据课堂观察、作业批改、找学生谈话等方式收集学生信息，以此来引导评价中得分低的学生，帮助其反省自身缺点和不足，使其通过努力在学习中取得更大进步。在教学中，教师还可应用小组互评的方法，让学生试着给别人以鼓励、给自己以信心，引导其正确评判对错，学会取长补短。这样，使每个学生都参与到评价中，又不为评价所困，通过评价来确保小组合作学习的长效开展。

学习小组的建设是英语教学的需要，是新课改的需要，也是培养学生自主学习能力和合作能力的需要。它不仅要求学生动口、动手、动脑地学习，而且要求学生之间有合作、师生之间有互动，对于学生的知识学习、能力提升、素质养成，都可起到很好的促进作用。我们教师要有规划地建设学习小组，并适时加以监管、调控，让学习小组确保高效课堂的开展，让学生在自主学习、合作交流中取得更大的进步！

参考文献

[1] 高艳．合作学习的分类、研究与课堂应用初探［J］．教育论坛，2001（2）．

[2] 赫奇．语言课堂中的教与学［M］．上海：上海外语教育出版社，2002.

[3] 廖其明．高效课堂与小组建设［EB/OL］．http：//www.yajyw.com/ztlm/gxkt/jyjl/201210/11251.html，2012－10－04.

[4] 戚晓琴．浅析新课程理念下英语课堂中的小组合作学习［EB/OL］．http：//www.studa.net/jiaoxue/110805/11474947.html，2011－08－05.

[5] 王坦．合作学习论［M］．北京：机械工业出版社，2001.

[6] 袁征．高中英语小组合作学习课堂策略初探［J］．新校园，2011（6）．

[7] 周其跃．浅谈新课程理念下如何提高中学英语课堂教学的有效性［J］．新华教育导刊，2009（5）．

优化高三英语书面表达批改的几种尝试

陈 娟

前 言

中学英语教学大纲中明确指出："写是书面表达和传递信息的交际能力。培养初步写的能力，是英语教学的目的之一。"重庆英语高考自2013年起取消短文改错，增加了一个写作题，并将书面表达的分值提高到35分。书面表达作为一项全面考查学生语用能力的题型，其重要性日益凸显。同时，学生的写作能力只有在不断的写作和修改中，才能得以提升。目前的高中班额普遍较大，教师批改作文工作量大、耗时长，学生往往要2~3天后才能拿到作文本。学生拿到作文本时已经差不多忘了文章的内容，还有相当部分的学生没有认真查看批改的情况，作文批改没有达到预期的效果。

如何寻找到效果好、效率高的英语作文批改方式，是一直困扰高中英语教师的难题之一。笔者认为，在高三的作文教学中，应明确地利用自我评价技能来提高学生的书面表达能力。学习型评价（Assessment for Learning）是近年西方基础教育改革中出现的一种新的评价理论和方法。当学生明确了学习目标，积极参与学习过程，有机会讨论自己学到了哪些以及自己达成目标的途径时，学习就更有效。此外，学生更广泛地参与课堂学习会有效地削弱两极分化，同时提高学生整体的学业成就[1]。

让学生开展自我评价是学习性评价的最终目标，因为学习性评价是为了帮助学生对自己的学习、最终是对自己的生活承担更多的责任[1]。为此，笔者在高三的作文教学中进行了如下几种尝试：

一、帮助学生形成质量观念

学生需要了解自己必须在学习过程创造的东西，即优秀作文需要体现出哪些方面的特征。

（一）帮助学生从命题人的视角来思考

考卷的主要“观众”是命题人和阅卷老师。教师应引导学生思考的问题是：他们关注的什么？例如，教师应帮助学生明确：

写作一，开放式作文。总体要求：内容切题、观点明确；逻辑清晰。写作二，提纲式作文。总体要求：内容完整、覆盖要点[2]。

（二）教师解释、简化评分标准

用代码标识，并用代码批改学生习作。这样的方法简化了评语，不仅提高了批改的速度，而且学生参考教师的批改，便知道自己需要加以改进的方向。

C	Content	（内容）
S	Sentence	（句子）
T	Tense	（时态）
P	Person	（人称）
B	Bridge	（关联词）
W	Writing	（书写）

（三）利用范例，引导学生思考优秀习作为什么质量高，以及达到高质量采用的策略

在帮助学生形成质量观念的初期，笔者会常使用以前学生的习作来培养学生对高质量作文的敏感性。例如，笔者将三篇不同水平的例文打印出来，然后让学生看这几份作文，判断它们分别属于什么水平，并说明理由。接下来，请学生思考，并用代码提出修改意见。

二、了解评分标准，本身并不能帮助学生在考试中写出高质量的作文；作文水平的提升，更多是通过足量的练习和反复修改来实现的

在笔者工作的学校，小组合作学习是课堂教学的主要模式。经过一年的实践，笔者发现，在作文课上采用自我评价（Self-assessment）

和同伴评价（Peer-assessment）的方式，更能调动学生的学习积极性和主动性，在较短时间内提升学生的写作水平。

（一）设计短小、有针对性的任务引导学生开展自我评价，从而给自己的作文“加”分

例如，在作文课上，教师让学生找出自己作文中写得最好的一句话，并说明理由。接下来，让他们选出自己写得最糟的一句话，并与同伴交换，告诉对方自己是否同意对方的观点，并作出解释。接下来，教师要求学生共同讨论并修改两个句子，使这两个句子的质量得以提升。

（二）使用“即时贴”评价同伴的作文

例如，在作文课一开始，教师在教室的四周将单数组学生自己推荐的优秀作文张贴出来，同时双数组学生会拿到一本“即时贴”，上边写着一些用来评价作文质量的标准和建议。双数组成员依次轮流阅读文章，并将“即时贴”贴到他们认为最能够体现标准和要求的作品的某个部分上。然后，这些作文被拿回课堂上，教师带领学生进一步开展有关质量或修改建议的讨论。

（三）放手发动学生

优班选出的学科小组长英语基本功比较扎实，经过高一、高二的培训，他们基本能够胜任小老师的角色。同时，担任小组长的学生必须不断提升自己，才能让组员信服。作文讲评时，由组长挑选出该组较好的作文进行朗读并点评，或挑选出问题作文，带领全班同学进行修改；其余同学也可以随时补充和质疑。这样，学生的写作兴趣就被大大地激发了，每周一次的作文课成为学生最期待的一堂课。把作文批改权“让”给学生，激发了学生的学习兴趣，为教师节省了精力，更重要的是让学生及时获得了反馈信息。

（四）采用学生跨班交换评价的方式

例如：选择同年级、同层次班级作为作文跨班交换评价的对象。不同的教师会有不同的写作风格和对作文教学的不同理解，跨班评价给学生提供了分享教师作文教学“秘密”的机会，有利于师生拓宽视野和思路，加深自己对书面表达的理解。

(五) 鼓励学生用自己的语言评价同伴的作文

学生自主性的调动是学习的关键。在实际教学中，笔者不仅引导学生用分数评价同伴的作文，也鼓励学生使用图片和自己的语言描述作文的亮点或不足。例如：对于精彩的表达，学生的评语是："赞，这是极好的!"对于糟糕的书写，学生的评语是："可怜的阅卷老师。"偶尔在课堂上使用这样的评价方式，既活跃了课堂气氛，也给学生留下了深刻的印象。

同时，笔者还鼓励学生"开发"出自己的评价标准。例如，某小组在评价标准中增加了"恰当的引文""极强的时效性""论点明确，分析严谨"等细节。

通过一年的教学实践，笔者的一系列尝试取得了较好的成果，但也遇到了以下困惑：

(1) 自我评价和同伴评价在基础较好、学习能力水平较接近的班级中，对学生书面表达能力有较显著的促进效果。但是对于成绩不均衡的班级和学习能力在中等及以下的学生而言，不同的批改方式暂时尚未产生多大的积极影响。

(2) 在教学中运用自我评价和同伴评价，挑战了教师的教学方式和学生的学习方式。常见的课堂行为模式是：被公认为聪明的学生主导了整个讨论活动，其他学生感到自己没有能力判断或挑战聪明学生的观点[1]，小组内无法达成真实的讨论、得出有效的结论。这对教师而言，意味着教师在今后应更多地思考如何在课堂上构建"安全"的课堂氛围，让学生愿意并且能够互相支持、互相学习。

参考文献

[1] 伊恩·史密斯．促进学生的自我评价（中学版）[M]．北京：教育科学出版社，2010.

[2] 黄丽萍．书面表达命题及写作技巧 [R]．重庆：重庆市第三十七中学校，2014.

运用小组合作学习促进高中学生英语词汇学习的方法探究

黄贞玲

一、问题的提出

“Without vocabulary, nothing can be conveyed.” 英国语言学家Wilkins强调了词汇是英语语言学习的基础和核心。同时，《高中英语新课程标准》在词汇上也对高中学生提出了更高的要求。而对于重大版的高中英语新教材，老师和学生们普遍认为词汇量大，学生背单词的困难特别大，老师和学生都对此一筹莫展。近三年，在推进新课改的过程中，一些老师进行了大胆的尝试和探索，但在这一过程中受到各方面的阻力，往往半途而废。究其原因，一是老师们没有形成合力，往往单打独斗，并且在探索的过程中没有及时找到合适的方法而放弃；二是过量的教学内容也逼迫老师们放弃了对新的教学方法的尝试；三是学生们习惯了传统的“老师讲、学生听”的学习模式，也不愿意积极地做出改变。新课改改的不仅仅是教学方式，更重要的是学生学习方式的彻底改变，在这个过程中，老师一直处于摇摆中，若学生不愿意做出改变、不认可老师的新教学方法，最终师生都会回到老路上去。这种现象在学生基础不太好的学校尤为明显。

小组合作学习自20世纪70年代中期兴起以来，已经成为世界范围内的主流教改策略，是目前许多国家普遍采用的一种富有创意和实效的教学理论和策略。它在改善课堂内的社会心理气氛、大面积提高学生的学习成绩、促进学生形成良好的品质等方面效果显著。它充分体现了素质教育的理念：使课堂教学面向全体学生；使每个学生都积

极参与并乐在其中；使学生学会合作；培养学生通过独立思考、共同探究未主动解决问题的能力。（郑素梅，2012）

小组合作学习在口语训练和训练题的评讲上用得较多，但在学生的英语词汇记忆上用得较少，老师们也没有过多地考虑。在实际的教学中，老师每天都要让学生听写单词，课后批改，然后再让部分未达标的学生重写……老师累得苦不堪言，学生也没有记单词的动力，由此形成恶性循环。对于这个问题，我们结合本校目前大力推进的271高效课堂在词汇教学上进行了大胆的尝试。本文就我及我校的整个英语教师团队在学生英语词汇上通过小组合作学习促进学生的词汇记忆这一行之有效的方法进行探讨。

二、教师给学生分组和组员的分工

根据学生的学习水平及性格特点，每位老师按“组内异质，组间同质”的原则，将每6个学生分为一组，分左右两边相对而坐。每个小组再根据每个同学的英语水平把组员分为A、B、C三层，A层称为特优生，B层称为优生，C层称为待优生，每个层次2人，这样便于在词汇记忆时给不同层次的同学设立不同的学习目标，实现组内的督促和组间的竞争，从而增加学生的记忆单词的积极性。组员的分工由各小组自己负责，组长协调，同时，各小组还制定了小组在英语学习上的公约，相互督促，进行严格的考评并与班级对学生的综合评价挂钩。普通高中英语课程标准的课程目标强调发展学生自主学习和合作学习的能力，形成有效的英语学习策略，培养学生的综合语言运用能力。分工合作能“促使每个学生主动参与，以充分发挥自己的学习潜能，形成有效的学习策略，提高自主学习能力”（教育部，2003），为了实现这一点，每个小组的总体实力要尽量相当，实现组间竞争、组内互助，让每个学生都感觉自己是这个小组不可缺少的一分子。

三、小组合作学习词汇的方法探究

1. 小组合作解决学生记忆单词的懒惰问题

对于课后的单词记忆问题，由每个小组长负责督促全组，A、B、C层学生两两相互督促，检查过关，也可以A层检查B层、B层检查C层。而要让学生真正做到相互督促，则要通过每日的词汇小组间的PK来实现。这种学习方式不仅使学生克服了记单词的懒惰问题，而且在课下也实现了高中英语新课标中情感态度目标，培养了学生的学习动机兴趣和合作精神。

2. 引入班级小组竞争机制，实行小组及组员捆绑式评价，促进词汇记忆

（1）每日单词过关，分层设立目标，提高学生记忆单词的积极性。

学生的英语学习水平有差异，我们之所以把学生分成A、B、C层，就是因为考虑到了这种差异，并想最大限度地让每个学生挖掘自己的学习潜力。我们和学生共同商定A、B、C层的学生分别所能达到的最高目标。在实际的操作中，我们是这样做的。在英语学习基础较差的班级里，每天写20个单词，A层同学过关目标是17个，B层同学的目标是14个，C层同学的目标是10个。分层的目标不仅让每个层次的大部分学生都能够达到过关标准，而且主动记忆单词的学生明显增多了——C层的同学表现得尤为明显，他们惊喜地发现：自己以前一天只能记忆5个单词，现在可以记住10个甚至更多。在学习逐步推进的过程中，根据学生的表现，还可以不断地修改标准。除此之外，我们还会采用多种方式对C层中做得特别好的同学进行奖励。总之，每日单词过关的标准，就是让不同层次的学生“跳一跳，够得着”，让他们获得成就感。

（2）组间互批，小组及组员捆绑式评价，巩固记忆。

互批每日过关单词是学生彼此纠错、强化记忆的关键步骤，是学生巩固词汇的重要途径。具体做法是学生在每次听写或默写完单词后立即进行小组间交换批改，小组长统计每个组员的得分并计算出总

分，然后将总分计入小组每日得分，及时在黑板上体现各组得分，各小组记载各成员得分。这些每日的得分都将直接影响小组和个人在班级中的评价，也就是对学生在方方面面的表现进行捆绑式的评价。个人的表现会直接影响小组在班级的排名，小组的整体表现会直接影响组员在班级的评优争先，最后便形成了人人为小组增光添彩的氛围。原来有点懒惰的同学为了不拖小组的后腿，也会比以前更努力地记忆单词。单词批改完后，每个学生在课后还要纠正自己的单词错误，补齐未写单词，并再次巩固记忆单词。互批和自我修改的环节可以极大地减轻教师的工作量，并且很有实效，一举两得。《高中英语新课程标准》的第五个基本理念是完善评价体系，促进学生不断发展。所以，组间互批和捆绑式评价是一种保障小组合作学习、实现高效课堂的行之有效的方法，同时还能促进学生自觉记忆复习单词，实现“课标”理念。

（3）课后及时清底子，强调人人词汇过关。

学生经过提前背单词、上课听写或默写单词、相互批改单词和课后单词自我纠错这几个环节，已经对单词进行了反复多次记忆，遗忘率大大降低。词汇听写仍然没有过关的学生，在课后可以采用多种方式促进对单词的记忆，如：再一次在每组的小组长处听写、在课代表处听写过关、老师再次抽查单词过关、学生及时朗读课文或背诵课文巩固单词等。

四、结束语

经过一个学期的尝试和不断改进，学生们自觉记忆单词的积极性有了明显的提高，尤其是英语基础不好的同学，学习英语的兴趣也增强了。我们将在推进高校课堂的实践中利用小组合作学习促进词汇记忆这一方法与传统的学生单打独斗记忆单词的方法进行比较，发现前者表现出了明显的优势，具体体现在以下几个方面：

（1）关注词汇记忆过程。

我们充分利用了课前、课中及课后，用不同的方式让词汇在学生的眼中得到持续不断的复现，在学生的头脑中得到反复巩固，尤其突出了对学生成就感的关注。

（2）激发学生尤其是待优生的潜能。

在小组合作学习中，每个组员都感觉到自己是这个小组不可缺少的一部分，体会到了自己的责任感，拼尽全力做好自己的分内事，极大地激发了每个层次学生的潜能。

（3）待优生得到了认可。

待优生和以往相比，获得了前所未有的关注和认可，他们有了成就感和自信心，并转变了学习态度，由“老师要我记单词”变成了“我要记单词”。

（4）教师工作减负，有时间发掘更好的教学方法。

批改单词由以往的老师批改变为人人当堂批改，时效性强，学生在纠错的同时也巩固了记忆，老师必然从枯燥的、简单的单词批改中解放出来，有更多的时间来思考高效的教学方法。

总之，在实际的教学中，运用小组合作学习不仅促进了我们的词汇教学，在对学生情感态度的培养上也让老师和学生受益匪浅。不得不提的是，老师们的合作和坚持不懈以及学校和年级对课改的全力推进支持，让我们的孩子变成了爱记单词的天使、爱学习的天使。

参考文献：

[1] 黎世新．基于元认知策略的高中英语词汇学习［J］．中小学英语教学与研究，2012（5）．

[2] 郑素梅．运用小组合作学习进行初中英语写作教学的方法探究［J］．中小学外语教学（中学篇），2012（4）．

[3] 伊慧．高中英语阅读课中得词汇教学［J］．中小学外语教学（中学篇），2012（5）．

浅谈历史教师兼班主任的魅力

何瑞卿

作为一名历史教师兼班主任，我曾经在很长一段时间里思考过这样一个问题：什么样的教师才能算是一名优秀的教师？我追寻着各位前辈的足迹，试着从他们身上去寻找答案。同时也反思自己，希望自己也能成为他们中的一员。

“在经历了若干年的教师工作之后，我得到了一个令人惶恐的结论：教学的成功与失败，‘我’是决定性因素。我采用的方法和我每天的情绪，是营造学生学习气氛和情景的主因。身为老师，我有极大的力量，能够让孩子们过得或悲惨或愉快：我可以是造成痛苦的工具，也可能是启发灵感的媒介。我能让人丢脸，也能让人开心；能伤人，也能救人。在任何情况下，一场危机的恶化或解除，儿童是否受到感化，全部决定在我。”这是美国教授帕尔默《我的教学勇气——漫步教师心灵》中的一段话。“我”就是教师，更是班主任。究竟是让学生过得悲惨、丢脸，还是愉快、开心，到底是伤人还是救人，均取决于教师尤其是班主任的工作方法和每天的情绪。

所以，班主任对学生的发展具有决定性的影响。班主任的工作内容，不仅仅是管理、建设优秀班集体，更重要的是通过班集体活动，渗透以心理健康教育为基础、以德育为主导、以智育为主干、以体育和美育为双翼的教育。而要实现以上内容，老师的魅力就至关重要啦。

那什么是魅力呢？简单地讲，就是对人的吸引力。一位老师如果有魅力，学生就喜欢多亲近他，聆听他的教诲。正如《学记》曰：“安其学而亲其师，乐其友而信其道。”

一、学识魅力

班主任首先是一名学科教师。自古以来，要成为一名合格教师，其首要的一条就是要具有深厚而广博的知识。只有拥有渊博知识的教师，其魅力才能显示出迷人的风采。

学生对教师的印象，很大程度上来自他们对于授课教师课堂教学的印象。那么，精心备好课、上好课就是我们教师获取学生好印象的关键。

而历史贯穿古今中外人类社会发展的整个过程和人类活动的各个领域。其学科特点决定了历史教师必须具备系统、渊博、扎实的历史知识。这与其他学科教师相比，无形中就具有先天的优势。

例如，笔者曾经在一次自习课中，遇到一群学生在小声地争论，其中一人跑上讲台直接问我："为什么叫'白色恐怖'，而不叫黑色恐怖或其他什么呢?"其他学生都直盯着我，等待着我的答案。我将这个历史名词的由来告诉他们：法国大革命时期，波旁王朝施行恐怖统治，而当时王室的旗帜是白色，故而得名。当时解释完了，我也没当回事。几天后，历史课代表告诉我，那几个学生现在对我崇拜至极，班上其他同学都听说了这件事，认为我很厉害，更服我啦。

马卡连柯曾说过："学生可以原谅教师的严厉、刻板甚至吹毛求疵，但不能原谅他的不学无术。"因此历史教师除了应具备丰厚的专业知识，还要经常不断地进行知识更新，翻阅历史新著，及时了解新的科研信息和成果，不断接受新知识、新观点，吸取新的知识营养。同时，还得具备相当的综合科学文化知识和专深与广博相结合的多层次、多元化的知识结构。

教师的博学多才，就如同知识的源泉，能够滋养学生，满足学生不断发展的需求，让学生感受到作为教师的伟大。如此，才会激发学生的求知欲，让学生心生敬佩。

反之，老师若是孤陋寡闻、闭门造车，跟不上时代的发展、学生的需求，就会让学生感到乏味，产生“老师也不过如此”的想法，进而破坏教师在学生心目中的光辉形象。

二、情感魅力

龚自珍有一句名言：“欲知大道，必先知史。”历史有非常重要的实用性功能，如齐家、治国、平天下等。培根也曾说过“读史使人明智”。

历史学科是一门基础性的人文学科，它使学生不仅能了解过去，更能认识现在、把握未来。历史深承载着重大的德育功能，在青少年道德教育中占有重要地位。由于专业知识的特点和优势，历史教师兼班主任在开展德育工作方面具有得天独厚的优势，而借助历史学科优势，能充分提高班级管理效能。因为历史教师不仅要向学生传播作为人类文明成果的历史知识，还要对学生进行历史唯物主义、辩证唯物主义和爱国主义教育；同时，帮助学生树立正确的人生观、价值观和世界观。

笔者作为历史教师，同时兼班主任的工作，对此深有感受。通过借鉴历史知识、历史人物的谋略智慧、名言警句等，“古为今用”“洋为中用”地营造班级文化，以促进班级建设。

《三字经》中说：“人之初，性本善。”在班主任工作中，若能将这一点牢记于心，不仅能使我们无歧视地、平等地对待所有学生，而且有利于我们帮助后进生在前进的过程中树立信心，使其觅得新的发展方向。

而古人也云：“感人之心者，莫过于情。”我们应真正地关爱学生、尊重信任学生，时常用发自内心的、动人的情感去感染、帮助他们。只有这样，才会让学生感受到被人关爱，才会使他们“亲其师，信其道”，激发他们对美好事物的追求，使其形成健康向上的心理。

正处于花季雨季的高中生们，素质参差不齐是必然的，对于那些调皮捣蛋者，我们不应冷嘲热讽、加以打压，更不应该置之不理、任由其“破罐子破摔”。因为他们终究还是孩子，无论是在生活上还是在精神上，他们都渴望得到关注与爱护。不同的学生，兴趣爱好不同，脾气性格也不同，这就需要我们用博大的胸怀来包容他们。正如我国近代教育家夏丏尊所说：“教育之没有情，没有爱，如同池塘里没有水一样。没有水，就不称其为池塘；没有爱，就没有教育。”所以，在班务工作中，我们必须特别重视师生之间的情感联系、情感交流，消除课堂中的消极情绪，激发他们的学习兴趣，活跃课堂气氛。

三、语言魅力

大家都知道，教师生动的、富有激励性的语言能激起学生的兴趣；亲切的语言会使学生欣喜不已。这都能让孩子们在课堂学习中表现出极大的学习热情和学习兴趣。但是一名优秀的教师不应该只有生动激励和亲切，还应该风趣幽默。特别是根据课堂实际，引入幽默语言，对增加师生间的亲密感、活跃课堂气氛或减缓矛盾都极其有益。

历史的过去性和时序性决定了历史教学有很强的表述性特点，这也成为历史教师的优势之一——因为讲述是历史教师的基本功。于友西老先生说，即使是在西方发达国家，历史课主要还是讲。苏霍姆林斯基曾深刻地指出：“如果你想使知识不变成僵死的、静止的学问，就要把语言变成一个最主要的创造工具。”生动讲述，旁征博引，自然会引领学生进入厚重而鲜活的历史时空。

同时，历史学科的内容繁杂，涉及政治、经济、军事、文化等，还涉及人文科学、自然科学和教育心理学等方方面面，可以说为我们提供了绝好的素材库。由于历史小故事具有直观性、生动性等特点，其教化和示范功能十分明显，所以特别适合用来对学生开展感化和教育工作。

因此，班级管理中，只要运用得当，这些历史小故事会感动学生的心灵、点醒学生的人生。在缓解学生学习压力、化解其人际关系障碍、使其克服情绪波动等方面，它们往往比理性语言的说教更能发挥作用。

四、人格魅力

古人云，“正人必先正己”“教人者自教”。教师不仅要向学生传播知识，还肩负着建设社会主义精神文明、塑造青少年灵魂的崇高职责。教师应该是学生的引路人，应该旗帜鲜明地讲理想、讲信念，坚持树立正确的世界观、人生观、价值观，用高尚的人生追求去影响和教育青少年。教师必须有高度的责任心与道德修养水平，这样才能“以德服人”。

历史学科并不是一门只考查记忆能力的学科，它有其他学科难以达到的独特功能。历史教师在了解历史的过程中，不断发挥这项独特的功能，修炼自己、提升自己，使自己的魅力也不断增长。其人格魅力，主要来自于自身良好的思想素质、道德修养，更来自于其身体力行。也只有这样，历史教师才能获得学生发自内心的敬重和爱戴，才能使自己的教育产生巨大而深远的教育威力。

这也正如俄国教育家乌申斯基所说的：“在教学工作中，一切都应以教育者的人格为依据，任何章程和纲领、任何人为的管理机构，无论他们说得、想得多么精巧，都不能代替人格在教育中的作用。没有教师给学生以个人的直接影响，深入到学生品格中，真正的教育是不可能的。”

可见，历史教师的人格魅力是巨大的，其对青少年灵魂的塑造方法是其他教育手段所难以替代的。同时，历史教师的这种人格魅力，还会进一步延伸到课堂教学之中。“亲其师，信其道”，历史教师所倡导的种种之“道”，也就较容易为学生所接受。

德国哲学家雅斯贝尔斯曾说：“教育要培育一代人的精神，必须先使历史进驻个人，使个人从历史中汲取养分。”在人类悠久的历史长河之中，曾出现众多的人物和事件，有真善美，也有假恶丑。面对这样一部活生生的百科全书，教会学生如何做人是每一个教育工作者义不容辞的职责，兼任班主任的历史教师在这方面则具有得天独厚的优势。让我们以史育人，高效管理，进一步展现我们历史教师独特的魅力吧。

参考文献

[1] 魏书生．班主任工作漫谈［M］．桂林：漓江出版社，1997.
[2] 黄云棋，屠大华．班主任工作新论［M］．武汉：湖北人民出版社，2003.
[3] 李宜霞．现代教育呼唤高素质的历史教师［J］．桂林市教育学院学报，2001.15（2）.
[4] 邬忠菊．浅谈如何充分发挥历史学科的教育功能［J］．临沧师范高等专科学校学报，2007.16（2）.
[5] 刘运林．浅谈历史术语在班主任工作中的运用［J］．当代教育论坛，2010（3）.

用学分管理规范学困生学习历史行为习惯的尝试

李小梅

学分管理是新一轮普通高中新课程实验的重要内容，是推进普通高中新课程实验顺利实施的重要保证。在教学实际中，如何运用学分管理来规范那些学困生的学习行为习惯呢？对此，笔者在2010年秋季进行了大胆尝试，取得了一定效果。现不揣浅陋，简要总结于下。

一、不断学习，掌握方法

2010年暑假，我先后参加了区、市、国家级新课程实验培训，对普通高中学生实施学分的背景和重要性有了了解。之后，仔细研读了《基础教育课程改革纲要（试行）》《普通高中课程方案（实验）》《关于进一步加强普通高中新课程实验工作的指导意见》《重庆市普通高中学生学分认定管理办法》，以及我校“高中新课程改革学分认定管理办法”，找到了运用学分管理来规范那些初升高考试中历史学科和总成绩均未上学校联招录取线的学生（即学困生）的学习行为习惯的“钥匙”。

二、了解和把握学情

开学前笔者得知自己负责新高一年级一班、二班、三班、十五班的历史课。私下一打听，这是全年级最差的几个班，班中学生的中考成绩全都没有上三十七中的录取线（613分）——这样的班级，我竟要上四个班；这样的学生，我该如何管？

开学前，我从班主任那里复印了一份我所教班级的资料，具体了解班上同学的姓名、性别、电话号码，以及他们来自哪个区县、毕业于哪个学校等，特别对他们的考试成绩进行了分析，好做到心中有数。具体如下：

一班：上600～612分的7人，500～590分的20人，400～490分的8人，400分以下的15人，艺体生13人。走读。

二班：上600～612分的7人，500～590分的24人，400～490分的9人，400分以下的21人。住读。

三班：上600～612分的6人，500～590分的22人，400～490分的7人，400分以下的26人。住读。

十五班：上600～612分的7人，500～590分的21人，400～490分的8人，400分以下的13人，艺体生12人。走读。

三、师生弄清楚学分要求

上第一节课，教师首先作自我介绍，让学生对老师的敬佩之情油然而生；然后让每个学生从姓名，来自哪个区、哪个学校，中考历史成绩如何，是否喜欢历史这几个方面作自我介绍；最后，师生共同学习学校的“新课程改革学分认定管理办法”。笔者要求学生仔细阅读其中的第六、七、八条。

其中，第七条是对学科类课程学分的认定。学科类课程学分的认定，主要依据的是学生修习课时记录（占20%）、修习过程反映（占20%）、模块（专题）考试成绩（占60%）。

笔者着重给学生们讲解分析了第七条，即如何通过自己的努力拿到学分中的40分。例如修习课时记录的20分，只要不违背所有的课堂纪律，就能拿到基本起评分18分。修习过程反映的20分，是笔者结合历史学科和同学们的具体情况而定，学生只要完成学习相关任务就能拿到基本起评分18分。具体措施如下：

修习课时记录（占20%）：

1. 不迟到。（迟到一次，扣1分。）

2. 不旷课。（无故旷课1节，视为修习课时不足；无故旷课2

节，视为考试不合格。）

3. 不请病、事假。（请病、事假累计超过5次，视为修习课时不足。）

4. 不讲话。（讲话，老师点名一次，扣2分。）

5. 不睡觉。（睡觉，老师点名一次，扣1分。）

6. 不吃东西。（吃东西，老师点名一次，扣1分。）

7. 不玩手机。（玩手机，老师没收，一次扣5分。）

8. 不看课外书籍。（看课外书籍，老师没收，一次扣1分。）

9. 不跟老师顶嘴等。（跟老师顶嘴，一次扣5分。）

修习过程反映（占20%）：

1. 课前预习。（有，不扣分；好，加1分。写了预习提纲的，交老师检查。）

2. 上课认真听讲。（查课堂笔记，有，不扣分；好，加1分。每个专题检查一次，由课代表收起来交老师检查。）

3. 半期、期末复习题做了的，不扣分；没做的，扣1分。

4. 导学学案做了的，不扣分；好，加1分。

5. 查资料。好，加1分。

6. 写小论文。好，加1分。

7. 积极回答问题。对，加1分。

8. 课代表。加1分。

9. 积极参加历史课活动的。加1分。

四、课代表认真负责

在师生共同了解了学分管理办法并达成共识后，关键在实施。要选好课代表。因为课代表是联系老师和同学们的桥梁，也是公平公正地给同学们记录学分的人，非常重要，所以一定要选好。

我是通过以下方法选课代表的：首选是班上中考历史成绩考了50分满分的学生；若没有，就选49分的；其次，得是喜欢历史、愿意为师生服务的学生，做事认真负责、客观公正。每个班选两名课代表：其中一个课代表专门负责记录学分（对扣分的同学，要记录其原因）。然后两位课代表一同检查同学们的课前预习、课堂笔记、课后作业等。一学期结束后，由课代表公布同学们总的学分。

五、效果初步显现

运用学分管理来规范那些学困生的学习行为习惯，经过一个学期的尝试，笔者感触颇深：对同学们和老师来说，这种形式都是一种福音。对同学们（特别是没上录取线的同学）来说，一方面，通过管好自己的行为习惯，只要没有迟到、旷课、请病假事假，没有在课堂上讲话、睡觉、玩手机、跟老师顶嘴、看课外书籍杂志等，也就是没有违背所有的课堂纪律，就能拿到修习课时记录基本起评分 18 分；另一方面，只要每节课前有预习、课堂上认真听课、课后完成作业（如完成导学、资料查询、小论文、半期、期末复习题等），就能拿到修习过程反映基本起评分 18 分；若再经过努力得到加分，就能拿到 40 分的学分满分。一学期实行下来，每个班大概有 1/3 的学生能拿到满分，那么同学们期末只要考 40 分（占 60%）左右就合格了。

对老师来说，用学分制管好学生的行为习惯比以前容易多了，用学分制养成学生的学习习惯也比以前容易多了，这样一来老师也就能更好地完成教学任务，在“教好”上面做文章了，一学期实行下来，效果非常显著。以前这样的班级，哪怕只上一个班，老师都感到头痛，现在上四个班仍感觉非常轻松；以前这样的班级，每个班只有几个（最多十几个）同学能考试合格，现在每个班只有十几个同学学分不合格。

“材料”精益求精的运用效果反思

——以《罗马人的法律》为例

刘鸿艳

内容摘要：新课程背景下的有效教学，应该以学生为主，教师为辅。历史教学也要改变死记硬背，转而重视对学生施以人文关怀，从历史学科的本性出发，真正做到论从史出；材料的运用就更要百里挑一、精益求精。

关键词：新课程；史料

新历史课程标准指出：“普通高中历史课程，是用历史唯物主义观点阐释人类历史发展进程和规律，进一步培养和提高学生的历史意识，文化素质和人文素养，促进学生全面发展的一门基础课程。”

一、新课程背景下教学方法的运用

（一）备课设计

教师在备课时，必须站在课程的角度思考：这一节课的价值到底在哪里？为什么要教这些知识？知识背后更深远的意义是什么？在教学过程中，要引导学生在知识展开之后，沿着相反的方向对其加以简化，进行压缩、提炼、抽象、概括，回到原有的结论。

（二）教师引导

教师还要在引导学生进行独特性体验、个性化理解文本的基础上，通过对话、提问、分享观点等交往环节来促进学生对知识的深层理解，引导学生的思维进一步聚合到主题含义和最优的解决策略上来，从而保证在尊重学生的个性差异与思维方法的独特性的基础上，将理解的个性化、独特性与理解的普遍有效性相统一，使学生获得比较正确的结论，从而实现教材知识的活化。

（三）师生互动

课堂是动态的、开放的，课堂教学的目标的达成应该是以学生为本的教育。学生在问答中，思维不断相互碰撞，产生智慧灵感的火花，不断得到情感体验、得到智力开发。由此，使学生能推移及彼，从历史课堂中感悟整个历史发展的过程。

二、新课程背景下材料运用

在进入人民版历史必修一专题六第一课“民主政治的摇篮——古代希腊”的教学中时，笔者发现了以下问题：第一，世界史部分，学生只有初中积累的知识。第二，学习的时候学生对政治史无兴趣。实际上，这两个问题可以归于一点：常识的欠缺使学习更显枯燥。在教学的时候，笔者开始作一些新的尝试，并将这些尝试运用到材料的引用中去。

本节课程中一共有4次材料的运用补充，针对这4次情况，笔者简单总结如下。

（一）直接引用

引入时，笔者设计了一段摘自余秋雨《行者无疆》的话：

“世界上有很多美好的词汇，可以分配给欧洲各个城市，例如精致、深朴、繁丽、畅达、古典、新锐、宁谧、舒适、奇异、神秘、壮观、肃穆……其中有不少城市还因为风格交叉而不愿意固守一个词，产生角逐。

“只有一个词，它们不会争，争到了也不受用，它静静安踞在并不明亮的位置上，留给那唯一的城市。”

此外，笔者还设计了名句：“辉煌属于希腊，宏伟归于罗马”。

通过以上两段材料，展现宏伟的罗马。在实际课堂教学过程中，当罗马图片还有《行者无疆》里面的文字出现时，学生的兴趣一定程度上得到了激发，大家都怀有继续探究的心情。由于直观地感受到了和我国不一样的文化风景，学生热情高涨，此时笔者继续补充，深入主题，进一步去深入探究罗马历史，以此来调动整个课堂气氛和学生的学习兴趣，于是形成了整个后续的一波课堂小高潮。

可以看出，在课堂导入时适当引用材料，用简洁、直观、经典的语言、图片和其他方式加以引导，既可以激发学生的学习兴趣，又有助于教师更加深入地投入课堂。

（二）图画引用

在第一目下，对于十二铜表法的学习，笔者又展示了一段材料。这一次引用的材料是一张直观的图画。“十二铜表法”是建立在古代罗马高度发达的奴隶制商品经济基础之上的。而学生对古罗马一无所知，更别谈感受“十二铜表法”的内容了。简单的一幅画，直观地勾勒出了古罗马的风土人情，让学生身临其境地回到当时情况；在图片旁边再加上文字表述，解释“十二铜表法”的内容，学生就容易理解这部法律到底是怎么一回事了。

课堂效果上，学生们进行了非常积极的讨论，有效地省去了背景等各方面介绍，用让学生身临其境的方法，阐述了内容。

（三）案例对比引用

在第二目“公民到万民”里，运用了两段材料。第一段材料是帮助理解“公民法”。

“在罗马，罗莫洛是一个仁慈、善良的贵族，也是罗马一支军队的首领。他生前立遗嘱，希望把自己一半的财产捐给那些因为跟随他作战受伤或战死的士兵的家人。但罗莫洛死后，他的家人却不履行罗莫洛的遗嘱，受伤或战死士兵的家人因此将其告上了法庭。想一想，按照‘公民法’，法官会怎么判呢？”

引用这一段材料，一是为了用简单案例帮助同学理解公民法，二是和下面要引用的材料相呼应，这样也就可以把“公民法”和“万民法”最核心的不同找出来了。下一段材料：

“想一想，如果按照‘万民法’，又会怎么判呢？”

这样对比，让学生能够清楚明白地获取有效信息，同时也掌握了两个非常抽象的法律概念。在实际上课的过程中，笔者发现这样的效果非常明显：本来很晦涩的知识，学生的兴趣一下子被激发了；而且在展示第二段材料后，马上就有同学开始抢答了，气氛非常活跃。

（四）经典文段引用

最后一段材料在课文的最后一目，讲的是罗马法的作用和影响。笔者引用了德国著名法学家耶林在其著作《罗马法的精神》中的话：

“罗马帝国曾经三次征服世界：第一次以武力，第二次以宗教（天主教），第三次以法律。武力因罗马帝国的灭亡而消失，宗教随着人民思想觉悟的提高、科学的发展而缩小了影响，唯有法律征服世界是最为持久的征服。”

作用和影响都是一些相对抽象的描述，而课标中也指出应体会这样的精神，于是这段材料的引用引起了学生讨论的兴趣。笔者尝试紧扣课标要求，贯穿了新课程课标精神，也用形象生动的语言表达了对抽象概念的表述。这对学生的人文升华起到了非常重要的作用。

材料作为教学中辅助教学的一部分，它的引用起着承上启下的作用。如何引用一段有价值的材料，也是新课程中教师不断探讨的问题。

三、新课程背景下的教学反思

（一）解读课标，围绕课标引用材料

对于课标的解读也就是教师对于材料的选取；看材料是否紧扣课标的要求，也就是衡量教师在实际教学过程中、在解读新课程改革的精神中应用课标的能力。所以在选取材料时，从课标出发，是非常重要的一个标准，教师应以此启迪学生关注课标，重视目标达成情况。

（二）材料引用以引导学生为主要目的

教学中，教师可以结合教材的特点及生活实际，有意识地创设近景或远景目标，并逐步引导学生主动探知。历史材料是历史知识形成的源泉。重视运用历史材料创造有历史感的氛围和情境，引导学生探究学习，是近年来历史课堂教学改革的一个显著特点。从历史课堂教学的实践看，多种形式的史料研习在中学教学中起着重要的作用。

（三）材料要引起学生兴趣，以实现师生互动

美国心理学家布鲁纳指出："学习的最好刺激乃是对所学材料的兴趣，要想使学生上好课，就得千方百计点燃学生心灵兴趣之火。"兴趣是人们的向导，激发兴趣是启发思维、激活内因的手段，而材料的选用，就是要激发学生这样的兴趣。

新课程标准使历史教育的本质转变为人文精神和人文素养的教育，使历史教育的关键转变为促使受教育者对人类历史、社会和文化做出个性化的认识和评价。因此，历史教师在新的课程改革中应该强化人格教育，努力彰显历史教育的人文属性。我们的教学就是要让学生感受这些人文精神，而要达到这样的目的，就要重视对材料的选择和运用。

参考文献

[1] 余秋雨. 行者无疆 [M]. 北京：华艺出版社，2001.

[2] [美]布鲁纳. 教育过程 [M]. 邵瑞珍，译. 北京：文化教育出版社，1982.

[3] 中华人民共和国教育部. 素质教育观念学习提要 [M]. 北京：生活·读书·新知三联书店，2001.

浅谈高中地理教学中特色习惯的培养

肖　杰

著名教育家叶圣陶先生说："什么是教育：简单一句话，就是要培养良好的学习习惯。"培养良好习惯，是素质教育的归宿。一位中国博士曾对德国的酒鬼做了细致的观察，他发现：在德国，即使是一个喝醉了的酒鬼，也不会随地乱扔酒瓶，而是摇摇晃晃，为手里的空酒瓶子寻找垃圾箱，找到后还会努力定定神，仔细看一下垃圾分类，再把瓶子放进去……这就是典型的习惯行为。良好的学习习惯就是好的学习方法之一。良好的学习习惯，有利于激发学生学习的积极性和主动性；有利于形成学习策略，提高学习效率；有利于培养自主学习能力；有利于培养学生的创新精神和创造能力，使学生终身受益。培养良好的学习习惯，是行为的最高层次。

由于地理学科初、高中教学脱节，学生在初中没有养成良好的学习习惯，导致学生学习高中阶段的地理课程时，普遍感觉地理不好学，甚至可以说是"深感困难"。对文科来说，地理是高考科目，是制约文科学生成绩的瓶颈。所以，客观上要求学生必须学好地理。地理教师应让学生养成随手翻看地图的习惯、良好的地理思维习惯，使其能正确地阅读地图、科学地分析地理数据。这样，学生不但能掌握好地理知识，还为自己高中的后续学习提供了稳妥的支撑，同时也终身受益。那么，在高中地理教学中，要让学生养成哪些地理特色习惯呢？怎样在高中地理教学中让学生养成地理特色习惯呢？

一、培养学生学习地理的兴趣

爱好是最好的老师，兴趣是成功的秘诀。有了兴趣，才有动力。学生的学习兴趣制约了其智力的发展和能力的提高。对学生来说，对学科的兴趣首先来自对老师的认同，正所谓“亲其师，信其道”。因此，地理教师应具备高尚的师德和人格魅力，平等地对待每一个学生，真心关心每一个学生，构建民主、和谐的师生关系。同时，教师还应具备精湛的教学技术，采用灵活多样的教学方法激发学生的学习兴趣。比如，讲密度流时，可以引用第二次世界大战中德军潜艇在英军的严密监控下，利用地中海深处的洋流，关闭发动机，借助底层洋流运动，成功地躲过了英军的监视，进入地中海后袭击英国运输船这一历史事件。在讲课时，结合课文内容加插一些地理小故事，课堂就会像一块磁铁一样深深地吸引住学生。同时，教师再配以幽默的语言，就会使课堂更加妙趣横生。

二、培养良好的地理思维习惯

地理思维就是地理事象之间和人地之间有规律的联系、关系在人头脑中的概括反映，它具有综合性、区域性、广阔性的特点。地理学科这种综合性强、包罗万象的特点，客观上要求人思考问题要全面，有逻辑性。但学生的作业和试卷往往反映出其思维不全面，深度不够，知识的迁移、变通性差。这就要求地理教师在课堂教学中训练和发展学生的地理思维能力。也就是说，应该做到不论是研究还是学习地理、引导学生思考和解决地理问题，都要在分析的基础上，将各自然要素、各经济部门联系起来进行综合思考，以对地理现象获得整体性的认识，避免出现只注意个别要素、个别经济部门而忘记其他要素和其他经济部门的顾此失彼的纰漏。同时，教师在引导学生进行地理思维时，要善于辨别地理区域差异，掌握地理区域特征，以便因地制宜地利用、改造自然，突出区域性的特点，防止学生由于地理区域特征模糊而出现张冠李戴的现象。此外，对于空间广阔的地理事象，在引导学生思维时，要将地理对象同它所处的空间位置和空间分布联系起来，借助地图将地理现象与地图联系起来进行思维，以便形成准确的空间概念。

三、培养学生运用地图学习地理的习惯

地图是地理信息传递的载体，凡具有一定空间区域分布规律的任何事象，都可以通过地图展现，它是最直观、最简明的地理“书”。从心理学讲，图形比文字好记，掌握了图也就把握住了地理脉络。而且在近几年的高考试题中，区域地理往往成为综合能力测试中地理试题命题的切入点，一直是高考文综试题命题的重要内容。但由于学生定位不准，往往导致“离题万里”。因此图像系统的运用训练，成为高考取得好成绩的关键。

教学中，教师应将教学过程图形化，从“点”“线”“面”三方面入手，把地理事物、地理规律都落实在地图上，在此基础上可以将它们作为参照物，顺藤摸瓜地确定出与其有相对位置关系的其他地理事物的位置。这样多看几次，运用联系记忆，结合读图、填图训练，学生就能在脑中描绘出一幅网状“心理地图”。

做题时，教师要训练学生学会看图，可以按以下步骤展开：首先看图名，确定其所在的位置；其次是观察图例或注记；最后观察图像内容，根据题目要求或图中信息进行逻辑推理和判断，科学、规范地表述，从而解决问题。

四、培养学生规范做题的习惯

近年的高考地理试题，往往注重对基础知识和基本技能的考查。而学生在地理考试中，存在条理不清楚、逻辑不严密、语言不精练、书写不规范、不能恰当使用地理术语等问题。因此，从学生习惯入手规范解题过程和思维过程，解决上述问题，就成为高中教学取得成效的关键。

1. 规范训练

高中教学中，要体现“过程与方法”的新课标理念。要使学生明白：解答问题的程序不是靠从头脑中“搜寻答案”，而是根据提供的

大量资料、综合储备的信息，通过思考确定解题思路，应用教材知识系统，最后用科学、严谨、清晰、扼要的语言编制答案，做到：字迹清晰、要点分明、条理清楚、逻辑严密、表述准确、阐述完整。只有经过反复的体验和规范训练，让学生充分把握自己的“不规范”之处，提高学生对解题规范性的认识，才能使学生建立综合分析问题、运用地理的方法和思维重新组合、迁移转化构建解决实际问题的新模型。

2. 侧重讲评

高中地理试卷讲评课不仅是一个讲评试卷的过程，还是巩固高中地理知识的重要手段，尤其是在高三复习冲刺阶段。通过讲评，要使学生能够做到发扬成绩、纠正错误、弥补缺陷，以此激发学生求知欲望，完善其知识系统和思维系统，提高其分析问题和解决问题的能力。只有这样，我们才能够提高复习的效率，达到教学的目的。

3. 练后反思

练后反思是增加体验、提升能力的重要环节，个别同学由于缺少练后思考，在后来的考试中仍然出现同类错误。如果把每次测验的经验教训都记录下来，考前看一看，提醒自己要注意，考试时定会事半功倍。反思自己的答题过程后，学生会发现如果要在考试中加以补救，就要培养检查的习惯。养成良好的检查习惯是减少考试失误的有效手段。考试检查的条件是要有富余的答题时间，要注意突破思维定式。

通过规范训练，侧重讲评和练后反思，培养学生规范做题的习惯，逐步提高学生的解题能力，从而突破影响高考文综成绩的“瓶颈”。

《现代教育行为心理学》一书认为：习惯是经过反复练习而形成的较为稳定的行为特征。学习习惯是指学生为达到好的学习效果而形成的一种学习上的自主倾向性，是在学习过程中经过反复练习形成并发展，成为一种个体需要的自觉的、主动的、持久的、自动化学习行为方式，是一种学习动力、冲击力、人生内涵的定型。一个人日常的学习行为决定了他的学习习惯，习惯的养成会决定其前途命运。通过地理特色习惯的养成教育，不但可以教会学生如何学习地理，而且能让学生成为终身型学习人才。

参考文献

林格．决定孩子命运的12个习惯［M］．北京：清华大学出版社，2007.

探情境课堂　赏鲜活盛宴

——《内力作用与地表形态》课例评析

甘　露

笔者观摩“心动课堂”技能大赛，印象非常深刻，尝试探索此例新颖的情境教学模式，浅议如下：

课　例	课例评析
一、教学目标及重难点 （一）教学目标 1. 知识目标 ①了解地表形态的变化是内、外力共同作用的结果。 ②了解板块构造学说，理解板块运动与宏观地形的关系。 2. 能力目标 ①通过列表比较，了解内、外力作用的能量来源与表现形式。 ②运用板块构造学说的基本理论解释地理事物和地理现象的成因。 3. 情感目标 ①通过对板块构造学说发展的认识，培养探究科学的兴趣和献身科学的精神。 ②通过对一些内、外力作用形成的	**一、对“三维”课标的解读** 本节课是湘教版高中地理必修一第二章第二节“地球表面形态”的第 1 课时，教学任务主要是内、外力作用与地表形态。自然地理中有关物质的交换、循环和能量转化，是形成基本地理规律的基础原理，是开启地理学原理的一把钥匙。内、外力作用与地表形态的关系也是高中地理的基本理论，在整个高中地理学习中具有基础性的地位。 课标要求：“结合实例，分析造成地表形态变化的内、外力因素”，进行情境教学是比较适合的。此课例是“地球表面形态”的第一课时，内容主要是内力作用与地表形态，重点放在板块构造学说理论的学习，以解释全球海陆、高大山系、大裂谷等宏观地形的

续表

课　例	课例评析
自然景观图片的学习，培养欣赏美、鉴赏美的能力。 （二）重难点 1. 重点：运用板块构造理论解释宏观地形的形成。 2. 难点：板块运动与地表形态的关系。 二、教学方法及手段 多媒体教学；案例分析法、讨论法、启发式教学、讲授法。 三、教学过程 （一）课前暖场 《冰河世纪 4》主题曲 （二）引入新课 《冰河世纪 4》视频片段：松鼠为追寻松果掉入地缝，“导致”地表破裂，海陆变迁，六大板块格局形成。 【引入】沧海桑田，陵谷变迁，是松鼠干的？（不是。）那到底是什么力量导致了地表形态的变化？ （三）自主学习 自学 p. 36，完成学案自主学习部分。 1. 导致地球表面形态发生变化的力量主要来自两个方面：内力作用和外力作用。 2. 地质作用的分类：	分布和变化，教学活动的重心是认识地表形态一直处于不断的运动和变化之中。 **二、教材处理归纳** 本课例对课标要求理解和教材处理都比较到位。教材处理上，重点明确，运用了大量的实例分析了板块运动下塑造的地表形态。创设松鼠找松果的情境把整堂课的知识串联在一起。“藏宝图弄破”，有了拼地图活动，从而认识六大板块；“追寻松果足迹图”展示了板块交界处的世界主要的大地形区，并运用合作探究方式分析其形成原因，路线设计中对板块运动的两种形式均有涉及；“松鼠被惊吓”，自然引出火山、地震，探讨其对地表形态的影响。 主题：“内力作用与地表形态”。 导入：《冰河世纪 4》视频片段——松鼠追寻松果，六大板块格局形成。 （一）不断变化的地表形态 1. 营造地表形态的力量（自主学习） 2. 地质作用的分类（自主学习 + 图片欣赏） （二）板块构造学说 1. 基本观点 ①六大板块的空间分布（拼图活动） ②基本运动形式及边界类型（讲）

续表

课　例	课例评析

课　例

分类	能量来源	主要表现形式	总结
内力作用	地球内部放射性物质的衰变、重力能	地壳运动、岩浆活动、地震、	各种地表形态是由内外力共同作用的结果
外力作用	地球外部的太阳能	破坏、搬运和堆积	

【小结】内力作用的来源

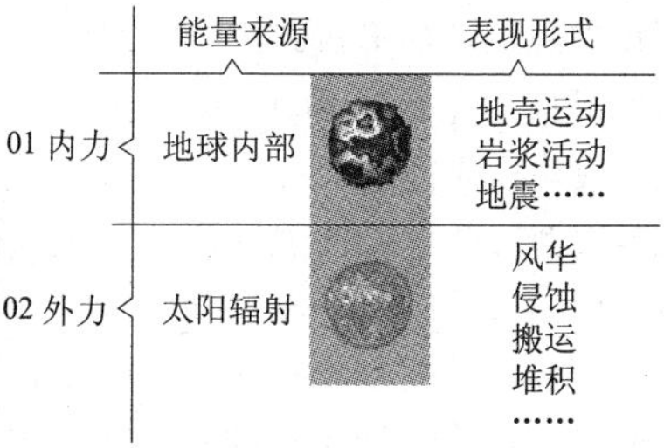

视频（地球内能的释放）

高清图片欣赏（内、外力作用共同塑造的地表形态）

【承转】风光再美，对于松鼠而言也不及松果可爱，他还是**继续他的寻松果之旅。咦，松鼠找到一张藏宝图……**

课例评析

2. 运用板块理论解释宏观地形的形成（合作探究）

①挤压——消亡边界：高大山系、海岸山脉、岛弧、海沟

②张裂——生长边界：裂谷、海洋

（三）火山喷发和地震对地形的影响。（讲＋图片欣赏）

（四）小结（讲）

（五）结课：《冰河世纪4》视频片段：松鼠终于追寻到了松果

下课后，播放电影式的课堂设计制作花絮。

三、教学过程评析

1. 暖场部分：播放同学们喜爱的节奏明快的音乐——《冰河世纪4》主题曲，在轻松愉悦的氛围中进入课堂，为课堂的情境创设做课前的铺垫。

2. 导入部分：高清动画，夺人眼球，内容贴切，氛围和谐。从学生们非常熟悉喜爱的动画大片开始，“永远追着松果的松鼠搞出了更大的事件，一个不小心让大陆板块四分五裂”。动画片段直指板块运动，紧贴主题，生动自然，融洽了课堂氛围，激发了学生的学习兴趣。

3. 自主学习部分：教材从能量来源和表现形式两方面对引起地表形态发生变化的内、外力间的相互关系做了淡化处理。

续表

<table>
<tr><th>课　例</th><th>课例评析</th></tr>
<tr><td>
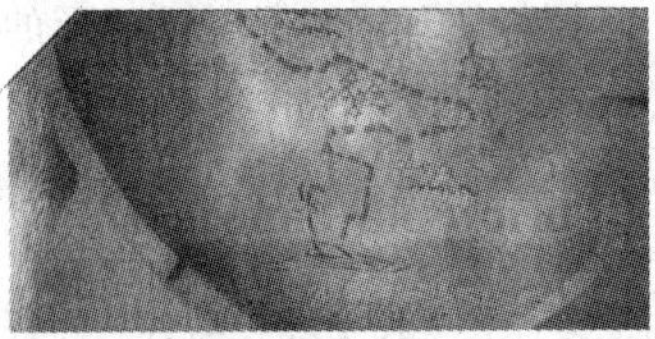

堆积如山的……

可惜他把**藏宝图弄破了，请大家来帮他拼起来**。（视频辅助）

（四）学生活动

各小组拼六大板块图

【小结】板块构造学说：六大板块，板块边界类型（生长边界、消亡边界）

（五）合作探究

课件（**松鼠追寻松果足迹图**）

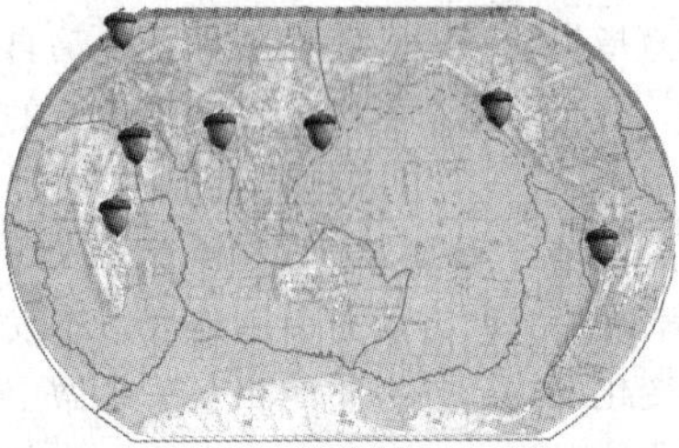
</td><td>
该课例运用的是学生自主学习的方式，符合教材编写意图，详略处理得当。本课例配有学案，将自主学习成果展示到学案上，注重了知识点。

4. 学生活动部分：六大板块拼图，属于较为简单的知识点运用，学生按小组的方式合作完成，活动过程中学生乐于参与、充满活力。活动选择比较合理，也为接下来的重点内容——板块构造学说做好了铺垫。

5. 合作探究部分：本课例设计了两个探究案，均是针对本节重点知识而设计。探究一解决运用板块构造理论解释宏观地形的形成，探究二在解释地形形成的基础上做了适当的拓展，关注板块边界能量的释放及岩石的类型。案例选择代表性强，核心知识处理到位，知识拓展自然贴切。整个合作探究环节情境创设自然，用松鼠找寻橡果的足迹将知识点联系起来，激发学生融入课堂、积极探究，使之真正成为课堂的主人。

6. 知识拓展部分：本课例选用了教材后面的活动内容——对火山、地震活动和地表形态进行了知识拓展。课件制作中，先选用高清视频和图片（富士山、火山口、火山岛、海啸、山体滑坡、堰塞湖）给人以强烈直观的震撼，因此对学生具有一定的吸引力。教师再对火山、地震对地表形态的影响
</td></tr>
</table>

续表

课　例	课例评析
探究一：结合板块构造知识及世界海陆轮廓分布图，完成地表形态的成因探究。 7 个站点 =7 个地形区（分小组用板块构造学说探究除冰岛以外的 6 个地形区的成因） ①安第斯山；②落基山脉；③日本群岛；④喜马拉雅山；⑤红海；⑥东非大裂谷。 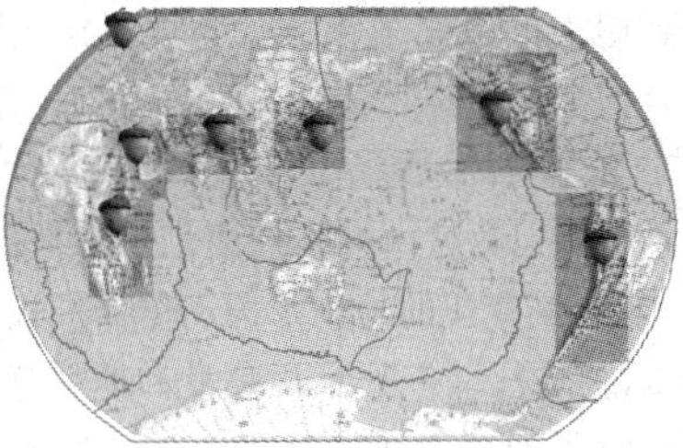 【承转】**松鼠最后来到了一个美丽的岛屿——冰岛，在这里我们将挖掘本节课的最后一个知识宝藏。** 探究二：请大家根据材料和所学知识完成有关冰岛的知识探究。 1. 推测冰岛是怎样形成的。 2. 为什么冰岛会成为地热资源最丰富的国家？ 3. 构成冰岛的岩石应该属于三大类岩石中的哪一类？	加以小结。虽然是课后活动，但是其内容仍然属于内力作用对地表的塑造，亦可做为拓展。 7. 结课和尾声：用松鼠的足迹图对课堂知识点进行简单总结，同时用松鼠寻找松果的故事创设了一个完美的结局，让学生在陪伴松鼠历险的过程中经历知识的洗礼，也有了精神上的回报，完成了情感态度和价值观的教育。用有电影效果的结尾，与整个课堂的情境创设相呼应，让大家看到了课堂的制作花絮，温馨而富有创意。 **五、教学建议** 1. 从课堂的线索看 本课例最大的亮点在于用一个学生们熟知喜爱的动画角色作为课堂的引领者，将创设的寻找松果的情境贯穿于整个课堂，生动贴切，很好地活跃了课堂，激发了学生的学习兴趣。 但课堂环节的承转部分，语言不够优美，语感不够贴切，削弱了故事的完整性和线索感。建议对课堂语言进行细节打造，注意教师表达基本功的培养。 2. 从课堂的情境创设看 课堂采用高清电影视频、高清图片，多媒体效果绝佳，堪称视觉盛宴，把学生思维迅速带入到具体的地理场景中。

续表

<table>
<tr><th>课　例</th><th>课例评析</th></tr>
<tr><td>
【总结】
<table>
<tr><th colspan="2">板块运动</th><th>宏观地形</th></tr>
<tr><td rowspan="2">碰撞挤压</td><td>陆陆碰撞</td><td>高大的山系</td></tr>
<tr><td>陆海碰撞</td><td>海岸山脉、岛弧、海沟</td></tr>
<tr><td colspan="2">张裂分离</td><td>裂谷或者海洋</td></tr>
</table>
【承转】松鼠在寻找松果的旅程中经历了无数的沧海桑田、海陆变迁。咦！是什么把松鼠吓成这样了？
（六）知识拓展
视频：（松鼠发抖——看见地震和火山的场景）
【提问】火山和地震都分布在哪里呢？
【生答】板块交界地带
高清图片展示：（富士山、火山口、火山岛、海啸、山体滑坡、堰塞湖）
【小结】火山、地震对地表形态的影响
（七）结课
【拓展】板块运动塑造了地表的宏观地形，火山和地震也对地表形态有着深刻的影响。实际上，从时间上来看，板块运动对地表形态的影响一般都是缓慢的，是一个长期的过程。但火山和地震往往是在短时内改变地表形态，其影响最终都是使地表变得高低不平。
</td><td>
但多媒体垒砌过多，喧宾夺主，精美的课件成了主角，学生成了观众，教师成了放映员，导致本节课的师生交流、生生交流显得仓促而薄弱。本节课暖场是视频，导课是视频，随后的“内、外力作用形成的地表”也是高清图片配音乐，短短10分钟，3段视频，这样的安排是不够妥当的。建议把暖场音乐去掉或者安排在最后，合到尾声的电影效果中，这样可能更符合整个课堂的情境创设。
3. 从教材的处理角度看
本课例把教材内容处理成了三部分：（一）不断变化的地表形态；（二）板块构造学说；（三）火山喷发和地震对地形的影响。这样的处理不够系统和准确。火山、地震也属内力作用的表现形式，也属板块构造学说的内容，建议将（二）（三）合为一点，整合为内力作用与地表形态，这样逻辑性更强。可小结为：
六大板块，内部稳定。
板块边界，消长不停。
海岭裂谷，移动张裂。
海沟高山，碰撞挤压。
火山地震，边界消亡。
地中喜马，环太平洋。
4. 从学生的活动设置看
拼图活动要求交代不明，过程预设不够，略显仓促，学生在完全没有板块
</td></tr>
</table>

续表

课　例	课例评析
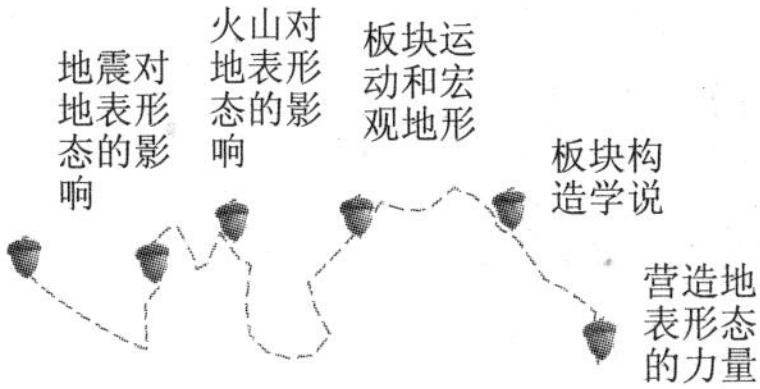 故事到了这里，**松鼠可谓是历尽艰险，故事的结局会怎么样呢？**我们一起来看看。 电影效果结尾（主演、客串、主讲、制作） 	知识的前提下进行了拼图活动，情境预设不完善，为了活动而活动，效果不佳。 如果导入视频中涉及六大板块的形成画面，教师乘胜追击，就可以得出板块学说的基本观点：岩石圈被分割成六大板块。而学生的拼图活动重点应放在解决六大板块的空间分布问题，这样学生的亲手实践效果会更明显。 5. 从课件设计来看 过度追求动画的精美，课件完全代替了板书，导致课堂思路不够清晰。 建议在课件中添加明显的内容标题，增强课堂的线索感。板书线索式的课堂知识结构图，使课堂的知识呈现清晰明确。

后记：新颖的课堂呈现、创新的线索设计让人惊喜；导入情境，诱发动机，非常成功；“寻找松果”的探究情境，线索明确，激发了探究热情。

地理学科源于生活，地理课堂的情境教学可行性强，教师应创设各种情境，为学生提供表现自我的机会，并及时给予赞扬和鼓励，增强学生的自我意识，培养学生自主探究的能力，使每个学生都享受到成功的喜悦。本课例提供了一个很好的思考方向——三维目标，突破重难，回归生活，自主探究，鲜活情境，放飞心灵，让学生“学有所思，学有所得，学有所乐”！

高三政治复习中引入双向细目表的教学尝试

杨群芳

进入高三复习后，政治学科知识范围涉及4本必修模块知识，共200多个考点，内容庞杂，各种考试（如周考、月考、联考、模拟考、适应性考试等）成为常态，在众多的练习、考试中，教师往往无法准确把握哪些考点已加强巩固、哪些是学生的薄弱项、哪些是漏网之鱼。笔者回想第一年的高三教学缺乏经验，懵懵懂懂，走了很多弯路，留下了许多遗憾。例如：在题山题海中，没有准确把握考查的知识点的内容和次数，没有及时补缺补漏，结果学生丢了一些不该丢的分数。偶然一次机会，在和学生聊天的过程中，学生谈到考试后不知道自己到底哪些知识掌握了、哪些没掌握，笔者才突然发现复习的考试针对性不强。偶然在网上看到“双向细目表”一词，眼前一亮，心生一计：何不在高三政治学科复习中通过尝试引入“双向细目表”来解决这个难题呢？

一、双向细目表的作用

教学实践证明，双向细目表在高三政治学科复习中的积极作用不可小觑，它可以帮助教师理清学习内容和学生的能力层次的关系，清楚地知道前面检测了什么内容。根据计划，教师也可明确今后还将检测些什么，从而让试卷内容和难度更合理、复习目标更明确、教学重点更突出、教学效果更有效。

1. “双向细目表”是知识盲点的搜索引擎

在政治的4本必修模块知识、1本选修模块知识，共238个考点中，教师在编印练习和试题命制时，由于无法精确把握考查了哪些知识点，以及学生对知识点的掌握情况，造成有些知识点一再重复考查，而有些知识点未被发现，成为知识盲点。于是，会做的题目重复做，浪费了学生的时间和精力；而知识薄弱点却被遗忘在角落里，未被加强巩固。通过“双向细目表”的数据，教师可以清楚地知道近阶段有几次考试、每个知识点的考查次数，以及同学们的答题情况，从而揪出那些被遗漏的知识点，补缺补漏，加强巩固薄弱项，让同学们对知识的掌握更全面具体、更详细完整，从而取得较好的教学效果，提升同学们的自信心，增强学生学习的主动性和自觉性。

2. 试卷题目的命制更加科学合理

制定考试命题的“双向细目表”，题目设置更加符合高考考试大纲和考试说明的要求。首先，避免了知识内容覆盖面不到位或同一内容在不同题型中重复出现的问题。其次，还能避免出现考核内容和要求与试卷分值不相称的问题。考试最重要的是考查学生对基础知识、基本能力的掌握情况。根据试卷设置的不同题型、呈现的各种材料考查书本的理论知识，从而考查学生的知识记忆能力、解读和提取信息能力、分析和论证材料能力、语言组织和表达能力。运用“双向细目表”可以更准确地、更有针对性地把高考内容、要求和学生需要达到的能力统一起来，赋予不同难度系数的题目不同的分值，便于检查试卷分值的分布是否合理。

3. 确定学生的考试结果，为下阶段的教学重点提供重要依据

考试后，让学生根据自己的考试情况对照双向细目表的能力层次的要求，让学生知道自己考试成绩离考试要求距离有多大，明确自己近阶段复习问题的原因：哪个或哪些知识点是自己不够重视遗漏的，哪些是自己理解有误而没能达到复习要求的，哪些是自己貌似掌握而其实没掌握到位的，哪些是因粗心而丢掉了不该丢的分数。正确定位自己的政治学科真实水平，有利于下阶段改进和努力的方向。

教师可以通过“双向细目表”试题的难易程度和答题情况进行成因分析，根据成因，教师采取相对应的措施：或调整教学进度，改变教学方法；或提高学生对政治学科的兴趣，增减练习量，加强学生能力训练；或解决困扰学生的情绪问题；或加强与学生的心灵沟通；等等。通过细目表的横向、纵向分析，进一步明确教师“教什么”和学生“学什么”的问题。

二、双向细目表的建立

那么，政治学科的双向细目表格应如何建立呢？

双向细目表应包括“以知识内容为纵向设计”和“以能力要求为横向设计”两个维度，知识内容越详细越好。

1. 建立的原则：简单实用、一目了然

网上有很多双向细目表的模板，有些很详细具体，设置了很多列，像“主要学科能力与思维水平的实现情况”“出处”“学生易错点”“材料呈现方式”等内容的设置，固然能全面完整地反映学生对知识的掌握情况和存在的问题，但是显得表格冗杂烦琐，再说这并不是我们做这份“双向序细目表”所要获取的最基本的和最重要的信息，反倒显得重点内容不突出，反客为主，本末倒置。

2. 建立的步骤

（1）明确测验目的。

思想政治学科考试注重考查考生对所学相关课程基础知识、基本技能的掌握程度和综合运用所学知识分析、解决问题的能力，包括获取和解读信息、调动和运用知识、描述和阐释事物、论证和探究问题的能力，同时关注学生参与政治、经济、文化生活中解决实际问题的能力；反映学生应有的正确情感、态度和价值观。应根据“课程标准”、“考试大纲”、《重庆市文综考试政治考试说明》、教材、教学目标来确定我们考试的目的和要求，检查学生对政治学科知识的掌握程度和教师教学成效，对于理解能力、判断能力和推理能力的知识点则可以选用客观性试题考查；考核学生对知识点的综合运用能力和组织答案能力，则选用主观题的试题。

（2）选定测验的范围和内容。

测验的内容是教学内容的缩影，能侧面反映出教学内容。确立了“能力立意”的考试目的后，就要考虑测试的考点、考点的难易程度以及学生的知识和能力。所以试题的选用既要体现高考的教学要求，又要考虑点的覆盖面和代表性、典型性，呈现的材料还要体现学科特点，反映时代特征。此外，要注重考查学生对政治学科课程的基础知识、基本技能的掌握程度，考查学生运用所学知识和方法分析、解决实际问题的能力，关注学生的学科素养和发展潜力；还要能考查学生的综合运用能力。

（3）选定测验题型。

政治学科试卷的组成部分相对简单，只有两类大题：单项选择题和材料题。但是材料的呈现方式是多样化的，如选择题有漫画型、诗文名言型、计算型、组合型、因果型等。在选编试题时，要将这几种题型综合体现出来，让学生对这几种题型有一个适应和过渡的过程，慢慢由陌生到熟悉，再到熟练掌握解题技巧和答题步骤。主观题题型更是多达 10 来种，教师要密切关注高考的命题趋势，在选编试卷时应与高考趋势保持同一步调。

（4）确定测验题数、分值和考试时间。

（5）备课组成员审核、修正、调整并选定测题，准备参考答案。

在高三政治学科复习中引入“双向细目表”，是书面考试、科学命题的关键环节之一，也是学生查缺补漏的搜索引擎，是教师确定教学内容和重点的一个方向标，更应成为广大政治学科教师梳理教材、研究高考、提高复习质量和教学效果的一项基本技能。它让我们的高三政治复习更有计划性、针对性、目的性，更富成效。

参考文献

中华人民共和国教育部．思想政治新课程标准［M］．北京：北京师范大学出版社，2009.

论新课改下高中思想政治教师对课程资源的开发和利用

姚 丹

一、当前高中思想政治教师在课程资源开发和利用上存在的问题及原因分析

1. 高中政治教师课程资源意识和开发、利用课程资源的能力欠缺

一方面，长期以来实行的应试教育体制使得政治老师完全按照学校要求执行指令性的课程计划，他们不可能具备多少课程开发的意识和课程开发的能力；另一方面，由于新课改提出和实施“开发和利用课程资源”这一课题的时间不长，政治教师在职前培养和在职培训中很少接触到课程资源的概念，更没有接受过如何开发和利用课程资源的系统指导，因而也就缺乏对课程资源的识别、开发和运用能力。

2. 大量有教育意义的课程资源没有与课堂教学相结合，造成资源的闲置和浪费

课程资源只有进入课堂，进入师生的活动过程，与学习者发生互动，才能最终体现课程资源的价值。目前虽然已经开发出了一些实用价值高的教学资源和能够很好地将教学资源融入课堂的教学模式，但在实际操作中，效果却往往不如人意。

3. 高中思想政治课程资源实效性差，更新缓慢

有的政治教师对于教材中出现的与现实生活不相符的知识，依然照本宣科，不做解释，造成学生困惑不解。还有的政治教师则墨守成

规，把同一个例子用过一遍又一遍、一年又一年，让学生不胜其烦。例如，在“交换价值”这一概念的教学中，“一把石斧＝15千克大米”这一“经典”案例，有的老师一举就是几十年，届届如此。学生长期处于这样的教学环境中，也难怪他们会对政治课产生抵触情绪。而有的老师则根据时代的发展在教学中融入了“种菜元素”，用“2个胡萝卜＝1枝非洲菊”，课堂教学的效果就不一样了。

二、高中思想政治课教师有效开发和利用课程资源的对策

高中思想政治课程资源的开发和利用已经成为推动高中政治课程改革的重要环节。在新的课程理念和新的课程改革的要求下，教师要想有效开发和利用政治课程资源，必须做好以下几个方面：

1. 更新高中政治教师课程资源观

黑格尔曾经说过：“一切改革，归根结底是观念的更新。”切实转变旧有的教学观念，从根本上使高中政治教师树立起新的课程资源观念，是开发和利用课程资源、促进学生全面发展的关键。首先，学校要对职前或在职的政治教师进行课程资源理念培训，使他们初步树立起正确的课程资源观，以观念指导行动。其次，政治教师要充分认清自身所授课程的功能和作用，充分利用好新课程改革带来的机会，最大限度地发挥自身积极性和创造性，从而开发课程资源。再次，在教学思想上，要将以教师为本的教学观念转变为以学生为主体的新的教学理念，培养学生的自我学习能力和独立思考能力，让他们在获取知识的同时掌握学习的方法。最后，教师要充分发挥集体智慧，树立资源共享的意识。每个教师都有自身的特长、自身的优势，政治教师要懂得和别人分享自己的资源，同时也要懂得学习别人的长处，借鉴别人的优势，到达资源共享。

2. 大量积累新闻素材、关注时事热点，拓展教材资源

高中思想政治课程是一门实效性很强的课程，理论联系实际是这门课程的生命所在。这就需要教师具备敏锐的政治观和时事感，不断对自己的教学资源、教学内容进行更新和调整。作为政治教师，必须时刻关注新闻、关注时事，利用网络、报纸、广播、电视等多种渠道

获取最新消息，注重积累，并适时将这些与教材的相关章节结合起来，有选择地纳入课堂讲解，从而达到弥补教材资源不足和激发学生兴趣的双重目的。例如，在讲解“国家利益是国际关系的决定因素”这一观点时，就可以将“朝核问题”“10+3”“金砖四国”等时事热点融入课堂当中。

3. 改进教育方式，在动态的教学过程中开发和利用课程资源

传统的政治课教学是以教师讲授为主，学生在学习过程中被动地接受知识。整个过程是单一的、直线型的静态过程。新课改倡导的以学生为主体的教学理念，必然要求教师改变传统教育方式。政治教师可以通过情景设置法、调查研究法、自主探讨法让学生主动参与教学活动，适当在活动过程中穿插课程内容，增强学生对课程内容的体验和理解。比如在进行“我国的分配制度”这一课题的教学时，老师可以设置这样一个情境：20世纪80年代中期，我国某冰箱生产企业在生产过程中长期吃“大锅饭”，职工生产积极性不高，产品滞销，工人认为厂长无能，于是，进行了一场厂长竞选。然后，老师将学生分成几个小组，每个小组推选出一位候选人上台发表竞选演讲。通过这样的形式，可以让枯燥、单一的课堂教学生动起来、活泼起来，而活动的最终落脚点，则是让学生加深对“按劳分配”这一社会主义分配原则的理解。

4. 善于挖掘学校内部和学校外部与之相关的课程资源

美国课程论专家泰勒曾经指出：“要最大限度地利用学校资源，加强校外资源，帮助学生与学校以外的环境打交道。”

首先，学校内部蕴藏着巨大的政治课教学资源。学校的图书室、实验室、计算机中心、各种文化设施甚至教室的墙壁都可以成为政治教师挖掘课程资源的来源。比如，充分利用教室内的墙壁资源，结合当前时事热点开辟新闻专栏，增长学生见识，培养学生的政治敏锐性和社会责任感。同时，校内资源还包括形式多样、丰富多彩的文化活动，教师可以有目的、有计划、有组织地开展各种活动，并将教学内容融入其中，既达到开发课程资源的目的，又完成了教学目标。

其次，学校外部更是隐藏着大量的、尚待开发的课程资源。一方

面，家庭中包含着许多学校和社会不可替代的教学资源，比如家庭中的人际关系、家庭生活氛围、家长的行为意志以及家长的生活经验等，这些资源能够发挥出不同于其他资源的优势。另一方面，社会中蕴藏的课程资源可谓最丰富，学校可以聘请与课程相关的专业人士或社会人士开办时事讲座、科普宣传；可以邀请思想政治教育专家与教师开展课程资源开发研讨会、学术报告，等等；学生还可以走出校门，从社会中存在的历史文物古迹、爱国主义教育基地、群众生活和民风民俗中主动获取教学资源。例如，在进行“国家依法保护劳动者合法权益”的教学后，我校有学生走向社会，调查了不少劳动者的生存状况，最终形成了相关研究性学习成果。

当然，课程资源的开发和利用不仅仅是政治课教师的应有之义，同时，学校也应该加大对思想政治课程资源开发和管理的力度，提高对课程资源发现、筛选、统计和管理的能力。教育学会、教育主管部门也应当在建立课程资源的协调、共享机制、提高利用率等方面做出积极的探索。

新课改背景下高中政治课教学评价与课程目标背离的成因分析

田玉洁

我们的新课改提出了科学合理的评价方式，但是之所以一直没能顺利实施，是因为有太多的因素阻碍。几千年的应试教育根深蒂固地影响着甚至至今仍统治着中国的教育，要彻底改变当前的教育评价体系，绝非易事。

1. 教育体制方面：高考指挥棒

我国现在的高考制度有一定的进步之处，它让所有的孩子都享有平等的考大学的权利，很多孩子靠这个平台实现了自己的梦想。特别是对农村孩子而言，这给了他们一个跳出农门的机会。但是农村孩子由于受到经济条件和农村教育力量薄弱等客观因素的制约，他们的综合素质相对城镇学生而言有很大的差距。

当然，理解并不代表赞成。在我们新课改背景下，我们的政治课考试仍然只是对学生知识水平的检测。在这种高考制度的导向下，我们围绕着考点和高考热点进行针对性的教学，考什么就学什么，不考的就不学。我们的课堂教学只强调系统化的理论知识的建构，却忽视了探究知识的方法，忽视了通过实践对学生所学习、记忆的知识进行“内化”，帮助他们真正养成良好的行为习惯和坚定科学的政治素养。也正是这个原因，导致我们在很长一段时间里，政治课改革的口号喊得很响，但收效甚微，课程目标没有很好地落实和实现。

2. 社会主体方面：对人才的错误理解

长久以来，在人们心中，“有知识，学习好”才算得上人才，这使得整个社会进一步形成了盲目崇尚知识、过分看重文凭的风气和潮流。不管是公务员招录、求职应聘还是考核升职，都很关注由分数体现出来的文凭的高低，以分数、文凭卡人。

笔者曾经听说过这样一个具有讽刺意味的真实故事：为响应素质教育的要求，为学生减负，某学校决定取消晚自习。然而当晚，数百名家长主动找上门来，要求学校让自己的孩子上晚自习。这真是让人哭笑不得，从这里我们可以窥见应试教育的“魔力”之大。响应素质教育的新课改，本应是一件举国欢庆的喜事，然而，由于几千年的应试教育对国民的毒害太深，在较短的时间内难免有些令家长难以接受和认同。社会以“知识”作为衡量人才的主要标准，这对学校教育的导向是：学校教育把知识的掌握作为课程培养的主要任务，把学习成绩作为衡量学生的唯一标准。

3. 政治学科的特殊性：评价难以进行

政治课学科的特殊性，使得我们的评价很难实际操作。首先，因为人的品行很难量化。比如，人的政治素养和道德素养是很难用一个具体量化的分数来精确测量的。其次，人的品行具有内隐性。人的品行隐含地表现在人的言谈举止和平日为人处世的点点滴滴中，不能一下子就能看透摸清。品行的这种特点，使得政治课的评价很难操作和进行。这就给政治课教师提出了一个大难题。

此外，在高中的所有文科科目中，政治课因具有强烈的意识形态、讲究严密的逻辑思辨而著称。由于这个特点，政治教师往往采用灌输政治理论的教学方式，采用习题训练的方式提高学生的逻辑思维能力。甚至，我们至今尚未找到符合政治学科特点的有效评价方法。这也是长久以来我们的政治课评价仍然坚持将分数作为衡量依据的重要原因。

4. 教育工作者：教育理想和信念的缺失

面对我国严重的高考压力，很多高中都把提高升学率作为提高学校声誉和竞争力的战略目标，而且将学生的考试成绩和升学率直接与对教师的评价挂钩。“学校对教师的评价只以教学成绩为准，按过线人数进行排名，把名次作为奖惩、晋升的标准。”[1]“高考不考的就没有必要学，这纯属浪费时间，没有意义和价值。”在这种功利的价值导向下，很多教师逐渐失去了自己最初对教育事业的崇高理想与追求，与“人师”的身份渐行渐远。

只有对教育事业树立了崇高的理想与信念的人，才会有将自己满怀的远大抱负化为行动的源源不断的动力，才有可能会无私而不知疲倦地对教育事业付出。对于教师来说，没有了对自己职业的理想和信念，也就难免会沦为一个只把这一神圣职业作为纯粹的谋生手段的人。“假如教育失去了理想，我们还能有什么？假如没有了对理想的追寻、与现实的斗争，我们存在的意义又在哪里呢？”[2]

有问题并不可怕，关键是我们要有解决问题的信心，要有在正确意识指导下的积极行动。在新课改实践中不断发现问题，深入反思和总结，解决问题，这样才能推动新课改实践发展和进步。在当前的政治课程改革面临瓶颈的时刻，能否有勇气直面改革的困难并勇于贡献智慧和力量，这是我们改革成败的关键，也是课改关键时期检验政治教师素质的试金石。

参考文献：

[1] 张衡．中学思想政治课教学评价优化研究［D］．郑州：河南大学，2012.

[2] 余慧娟．课程改革的路必须走下去——2005 年的叩问与沉思［J］．人民教育，2006（24）.

高考政治解题方法指导

杨金华　杨群芳

第一部分　选择题

一、审题方法

（一）审材料

1. 弄清材料的中心思想，把握其主导命题方向。

2. 审清材料包含的层次，把握其命题的多层次性和多角度性。

3. 审清材料中的关键词句，为恰当、准确地作出正确选择提供依据。

（二）审题干

1. 审题干的原理要求，如：政治常识、经济常识、哲学常识（唯物论、辩证法、认识论、人生价值观）。

说明：原理不明，在单一选择情况下，政治的背景材料用政治原理，经济的背景材料用经济原理；在组织选择情况下，只要是正确的相关的，都应成为组织选择的答案。

2. 审主体：经济常识（国家企业、生产者、消费者）；政治常识（政党、政协、政府、国家机关、立法机关、行政机关、司法机关等）。

说明：①题干主体不明，要在背景材料中去找；②组合选择中，只要是该行为涉及主体的正确表述都可以入选。

3. 审角度：体现（包含）说明、意义、原因、措施等。

说明：在哲学常识选择题角度中，哲理、原理侧重于世界观，启示侧重于方法论。

4. 题干中的关键词（又称题眼），如：最终、根本、直接、归根到底、不正确等。

（三）审题肢与题干、材料的关系

1. 坚持正确性原则——排除法。即把错误选项删去，只保留正确选项。

2. 坚持相关性原则——排异法。从四个方面去考虑：题肢与材料是否相关；与原理范围是否相关；与主体是否相关；与角度是否相关。

二、解题方法

（一）一般选择题解题方法

1. 排错法：凭借对教材基础知识的掌握，准确地判断错误选项，并在题肢错误地方标出在题肢后边打“×”。

2. 排异法：把题干、材料无关的题肢删去，留下相关的选项。

（二）最佳选择的解题方法

1. 最佳选择的特点：有两个以上的选项既是正确的，又是相关的，但只能选一个。

2. 最佳选择题的5个原则：

（1）直接与间接选直接。如价格的决定因素：价值—社会必要劳动时间—社会劳动生产率。

（2）抽象与具体选具体。如：认识的作用—正确认识的指导作用—科学理论的巨大作用。

（3）现象与本质选本质。

（4）主要与次要选主要。

（5）片面和全面选全面。

（三）组合选择的解题方法

1. 排除法：当我们能够准确判断某一题肢是错误的时，就把包含这一题肢的结合答案删去。

2. 必选法：当我们准确地判断某一题肢是正确的，又是与题干相关的时，就把包含这一题肢的组合答案留下来。

3. 排除法与必选法相结合：在同一选择题中，如同时能适用这两种方法，可以大大提高组合选择题的得分率。

三、解选择题的点滴体会

1. “只要……就……”在选择题中要慎用。因为客观事物是复杂的往往是一果多因，而“只要……就……”是充分必要条件，是一因一果，在现实生活中是少见的。

2. 在哲学选择题中，原理、哲理多从世界观角度去选择；启示、教育多从方法论角度去选择。

3. 选择题在检查时如感到似是而非，要多相信第一感觉，因为检查时，受到其他相关信息的干扰，容易产生怀疑；而第一感觉受其他信息干扰少。

第二部分　主观性试题

一、审题方法

（一）审材料

1. 弄清文字材料和图表的中心思想，把握命题者的主要命题方向。

2. 弄清材料的层次及其每一层次的主要含义，图表题中的数字关系及其变化，所反映的问题。

3. 审清材料中关键字、句，并作出相应标记，如：中心、长期、试点、政府等。

（二）审设问

1. 审原理，即用什么原理来回答问题。政治常识（国家理论、政党理论等）、哲学常识（唯物论、辩证法、认识论、人生价值观）、经常常识（商品货币理论、市场经济理论等）。

说明：在原理不明的情况下，经济的背景材料主要用经济常识；政治的背景材料主要用政治常识。

2. 审主体（包括行为主体或作用对象）：政治常识（国家与公民；政党与政府；人大、政协；立法机关、行政机关、司法机关等）；经济常识（国家、企业、个人；生产者、经营者、消费者）。

说明：①设问中主体不明，可以看材料中涉及的主体。

②在设问、材料中主体都不明情况下，考虑该行为可以涉及的主体，他们都应有所作为。

3. 审角度：体现（包含什么原理）；原因（必要性、重要性、依据）；措施、意义。

4. 审对象（即所要解决的问题）。

5. 审题型：扩展性问题，深入性问题，辨析类问题。

（三）设问和材料的关系

主要弄清材料与设问的交汇点，即既在设问规定的范围内，又是材料所能反映的，才是该题准确的得分点。材料有所反映，但不在设问范围内，无须作答；材料没有反映的设问范围内的内容，也无须作答。

二、解题方法

（一）扩展性主观性试题的解题方法

1. 扩展性试题的特点：

（1）涉及两个及两个以上的原理。

（2）原理之间是并列关系，属于不同考点。

2. 表述方式："哪些"、原因、措施、意义这类试题，多属于扩展性试题。

3. 解法：

（1）原理要点到为止，不必过多展开。

（2）分析要简明扼要，语言精练。

（3）分值：一般3分左右一个要点。

（二）深入性客观性试题解题方法

1. 特点：

（1）涉及的原理只有一个。

（2）要点之间不是并列关系，而是递进关系或从属关系。

2. 表述方式：

（1）材料主要反映什么原理。

（2）用什么原理来分析什么问题，即对所用原理作明确规定性，没有选择余地。

3. 解法：

（1）指出是什么原理或对原理进行扼要表述。

（2）适当过度。

（3）用原理进行深入分析。

（三）评析式主观性试题的解题方法

1. 评析观点：

（1）类型：有材料式和命题式。前者是根据材料提出一个观点让你去评价；后者直接给出一个命题让你评析。

（2）表述：有设问式和表述式。前者给你一个观点，问："对吗？为什么？"后者则直接表述出来。

（3）特点：①绝大多数都具有两面性，要辩证分析；②也有少数正确或者就错误，因此要具体分析。

（4）解法：①指出观点中正确的部分，用所学知识进行分析和证明；②指出观点中错误部分，也用所学知识进行分析和说明；③根据①②，指出正确的观点是什么。

2. 评析政治现象或经济现象

（1）特点：用材料叙述一个现象，要求用某一原理评析这一现象。

（2）解法：①这一现象的实质及其原因；②这一现象的影响（积极或消极）；③解决的措施。

3. 评析行为

（1）特点：用材料叙述某主体的行为过程，然后设问是"用某一原理对其行为进行评价”。

（2）解法：①指出哪些行为是正确的，其理论依据是什么？②指出哪些行为是错误的，其理论依据是什么？

注：主体的行为可能有正确的，也有可能是错误的，还有可能都是正确的，也有可能都是错误的。

（四）图表、数据题

1. 特点：

（1）以表格方式展现各种数据。

（2）以立体图形方式展示各种数据。

（3）要求根据图表中的数据找出经济现象或政治现象、经济问题或政治问题。

说明：要注意现象与问题的区别——后者是前者的深入。

2. 解法：

（1）从静态看各种数据之间的关系。

（2）从动态看数量关系的变化。

（3）从对比关系和数量变化中概括经济现象、政治现象，从而揭示经济问题或政治问题。

说明：要注意材料下边的“注”，它往往是一个重要的得分点。

三、答题的语言和层次

1. 答题表述时，首先是原理要点（要简明扼要），然后适当分析阐述。高考改卷是采点给分与采意给分相结合，3 分一个得分点，要点 1 分，阐述 2 分；哲学题只有原理得 1 分，没有原理得 0 分。

2. 语言的使用：尽量使用政治科的学科术语（即教材中的语言），回归教材；同时要争取运用时政中与试题相关的新观点新术语，这往往是评分时加分的因素。

3. 答题时的番号与层次：由于我们试题每一小题的番号为（1），因此，我们答题时的番号：第一层次①，第二层次 A，第三层次 a。

说明：①第一层次不同要点之间最好提行；②如果对该设问有30%以上的得分把握，最好书写得层次清楚、段落分明、要点清晰；③如果根据不知如何作答，只把能回忆相关考点写一些，不必有明显的层次和段落。

四、主观性试题答题点滴体现

(一) 关于用政治常识来回答党和政府为什么要做某件事情

1. 党：(1) 地位；(2) 性质和宗旨；(3) "三个代表"；(4) 意义。

如：用政治常识原理分析党中央提出更加关注社会公平、共享改革开放成果的理由。

答：(1) 中国共产党是执政党，是社会主义事业的领导核心，"更加关注社会公平、共享改革开放成果"体现了党的政治领导。

(2) 党的性质决定了要坚持全心全意为人民服务的宗旨，"更加关注社会公平、共享改革开放成果"符合人民根本利益，是为人民服务的体现。

(3) "更加关注社会公平，共享改革开放成果"是贯彻"三个代表"、执政为民的具体体现。

(4) "更加关注社会公平，共享改革开放成果"有利于实现共同富裕，全面建设小康社会；有利于调动全民的积极性，共同致力于现代化建设；有利于缓解社会矛盾，维护社会稳定，构建和谐社会。

2. 政府：(1) 性质、原则；(2) 职能；(3) 意义。

如：用政治常识原理说明政府为什么要积极推进创新型国家建立。

答：(1) 我国政府是人民利益的执行者和捍卫者，必须坚持对人民负责的原则，科技创新能够创造更多社会财富来满足人民的物质文化的需要，符合人民的根本利益。

(2) 国家具有经济管理职能，提高科技创新能力、转变经济增长方式、促进国民经济又好又快发展，是政府的重要职责。

(3) 政府具有文化职责，建立自主创新体系，促进科学文化发展，是政府文化职能的重要内容。

（4）提高科技创新能力，建立创新型国家，有利于维护国家安全，实现国家利益，增强综合国力，提高国际地位，在激烈的国际竞争中取得优势。

3. 做某件事为什么要坚持党的领导？从根本上说，其是根本保证：保证方向，创造环境，调动积极性。

如：用政治常识说明构建社会主义和谐社会关键在于党的领导。

（1）中国共产党是中国特色社会主义事业的领导核心，同时也是构建社会主义和谐社会的领导核心。

（2）从根本上讲，是由我国的国家性质和中国共产党的性质决定的。

（3）党的领导是构建社会主义和谐社会的根本保证。

①坚持党的领导，才能保证和谐社会建设的社会主义方向。

②坚持党的领导，才能为和谐社会建设创造良好的社会环境。

③坚持党的领导，才能调动各方面的积极性，促进和谐社会的建设。

（二）关于从政治常识角度阐述党和政府如何做好某件好事

1. 党：（1）地位；（2）领导方式；（3）执政方式；（4）执政能力。

如：党如何在节能降耗目标实现中发挥作用？

答：（1）党作为执政党、社会主义事业的领导核心，必须加强对节能降耗工作的领导。

（2）党要切实加强政治、思想、组织领导，为节能降耗目标的实现提供思想、政治基础和组织保证。

（3）党要不断改进执政方式，做到科学执政、民主执政、依法执政，按照客观规律，通过民主程序，完善节能降耗的政策法规，为节能降耗目标实现提供法律和制度保证。

（4）要加强执政能力建设，不断提高驾驭市场经济的能力。

2. 政府：（1）原则；（2）职能。

如：用政治常识知识说明政府如何推进我国文化产业的发展。

答：（1）坚持对人民负责原则，以高度的责任感去促进文化产业发展，满足人民日益增长的文化生活需要。

（2）坚持依法治国原则，为文化产业发展提供良好的法律环境。

（3）切实履行政治职能，完善文化产业发展法律法规，加强执法力度，为文化产业发展提供法律保障。

（4）切实履行经济职能，通过经济调节、市场监管、社会管理和公共服务来引导文化市场和文化产业的健康发展。

（5）切实履行文化职能，大力发展教育、科技、文化，推动文化产业持续发展。

（6）切实履行社会公共服务职能，维护社会稳定，为文化产业发展创造良好社会环境。

（7）切实履行对外交流职能，促进我国文化产业对外合作与交流。

（三）用经济常识谈政府如何做好某件经济工作

其基本得分点有两个：一是市场调节；二是宏观调控。（注：不局限于这两个得分点，还应根据实际需要考虑其他得分点。）

如：从经济常识角度谈如何解决劳动就业问题。

（1）完善劳动力市场，充分发挥市场在劳动力资源配置中的基础性作用。

（2）加强对劳动力市场的宏观调控，通过财政税收金融等政策引导劳动资源的合理流动。

（3）大力发展第三产业的非公有制经济，拓宽就业渠道，增加就业人数，缓解劳动力市场的供需矛盾。

（4）加强就业培训，提高劳动者素质，优化劳动力资源的结构，缓解供需结构不平衡问题。

（5）完善社会保障制度，保护劳动者的合法权益，调动劳动者就业的积极性。

（四）关于从哲学角度回答某一决策的依据，或某一决策的变化的依据

1. 某一决策的哲学依据（首先也是基本的得分点），就是物质和意识的关系。

如：用哲学理论分析国家实行“工业反哺农业，城市支持农村”的方针必要性。

答：(1) 物质决定意识，一切从实际出发。实行“工业反哺农业，城市支持农村”的方针，是由农业、农村发展滞后，已成为我国经济、社会发展的主要制约因素的客观实际决定的。

(2) 意识具有能动作用，正确的意识对客观事物的发展具有促进作用。实行“工业反哺农业，城市支持农村”的方针，可以促进农村经济发展，加快社会主义新农村建设，实现城乡经济的良性互动。

(3) 联系具有普遍性和客观性，事物之间的相制约和相互影响推动着事物的发展，实行“工业反哺农业，城市支持农村”的方针，不仅可以促进农业和农村经济的发展，也可以反过来促进工业和城市的发展以及整个国民经济的发展。

2. 某一决策、措施变化的哲学依据，一般都要考虑：一切从实际出发，具体问题具体分析，事物是变化发展的。

如：义乌市的经济发展过去是靠“市场”，今天是靠“城市”，这体现了什么哲学道理？

答：(1) 事物是变化发展的，要用发展的观点看问题，义乌人回答的变化体现不断解放思想，大胆创新，积极推动经济结构深化。

(2) 物质决定意识，一切从实际出发，主观和客观历史的具体的统一，义乌人回答的变化是义乌市经济发展变化的客观实际决定的。

(3) 矛盾具有特殊性，要具体问题具体分析。义乌人的回答反映了市场经济规律在不同经济发展阶段的不同表现特点，以及推动经济发展不同的措施，从而形成义乌市比较独特的经济发展轨迹。

(五) 关于评析题的解题方法

1. 关于评析现象，一般包含三个方面：产生的原因、危害或作用、解决的措施。

如：从经济常识角度要评析居民收入差距过大的现象。

答：（1）我国实行按劳分配与按生产要素分配相结合的分配制度和“效率优先、兼顾公平”的分配原则。由于人们的劳动能力不同，生产要素多少不同，企业之间效率不同，这必须会导致收入差距扩大。（原因）

（2）收入差距扩大，不利于社会公平，实现共同富裕的目标也不利于社会的稳定和构建和谐社会。（危害）

（3）国家要进一步完善分配制度，更加关注社会公平，充分利用财政、税收政策来调节分配关系，防止收入差距扩大。（措施）

2. 对观点的评析：（1）从观点本身出发分析其正确或者错误的原因。（2）指出正确的观点是什么。

如：解决我国能源问题，有人主张主要靠开发和节约，有人主张主要靠进口，请用内外因关系的原理进行评析。

答：（1）唯物辩证法认为：事物的发展是内因和外因共同作用的结果。内因是事物发展的根据，外因是事物发展的条件，外因通过内因起作用。

（2）主张通过自己的开发和节约解决能源问题的观点，看到了经济发展要立足国内，强调了内因的作用，有积极意义，但忽视了外因的作用，不利于现代化建设。主张靠进口解决能源问题的观点，强调外因的作用是正确的，但忽视了内因才是事物发展的根据，不符合我国国情，也不利于我国经济安全。

（3）解决我国能源问题，要坚持内外因相结合：既要坚持开发和节约并举、节约优先的方针，又要合理利用国际能源资源，促进我国经济的持续发展。

（六）关于“材料是如何体现某一原理的”

其解题思路是：（1）回忆这原理的基本内容；（2）结合材料提取与原理基本内容相关的信息；（3）用首括号方式进行表述。

如：传统经济：“资源—产品—废物排放”，而循环经济则是“资源—产品—新的资源—新的产品”。这样，不仅降低资源消耗，提高了经济效益，还减少了环境污染，优化了生存环境，实现了经济效益、生态效益和社会效益的统一。请问：材料是如何体现联系的观点的？

答：(1) 联系是普遍的、客观的，经济发展与资源、环境的相互制约和相互影响，体现了联系的普遍性。

(2) 联系既是客观的，又是可变的，人们可以根据事物固有联系建立新的具体联系。循环经济就是不同于传统经济的一种新的具体联系。

(3) 整体与部分密切联系。当部分之间优化组合，整体功能将大于部分功能之和。循环经济是经济运行模式的优化，因此能最大限度地发挥资源的功能。

(4) 因果联系是普遍的、客观的，循环经济与资源消耗低、环境污染小、经济效益高之间存在客观的因果联系。

(七) 用什么原理来解决什么问题（这是比较典型的深入性问答题）

其解题思路是：(1) 表述原理；(2) 过渡；(3) 用原理进行分析。

如：用主要矛盾原理说明在社会主义新农村建设中必须大力发展现代化农业。

答：(1) 在复杂事物中存在两个以上的矛盾，其中主要矛盾规定和影响着其他矛盾的解决，对事物发展起主导作用。因此，要抓住重点，集中力量解决主要矛盾。

(2) 在社会主义新农村建设中有许多问题和矛盾，其中，农业综合生产能力低、经济效益差，是制约农村经济社会发展的主要矛盾。

(3) 大力发展现代化农业，提高农业的综合生产能力，不仅可以促进“生产发展，生活宽裕”，还可以为“乡风文明、村容整洁、管理民主”奠定物质基础，从而全面推进社会主义新农村建设。

理科篇二

高效课堂对教师的要求

张中伟

作为教师，应该遵守教师职业的道德规范，为人师表，教书育人，这是对从事教师工作的人员的专门要求，也是教师法对教师的一类要求。我认为，作为教师应该学高为师、身正为范。在新课改的背景下，高效课堂对教师的要求有所变化，也就促成了教师角色的转变。

一、教师要转变观念

精讲精炼，把课堂真正地还给学生，提高课堂效率。俗话说，兵熊熊一个，将熊熊一窝。在课堂上，教师的决定很大程度上影响着课堂的质量。我国政府提出要提高国民的幸福指数。幸福感是一种心理体验，它既是对生活的客观条件和所处状态的一种事实判断，又是对生活的主观意义和满足程度的一种价值判断。它表现为在生活满意度基础上产生的一种积极心理体验。而幸福指数，就是衡量这种感受具体程度的主观指标数值。作为一名教师，他的幸福感会感染所教的学生，一个幸福感很强的教师，会带出一大批幸福指数高的学生，所以教师应该提高自己的幸福指数。

二、教师角色的转换

教师要成为“四者”——促进者、学习者、决定者、幸福者，首先要完成角色的转换，教师由传授者变成学生学习的促进者，做学生成长的推手；其次，实现教学相长，教师还应该成为学习者，与学生“同学”。教师上课也是“上学”，教书也是“进修”。一节高效课，它是由教师和学生合力打造而成的，这其中教师的作用当然不容忽视。尽管教师不再是教学中的主角，但他毕竟是“平等中的首席”，因此，教师“决定”着一节课的质量好坏。有什么样的教师就有什么样的课堂，有什么样的课堂就有什么样的教育，有什么样的教育就有什么样的国家和民众。从职业特点上，教师还要改变生命现状，做一个发展的人，一个教育理念的行动者，一个幸福的从业者。认真备课，精心设计课堂活动，变一言堂为百花齐放。其次，教师要认真钻研学科知识，学习教学理论，并大胆用于实践，不断反思，不断总结，不断进步。只有做一个会学习的教师，才可能教出会学习的学生。

三、教师要创新教研

中学数学教研的现状是，听课、评课没有主题，教研培训单调乏味，教师培养缺乏活力，教研活动参与被动，等等。这些现象导致一线教师参与教研活动的积极性不高，主动性不强，收获不大，对自身专业提高的作用不明显。正因为如此，我们才需认真审视、改进和创新教研活动，具体可以从校本教研、网络教研、集体备课、教研培训一体化、教研活动民主化、名师引领示范等方式入手进行创新教研。作为教师，必须变被动为主动，积极参与到各种教研活动中去，做到教研前有准备，教研中有互动，教研后有反思。

作为一线教师，我深深体会到高效课堂对教师的新要求，促进者、学习者、决定者、幸福者，这将是我追求的一个新目标。我将积极转变观念，恰如其分转换角色，主动投入到教研活动中去，在新课改的背景下，努力成为一名优秀教师，为有自己的高效课堂做好充分的准备。

参考文献：

[1] 张永超．教研创新：教师专业发展的必要和必然［J］．数学通报（京），2011.12.

[2] 李炳婷．高校课堂22条［M］．济南：山东文艺出版社，2010.

提高效率——创设问题情境

何　勇

1. 创设良好的问题情境的教学意义

（1）激发学生的学习兴趣，增强求知欲

心理学研究表明："外部刺激，当它唤起主体的情感活动时，就更容易成为注意的中心、体验的中心，就能在大脑皮质上形成优势兴奋中心，从而强化理解和记忆；相反，则不能唤起情感活动，主体必然对它漠不关心。"调查显示，极大部分学生认为数学课最吸引他的是课堂中有趣的问题情境，并能形成长时记忆。

（2）促使学生知难而进，尝试成功

创设良好的问题情境，除了使学生的兴趣、动机、情感发生变化外，也能感染其意志和性格，进而产生不畏艰难，勇于探寻新事物、新规律的心理，在困难中磨炼自己，谋求新的生存空间，勇于尝试新的成功。

（3）有利于良好数学认知结构的形成

学生的数学学习过程是学生以已经具备的经验为基础的主动建构过程，创设良好的问题情境，使学生认知发生冲突，促使学生"陷入"问题情境诱惑中，促使学生升华原有知识，形成新理念，进而促使学生良好数学认知结构的形成。

2. 创设良好的问题情境需具备的条件

（1）让学生明白学习目标和学习目的

通俗地说，也就是让学生明白在此问题情境下将要学到什么新知识或学习后将会具备什么能力，使学生不觉得“陷入”问题情境诱惑中。比如对于平方差公式，教师可以这样来创造问题情境：师：“现提供两道智力抢答题：100 的平方减去 99 的平方，499 的平方减去 498 的平方。”教师话音刚落，就立刻有一个学生回答：“第一题等于 199，第二题等于 987。”其速度之快，简直让人不可理解，这让其他学生很吃惊。师：“你们知道他是如何计算的吗？”学生大多困惑不解，师又说：“本节课学了平方差公式后，就可以揭开谜底。”如此来创设问题情境，能促使学生产生“我也要成为他那样的快速抢答者”的欲望，进而让学生粗略明白此堂课将要学到什么和将会具备什么能力，即了解学习目标和学习目的。

（2）能造成学生数学认知冲突

形成冲突后，打破学生的心理平衡，激发学生弥补“心理缺口”的内在动力。例如，在“线段的垂直平分线”的教学实验中，教师可以这样创设问题情境：一村庄有 A，B，C 三个渔场，现在设置一个大型蓄水池 P，使其到三个渔场的距离相等，那么 P 应该设在哪里呢？学生积极思考寻找方法的同时，教师用三条橡皮绳一端系在一起作为 P，另一端分别固定在 A，B，C 三个点上，一边移动 P，一边让学生观察 PA，PB，PC 的长度是否相等，通过几次试验之后，学生体会到单靠观察是不准确的，用测量的方法也不可行。最后教师再指出“只要我们学习了线段的垂直平分线的知识，这个问题便能解决”。这时学生就产生了心理缺口——如何准确地确定点 P 的位置呢？这样学生就会积极地投入新知识的建构学习中。

（3）问题情境是学生熟悉的

最好是从学生熟悉的生活情境和生产实际的角度去创设问题情境，这样能保证学生具备相关的知识来帮助理解问题，也有利于学生主动积极地构建自身数学认知结构。例如，要让学生理解等腰三角形性质定理，教师可带着学生参观老式房屋的屋顶，用所带工具测量两个屋檐与水平线的夹角间的关系；为了使学生理解轴对称和轴对称图形间的关系及区别，可让学生通过镜子成像观察自己与镜子中的像、观察六边形螺帽和飞机模型等，使学生通过自己的理解来区分易混淆的数学概念，并构建自己的数学认知结构。

(4) 提出问题的方式和问题的难度是适宜的

提出问题的方式极大地影响着学生解决问题的积极性和成功率，问题过难，学生无从下手；太容易，学生学不到新东西，没有兴趣。

浅谈数学认知结构特征

余贵祥

一、广阔性

现代认知心理学关于“专家系统”的研究表明，在某个领域内善于解决问题的专家必须具备上万个知识组块，没有这些专门的知识，专家就不能解决该领域内的技术问题。在许多专门领域，如工程学、计算机程序、社会科学、物理、数学和医疗诊断等，将“专家”和“新手”作比较，都证明了解决问题的能力取决于个人所获得的有关知识的多少及其组织结构。良好的数学认知结构的广阔性是通过量和质两方面描述的。量是指知识面广、基础好。这里的知识面包括数学专业知识、数学观念和经验教训三种成分。比如，对某些大学生而言，如果只注重专业知识的学习，从不参加社会实践活动，数学观念和经验教训相对缺乏，就会造成认知结构成分的不均衡发展，而可能遭到市场经济社会的淘汰。质是指高质量的知识结构。高质量是指能灵活运用知识，对其理解程度深。换个角度说，高质量就是高抽象性和高浓缩度，学生掌握的程度越高，越容易迁移运用到其他领域，以便生成新知识。

二、有序性

简单来说，有序性是客观事物存在和运动中表现出来的稳定性、规则性、重复性和相互的因果关联性。一个系统由较低级的状态转化为较高级的状态，称之为有序，反之称之为无序。经典科学的世界观认为，有序性构成世界的本质，无序性纯属表面现象。要深入研究良好数学认知结构的本质特征，就必须研究其有序性。数学知识结构是静态的数学，而数学认知结构是开放性的动态的数学，是一个认识不断建构的过程。良好数学认知结构的有序性表现在学生条理性地掌握知识间的相互联系，以及对知识认识的整体性把握。对学习一个新知识而言，既要掌握好它的内涵，也要把握好它的外延，才能使学习者形成稳定且清晰的认知。良好数学认知结构的有序性反映了学生的知识网络结构。如果学生在解决问题时能迅速检索出与问题相对应的信息，就能迅速解之；反之，则大海捞针，困难重重。因此，学生的数学认知结构除了具备广阔性之外，还应具备有序性，形成有条理的网络结构，提高解题能力。

三、层次分明的观念网络结构

解决问题的思路探索过程实质上由一连串的产生式构成。在问题解决者具备相关稳定的产生式的前提下，如何从问题情境中识别出相关信息并与众多产生式中的条件信息匹配是成功解决问题的关键。我们在前面广阔性中已经指出，某一领域内善于解决问题的专家的认知结构中有上万个知识块，这些知识块不仅是具体知识的观念，而且大多数是产生式。因此，如果这些数以万计的产生式组织得不好，那么问题解决者是很难从中检索出与问题情境匹配的条件信息的。比如，中小学时期老师经常要求用简便方法解题，尽管一道题可以有多种解法，但如果题目太复杂，用相应的简便方法，一解便了；反之，往往使题目更加复杂，导致事倍功半，甚至不能解决。就好比名医对其病人对症下药，药到病除；反之，不堪设想。因此，除了具备广阔性、有序性和稳定而又灵活的产生式之外，要构建良好的数学认知结构，学习者还必须对所习得的知识信息进行加工整理，使之形成一个个知识组块，并对这些知识组块再进行组织、分类和概括，使之形成一个有层次有条理的知识网络结构，这样就可以提高信息的检索效率。

四、一定的问题解决策略的观念

策略性是指学生的数学认知结构中含有比较多的有关认知策略方面的知识。在数学教学中教会学生有关数学认知的策略，有利于学生在数学学习和数学问题解决中减少盲目的尝试，提高学习的效率和节省数学问题的解决时间。某一领域内的专家解决问题的能力之所以比新手强，主要原因之一是专家的认知结构中有比新手多得多的问题解决策略。因此，良好的数学认知结构必须包括一定的问题解决策略及观念，如数学记忆策略、数学学习策略、数学问题解决策略，又如表征问题的策略、波利亚的策略、奥加涅相的策略、舍费尔德的策略、化陌生为熟悉的观念、化繁为简的观念、特殊与一般互化的观念、正难则反的观念、顺推与逆推相结合的观念、动静转化的观念，等等。这些策略和观念的形成不是一蹴而就的，要靠长期的学习、反思和总结。学生在策略性观念学习过程中要有意识地发现策略、总结策略，积累更多的问题解决策略和观念，从而生成适合自己的策略和观念及提高解决问题的能力。

浅谈重庆市2011年数学中考题之爱、之真、之美

鲜　衡

一、理论依据和现实意义

不管重庆是否取消中考，那些经典、耐人寻味的数学中考题将永远留在我心中。数学中考题切实体现了标准、规范与规则，促使初中教育更加完善。而且，对于初中教育研究来说，数学中考题有助于为其提供一种教育观，即给后来者提供一个合适的视角，进而调整教学的方向与思路，提高数学学习和研究的质量。

初中数学教学中出现的一般问题：许多初中生在步入中学阶段后面临的首要问题是从“让我学”到“我要学”的学习观念的转变，往往由于自控力较差而使学习成绩下滑；课程设置缺乏合理性，很难形成以求知与满足兴趣为先导的学习风气；初中教育很大程度上还是应试教育，考试作弊、作业抄袭的现象屡见不鲜，长此以往易形成投机取巧的不良习惯，不利于学生的发展；初中师生关系淡漠，学生讨厌上数学课，而少数教师责任心较差，缺少与学生沟通的时间与精力等。

二、分类剖析

（一）重庆市数学中考题之爱

我认为重庆市数学中考题之爱在于：爱绝大部分普通考生，也爱较小部分的有特殊数学能力的考生。必须承认并尊重学生的个性差异，这在难度方面有全面的体现，严格按照**7∶2∶1**（容易题∶中档题∶难题）的分值比例设计题目。今年的数学中考题将全面降低选择题

难度，全面考察数学基础知识和基础能力。为学生营造宽松愉悦的考试环境，积极评价学生，充分尊重学生的权利，最大限度地理解、宽容、善待学生。请看考题——

1. 在 -6，0，3，8 这四个数中，最小的数是（　　）。

A. -6　　B. 0　　C. 3　　D. 8

本题难度系数为 **1**（**100%** 的准确率），总数接近 **6** 万考生，全部做对！

23 题（题干略）的亮点在于从数学的角度关爱农村留守儿童，并提倡对其进行生活资助。学生再也不是毫无感情的、无用的书呆子，他们中也有缺失爱、陷于挣扎的群体，我觉得考试真正是另外一种情感与爱的教育。

容易题 + 中档题的分值 = **114** 分，很容易得出结论：数学不是拿来难为学生的。那么是不是不要区分度了，答案是 No！实际上，作为基础学科，数学是锻炼人思维最好的艺术体操。所以考试中的第 **10**、**16**、**24** 题的第二问，**25** 题，**26** 题，这些题目的分值为 $4+4+6+10+12=36$ 分，区分度较大，个别题目需要“有缘人”才能完成，而满分更是“可遇而不可求”的。请看考题——

10. 如图，正方形 $ABCD$ 中，$AB=6$，点 E 在边 CD 上，且 $CD=3DE$。将 $\triangle ADE$ 沿 AE 折至 $\triangle AFE$，延长 EF 交边 BC 于点 G，连接 AG、CF。下列结论：① $\triangle ABG \cong \triangle AFG$；② $BG=GC$；③ $AG \parallel CF$；④ $S_{\triangle FGC}=3$。其中正确结论的个数是（　　）。

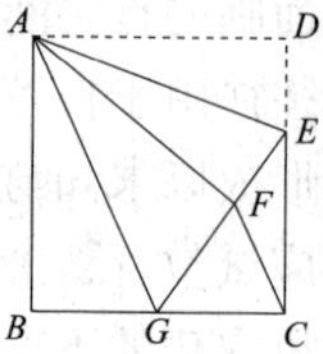

10 题图

A. 1　　B. 2　　C. 3　　D. 4

25 题（题干略）的难度在于阅读能力、计算能力的综合，据称号称计算能力世界第一的中国学生，也被这个题彻底地打败啦……但是，全市有 **18** 名学生得 **150** 分，意味着这些题被他们摧毁，他们胜利了。这也是考题之爱，爱绝大部分学生，也爱这些佼佼者，鹤立鸡群更使其豪情万丈！

（二）重庆市数学中考题之真

陶行知先生的教育理想之一是“千教万教教人求真，千学万学学做真人”。尊重客观事实，崇尚科学真理是教育之真的核心价值所在！那么看似与此无关的中考题，哪里体现出“求真”了呢？请看考题——

9. 下列图形都是由同样大小的平行四边形按一定的规律组成的，其中，第①个图形中一共有 **1** 个平行四边形，第②个图形中一共有 **5** 个平行四边形，第③个图形中一共有 **11** 个平行四边形……则第⑥个图形中平行四边形的个数为（　　）。

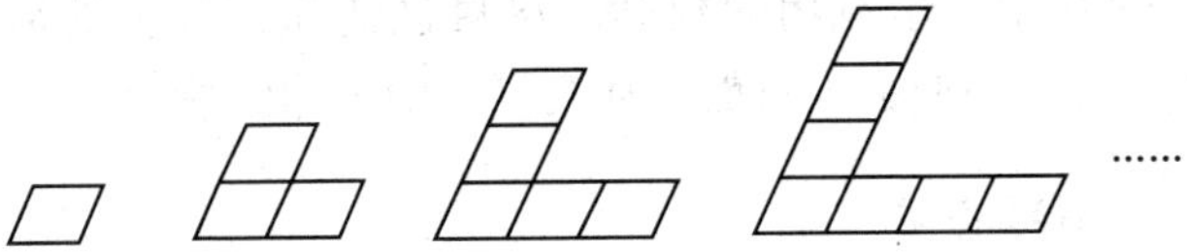

图①　　图②　　图③　　图④

A. **55**　　B. **42**　　C. **41**　　D. **29**

本题亮点在于立足创新！学生在探索中求真，在求真后明理——原来数学真是锻炼思维的最好的艺术体操。

（三）重庆市数学中考题之美

我这里所说的是“度与和谐”的美，其本质即揭示了教育艺术的本质。“度与和谐”作为人们的一种主观体验和感受，是指考生的某些方面达到了与出题者的高度统一与和谐，使考生感受到满足与愉悦。因而，出题者总要通过自己的题目来追求和创造美的境界，即运用内在的尺度，影响和改造学生，使之达到和谐之美的过程。请看考题——

7 题（题干略）考查二次函数的图像性质。二次函数具有对称美，其次将二次函数图像与不等式相互结合，体现了知识点之间的贯穿，和谐之美不言而喻。

8 题（题干略）中“行政村通畅工程”不仅在于“关注民生”的高尚情怀，更是数学与现实的完美结合。

21 题（题干略）考查方程的混合运算及求方程的解。集中考查学生化简及利用降次的方法求方程解的方法，解题时要有整体思想。我觉得，此题主要体现了一种简约的美感，将 $x^2-x-1=0$ 简化为 $x^2-x=1$ 会迎刃而解！

三、我的三点建议

(1) 针对考试复习，师生之间的基础是和谐美好的人际关系，具备人格魅力的教师才能真正实施最好的教育，做到事半功倍。

(2) 立足于核心知识和通性通法的复习，以《课程标准》为准则，结合学生的不同学习风格，因材施教。

(3) 学数学，学有用的数学。尽量创造和谐优美的活动环境，不只是在学校，还应去大自然、社会生活中去体验数学。

四、小结与展望

总之，重庆市数学中考题体现出了太多亮点，但愿你能从中有所收获！我所在的重庆市第三十七中学现力求改善办学条件，优美的校园风景、布局合理的校园设施、现代化的教育技术设备，使校园融传统文化和现代技术于一身，最终将实现人与自然的和谐健康发展。

数学考试中的过失性失分原因及应对策略

余贵祥　何　勇

何为过失性失分？多数学生和老师认为：在解答试题时，因为疏忽、马虎、不细心、不谨慎而失掉的分数，通常称之为过失性失分。在考试过程中，学生的过失性失分比较普遍而且失掉的分数也较多，考试越重要，过失性失分也就越严重。因此，本文探究学生过失性失分的原因和对策，以消除或减少学生在考试中的过失性失分。

一、造成学生过失性失分的原因

1. 审题不仔细

有的考生一拿到试卷，大致看了一下，以为简单，不认真全面地审题，不按要求解答，导致失分。

例1： $\sqrt{16}$的平方根是（　　）。

A. ± 2　　B. 2　　C. ± 4　　D. 4

说明： 对于这样一道题，大多数学生选D，认为求的就是$\sqrt{16}$等于多少。实际上$\sqrt{16}=4$，这里求的是4的平方根，即$\pm\sqrt{4}=\pm 2$。

2. 数学概念模糊

考生对数学概念和数学规律的理解不透彻，容易混淆一些相近的数学概念而导致失分。

例2： 计算$-2^2+(-2)^2-\left(-\frac{1}{2}\right)^{-1}$。

说明： 多数学生对“底数是分数和负数的幂的运算，底数都应

领悟集

加上括号”理解得不清楚。

3. 分析问题能力差

数学问题有时可以从不同的角度，用不同的方法来处理，这就要求考生具有灵活处理问题的能力。这种能力的基础是对基本概念和基本规律的透彻理解及对相关知识之间的联系与区别的深刻理解，否则就会思维受限，缺乏从不同角度看清其中的道理的眼光和能力。

例3： 如图，边长为1的正方形$ABCD$绕点A逆时针旋转30°到正方形$AB'C'D'$，图中阴影部分的面积为（　　）。

A. $\frac{1}{2}$　　　　B. $\frac{\sqrt{3}}{3}$

C. $1-\frac{\sqrt{3}}{3}$　　　　D. $1-\frac{\sqrt{3}}{4}$

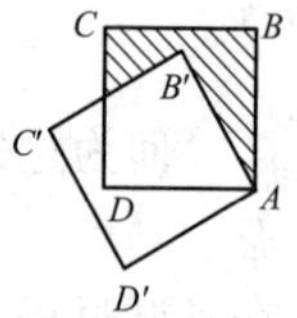

4. 书写格式不规范，表达能力缺乏

相当多的学生说理、论证及表达能力较差，缺乏规范性，遇到说理、论证题更是词不达意，逻辑混乱。常见有以下几点：

①作图不规范，坐标内点的位置画错，方向或角标错，虚线与实线混淆；

②书写不规范，字迹潦草，书写不清楚，涂改严重；

③计算题、解答题叙述不清或表达不规范，如未写出计算公式而只写出计算数据，代入公式中数字的顺序不正确，单位书写不规范。

二、解决过失性失分的策略

1. 摆正心态，正确认识考试

考试是检测学生一个阶段对知识点掌握的情况，也是平时学习水平的体现。由于家长评价学生学习的认真程度与考试成绩挂钩，使得大多数学生过于看重考试的分数，每当遇到考试就很紧张、焦虑，带着这样一种心态去参加考试，难免会出现这样那样的错误。这就需要学生认识到，不仅要看重结果，更要在意平时学习的过程。

2. 定时、高效的做作业习惯

平时做作业时，可以让学生记录下做题的起止时间，这样可以督促学生全神贯注地完成作业，培养时间观念。

3. 注重双基、夯实基础、梳理知识点间的联系

对每章、每单元及时加以回顾、归纳和比较，逐一将“知识点”连成“知识链”，最终形成“知识结构”。系统梳理知识还有一项工作，就是清理知识死角。初中数学除了那些主干与核心知识以外，考试说明中要求的知识点要求都不高，考查这类知识的题目大多属于低层次的题，只要理解到位，就能正确地解答，而如果遗漏了该知识点，则根本无法正确解答。

4. 勤于总结，建立易错题库

避免犯错误的最好方法就是预先对可能犯的错误建立预警机制，这可以提高学生的警惕性，防止错误的发生。让学生记录下平时自己能做对但易错的题型，可以逐渐规范学生的解题行为。在复习总结时，可以给学生一个很好的载体，让学生尽快知道自己的不足之处。

5. 关注数学在实际生活中的应用

数学在生活中的应用涉及方方面面，比如“公租房”问题、“欧债危机”问题、“三农”问题、自然灾害问题、环境保护问题、航天航海问题等，培养学生用数学知识解决实际问题的能力，增强学生学习数学的兴趣。

总之，我们不能用“过失性丢分”来自我麻醉，为了让学生尽可能地提高成绩，减少失误，要加强对学生的考试心理辅导，在解题方法、答题顺序、时间的把握上多给予指导、训练，让学生做到轻松参考，自信应考，最终取得满意的考试成绩。

参考文献：

[1] 伍小兵，田贵荣，徐召伟关于学生“过失性丢分”的调查报告［J］，数学与管理，2008（9）.

[2] 宋家楷．浅谈学生考试中过失丢分的心理分析及对策．2005. http：//www. zxxk. com.

[3] 唐菲．如何避免考试中过失性丢分．http：//blog. sina. com. cn/tangfe1.

[4] 覃凯．浅谈数学考试中的过失性失分，中国期刊网．

初探中学数学教学与信息技术整合

周　凡

课程整合的背景

以数字化、多媒体、智能化、网络化为特征的现代信息技术，正在改变人们传统的生活、学习和工作方式。以信息化带动教育现代化，教育信息化已成为社会信息化的重要组成部分。

信息技术使当今数学变得更加现实，使数学模型思想发展到了更高的水平。在信息技术的支持下，数学家把头脑中的“数学实验”变成现实，对精深的数学概念、过程进行模拟。信息技术使得数学思想容易表达了，数学方法容易实现了，数学与现实的联系更加紧密了。

1. 教育内容的变革

信息技术在教学中的应用，给传统教学内容结构带来了强大的冲击。那些强调知识内在联系、基本理论、与真实世界相关的教学内容变得越来越重要，而那些大量脱离实际、简单的知识传授和技术培训的教学内容则成为一种冗余和障碍。其次，教学内容的表现形式也会发生很大变化，将由原来的文本性、线性结构形式变为多媒体化、超链接结构形式。

新课标已经出现了这样的特点：教材的难度增加，重视基本理论，强调知识内在的联系。制定教学大纲要着眼于培养能力，特别是思维能力、创造力的培养，要与生产实践相结合，着力培养学生解决实际问题的能力。

2. 教学目标的变革

新课标要求现有的以知识为中心的教学目标转变为以能力为中心的教学目标。而这些能力包括：

①信息处理（获取、组织、操作和评价）能力；

②问题解决能力；

③批判性思维能力；

④学习能力；

⑤与他人合作和协作的能力。

一、理念的整合应先行

理念是理性化的一些观念，具有稳定性、长效性、持续性、指导性等特点。在高中数学课程标准中，高度体现了信息技术对数学课程的影响，不仅重视利用信息技术来呈现课程内容，更重视信息技术与课程内容的有机整合。

信息技术提供了理解、探索数学的平台，把数学变得容易理解，使得数学走向生活，走向现实，更加情境化，使得数学教学更加生动活泼，真正从书本中、课堂上、考试中走出来，回到数学教学的本体上来。

二、信息技术与教学课程内容选取的整合

信息技术与数学课程内容的整合可以打破数学知识间的条块分割局面，使传统代数、几何分家的体系成为一个有机的整体，打通知识融合的道路。在信息技术迅猛发展的今天，各种信息扑面而来，越来越需要人们综合素质的提高，需要学生运用各种知识、方法和手段来获取信息，特别是一些数据信息的处理，借用计算机来完成更加快捷方便，使得与我们不能分离的数学显得更具应用价值。即使对一些烦琐的计算、方程的求解、递归、迭代，也能在计算机上实现，使得日常生活中一些重要的数学知识以快捷方便的形式出现在课堂上，成为学生学习的内容，大大丰富了学生的知识领域。

三、信息技术与数学教学的整合

信息技术与数学教学的整合最直接的就是教学方式的变革与学习方式的变革。在信息技术条件下，数学教育工作者更注重对教学观的反思与课堂结构变化的关注。学生不仅仅是从听课与做作业中获取知识，更是在自主探索、合作交流的情境中进行学习。

信息技术对数学的学习者与教学者都将产生深远而持久的影响，这将是一场革命性的变革。学习方式（地点、时间、环境、资源）发生了变化，教学内容与学生的发展的关联性将无比接近，教学模式将更加体现数学课程改革的新理念，使人人都能得到发展。学生可以利用的资源更加丰富，会更加积极地参与到学习过程中，探索与不断思索才能实现。

信息技术提供了理解、探索数学的平台，利用技术之间的交互作用，创设逼真的数学学习情境，用录像、影碟以及计算机软件的方式呈现数学问题，以视觉形式出现比以文本形式出现使得数学材料更具活动性、可视性和空间立体感，而且易于与其他学科相结合，使得数学知识与其他知识融会贯通，进而使学生深刻体会数学的作用与价值，感悟数学的真谛，真正经历数学化的过程，从中真切地感受数学的优美、力量和统一性。

四、信息技术与数学课程整合的特点

（1）确立了以学生发展为本的思想，以培养学生的数学素养和信息素养为目标；

（2）学生真正成为学习的主人；

（3）信息技术成为学生的认知工具；

（4）学习的方式多采用研究性、协作性、探索性学习；

（5）数学和信息技术既是学习的对象与工具，又是学习的工具与对象；

（6）教学中经常采用嵌入式教学，即在数学教学过程中插入信息技术教育的内容；

（7）教学全过程不仅仅局限于课堂的40分钟内，要做到课前收集信息、筛选信息，课上交流信息、处理信息，课后整理和存储信息。

信息技术与数学课程的整合为教师和学生提供了更大的学习数学的空间，也使得“听数学”变成了“操作数学”和“实验数学”，打破了传统的“教师讲授——模仿练习——强化记忆——测试讲评”的“讲、练、记”教学模式，改为“问题——实验——观察——收集数据，分析数据——会话、协商——得出结论—证明—再验证——练习——回顾总结”的新模式。

多媒体计算机的交互性有利于激发学生的学习兴趣，帮助学生形成学习动机，主动参与学习，从而发挥其主动性与积极性。

总的来说，信息技术与数学课程整合已经开展了好几年，但是在中学教学中的应用大多还处于初级阶段，信息技术还没有真正应用到教学中。新课改必将为实现教育信息化，为培养新时代创新型人才起到推动和促进作用。虽然现阶段对高中新课标下数学与信息技术的整合还处于初步尝试的阶段，但我们相信经过努力，不远的将来信息技术与数学学科将进入全方位整合阶段，为优化教学、培养优秀人才做出贡献。

参考文献：

[1] 高中数学新课程标准.

[2] 彭绍东. 信息技术教育学 [M]. 长沙：湖南师范大学出版社，2004.

[3] 蔡铁权. 现代教育技术教程 [M]. 北京：科学出版社，2005.

[4] 张奠宙. 数学的今天 [M]. 南宁：广西教育出版社，1999.

[5] 南国农. 信息技术教育与创新人才培养 [J]. 电化教育研究，2001 (8).

[6] 高中数学必修 (5).

数学概念及其教学

黎　尧

数学是由数学概念、思想与方法构建起来的一门学问，其中数学概念处于基础地位。数学概念是反映现实世界的空间形式和数量关系的本质属性的思维形式，是对一类数学对象的本质属性的反映，是构建数学理论大厦的基石，是数学认知结构的重要组成部分，是数学学科的精髓和灵魂。正确理解数学概念是掌握数学基础知识的前提，是学好数学知识和培养数学能力的基础，因此数学概念的教学十分重要。

对于概念教学的研究，近些年在我国已经得到了充分重视。随着新课改的深入贯彻执行，概念教学的地位逐步上升，广大教师也在不断努力反思自己的教学方法，优化概念教学的设计，但与此同时也存在一些不足的地方。

接下来就对数学概念及其教学做一个简单的阐述。

1.1　数学概念的含义及特点

1.1.1　数学概念的含义

反映事物的本质属性和特征的思维形式叫作概念。十三院校编的教材教法认为：“数学研究的对象是现实世界的空间形式和数量关系，数学概念是反映这些数学对象的本质属性和特征的思维形式。”李善良在对概念的历史认识的基础上，总结出：“数学概念是一类数学对象的本质属性的反映，是学生不断感知经验的活动过程，是主体对客体的不断加工、修正，最终达到主体对客体的建构过程。”这种建构是主体与客体的有机融合，既包括结构，也包括整个活动经验过程，是过程与结构的统一。同时，随着个人的不断发展，这种建构也在不断地发展、完善。由此看出，两种定义的本质基本一样，只不过第二个更为详细，其中融入了建构主义的观点。

1.1.2 数学概念的特点

第一，数学概念具有精确性。数学概念是数学研究对象的高度抽象和概括，反映的是数学对象的本质。例如，“球”的概念，我们并不是指某一个大小、形状、颜色确定的球，而是这些大小、形状、颜色各异的球的抽象，也就是排除了这类对象的具体内容（如大小、颜色、种类）抽象出来量的关系和空间形式，反映的是这类对象数与形方面内在的固有属性。所以在这一类对象范围内具有普遍意义，数学概念对本质属性的刻画是严谨的、精确的。

第二，数学概念具有抽象性。数学概念的抽象性主要体现在三个方面：数学概念反映的是数学对象的本质属性；数学概念都由反映概念本质特征的符号来表示，如函数的概念用符号表示为 $y=f(x)$，符号语言使数学概念更加抽象；有些数学概念是“思维的自由想象”的产物，如“虚数”。当然抽象或有现实的背景，或有数学自身的背景，不是凭空产生的，一个数学概念的背后有许多具体事项作支撑，高层次概念是以低层次概念作支撑的。

第三，数学概念具有系列性。数学概念大都是在原始概念的基础上，遵循逻辑的方法，以待定的语言和符号来表示的，先前的概念往往是后续概念的基础，从而形成数学概念的系统结构。如学生掌握了整数、分数、小数的知识后，可以概括为有理数；当数的概念扩大，学习了无理数之后，又可把有理数和无理数概括为实数；掌握了虚数后，又可把实数和虚数概括为复数，从而掌握系统的数学知识。因此，要求学习过程循序渐进，扎实打好基础。

第四，数学概念具有发展性。在一定时期内，数学概念的意义是稳定的，但从更长的时间观察，数学概念又可能是发展的，从小学到高中，数、形等概念本身处于不断发展之中，如数的概念由自然数、正分数，扩展到了有理数、实数，进一步又扩展到复数，角的概念也由锐角扩展到了任意角，等等。

1.2　数学概念教学的意义

数学教学的核心部分是基础知识、基本技能，而双基的核心就是概念，理所当然概念教学在中学数学教学中就有着举足轻重的地位。数学素养的差异不取决于人脑聪明与否，而是由学生对概念的理解、转化和运用能力决定的。某些学生学不好数学，把原因归为做题少，其实是他们忽略了概念学习，导致概念不清，更无法正确理解性质、定理、法规、法则，这样知识就无法融会贯通，致使不能灵活运用。因此，要想提高中学教学质量，最关键的是抓好概念教学，无论学生还是教师都要从思想上重视起概念的学习。

概念教学作为数学教学的核心，除了让学生学会、学懂外，更关键的是要让学生领悟数学概念中蕴含的思想方法和解题技能，从而培养学生的逻辑思维能力与数学素养。

1.3　数学概念教学的现状及新要求

新课改在全国各个地区都已经实施了较长一段时间，尽管新课标中强调了概念教学的基础性与重要性，但现在仍有不少教师依旧采用传统模式进行教学：忽视引导，一味地灌输；不以学生为主体，把自己当权威，一味地教；重结论而轻过程。导致学生课堂上听得懂，概念能熟背，但应用起来没有思路，处处碰壁，知识混乱无结构，不能做到灵活迁移与发散，只会死学，遇到复杂的问题只能望而却步，无学习兴趣，厌恶数学，惧怕数学。

现行教材常常省略概念形成的过程，直接给出抽象概念的定义，而教师只是一味灌输，忽视概念的形成过程，只看重结果与应用。这将给学生的学习造成很大的困难，导致学生形成错误的数学观，认为数学就是做题，厌恶学习，更阻碍其思维的发展，不利于数学能力的培养。

《高中数学课程标准》中明确提出：要求学生能够理解基本的数学概念，了解它们产生的背景、应用和在后继学习中的作用，体会其中的数学思想和方法。对应于新课标的要求，数学概念教学是要将学生带回现实，在现实生活中发现数学，应用数学解决问题。强烈反对机械地死记硬背概念，要淡化传统教学中对概念过分形式化的要求。与传统教学相比，新课标下的数学概念教学具有新的特色：概念形式化的要求降低；创设情境，用典型实例引出数学概念；以学生为主体，让学生自主探讨，形成新概念；在解决问题中巩固概念。

普通高中数学课堂中学生学习活动的类型和方式的实践研究

——课题中期研究思考

刘隆华

本课题是重庆市教育科学规划办批准立项的“十二五”规划2011年高中课改专项课题，2011年10月经有关部门批准立项，2012年3月正式开题启动研究，2014年结题，课题研究中的支持经费来源于学校的支持。本课题立项后，我们做了以下工作。

1. 进一步学习有关理论

课题立项后，课题组的教师都认为自己原有的知识结构相对陈旧，亟待进一步的更新和学习。针对这一情况，课题组组织教师分别学习了《数学课堂教学研究》（上海教育出版社，顾泠沅主编，黄荣金、李业平编著）、《数学学习的心理基础与过程》（上海教育出版社，顾泠沅主编，鲍建生、周超著）、《教育科学研究方法》（科学出版社，金哲华、俞爱宗主编）、《课堂观察：走向专业的听评课》（华东师范大学出版社，沈毅、崔允主编）、《教师的挑战　宁静的课堂革命》（华东师范大学出版社，佐藤学著，钟启泉、陈静静译）、《以学习为中心的课堂观察》（教育科学出版社，夏雪梅著）。

通过对这些专著的学习，教师们的教学观进一步受到冲击，认识到，在学生学习数学的过程中自身也有很多需要重新认识的东西。

从横的方向看，涉及以下几个方面：

（1）学习的实质，有机体是如何获得个体经验的？

（2）学习的结果，学习要使学生头脑中形成什么？

（3）学习的过程，学生头脑中进行怎样的加工活动才能实现学习目标？

（4）学习的规律与条件，要顺利完成学习需要哪些条件？

从纵的方向看，则包括以下几个环节：

（1）知识，包括知识的类型，如安德森分为陈述性知识与程序性知识。

（2）知识的获得，不同类型的知识有不同的获取途径。

（3）迁移与问题解决，即如何将获得的知识运用于新的情境？

（4）元认知，即如何对自己的认知活动进行监控与调节？

（5）情感与态度，包括兴趣、信念、喜好等。

（摘自《数学学习的心理基础与过程》）

通过学习，我们也意识到“要保持概念理解、技能习得与问题解决三者之间的平衡”。

这些问题或者说这些知识，是中学一线教师需要了解，应该学习，却不是我们能够去研究的问题，那么作为一线教师，我们应该做的事情是回归课堂，深入到实际工作场景中去，去做我们能够“看到”、能够“掌控”的事，从而帮助学生更有效地学习。

2. 设计“课堂观察”方案

理论学习暂告一段落后，我们确定了回归课堂这一主轴。同时开始思考两个问题：一是学生学习的现状是怎样的？二是作为老师如何去了解这一现状？除了问卷调查和访谈之外，我们还有没有别的方式或方法？如课堂观察。

基于这两个思考，我们首先组织了对“课堂观察”的学习，尝试着在自己的课堂开展“课堂观察”。根据我们自己改良的观察量表（附后），少数教师尝试着开展了课堂观察，但实际效果并不好。原因有二：一是如果在自己授课时主动观察，教师往往感觉应接不暇，一边完成正常的上课内容，一边对学生的课堂表现比平时更进一步的观察还试图量化，教师们感觉这是一项不可能完成的任务！一周的观察结束后，一份自己认为真实满意的观察记录量表都不能得到，还极大地加重了教师上课的负担；二是如果交换观察，只能看到学生的后脑勺，不能观察到与学生学习时的情感有关的结果，而且课堂上回答问题的主要方式是群答，实施观察的教师们往往不能明确有创见或能回答的学生是谁，记录也就成了一句空谈。

附：

课堂观察量表

时间	地点	课题
观察中心	学生学习方式——自主学习、探究学习、合作学习	
观察记录	学生表现	评分
	1. 学习兴趣是否浓厚	
	2. 学习情绪是否高昂	
	3. 能否积极参与教学活动	
	4. 对教师的态度	
	5. 能否在学习中自觉“发现”规律，形成自己的见解并有效表达自己的观点	
	6. 积极思考，深入探询	
	7. 合作学习中，能否与同学有效合作，能否照顾其他同学的学习需要	
	8. 学习中，能否对教师和同学提出的观点大胆质疑，提出不同意见	
	9. 学习中，能否应用已经掌握的知识与技能，解决新问题	
	10. 学习中，能否反思自己的学习行为，调整学习策略	

注：本表采用5分制：优，5分；良，4分；好，3分；一般，2分；尚可，1分。

3. 开展学生访谈

初战失败，我们重新思考，既然新方法尝试没走通，一方面可能是我们自己对方法的理解和掌握不到位；另一方面我们还是可以用访谈的方式对学生学习现状有一个初步的调研，了解学生学习的一些做法和特点，去打破教师经验主义的陈旧观念，收集90后学子的真实状况。

为此我们设计了学生访谈，选择了好、中、学困三个层次的学生进行分别访谈。通过访谈了解到：

（1）来自考试的压力导致了高中生对数学的看法的变化，影响着高中生对数学的认识。

“我对数学认识的改变依赖于我的数学成绩。上高中以来，数学考试从没有及格过，我就觉得数学就是让我头疼的东西。”

“通过我的努力数学成绩提高了，我就喜欢数学，也就觉得数学很有意思。”

“数学问题，就是考试的时候需要写解或者证明的问题。”

“现在的考试使人感觉数学不过是符号与思维过程的组合，感觉数学难和无用。”

……

（2）虽然大部分学生因考试升学的需要，对学习数学有一定的兴趣，但是他们的兴趣只停留在对数学题目的正确解答和知识的储存量上，并没有感受到对数学问题的探索、创新发展的乐趣，反映出学生对数学学习的认识和态度有偏差。

但是要对所学内容加深理解、掌握，就离不开解题。在解题中，学生对问题不做深刻分析，不探究问题解决的关键，不多角度思考解决问题的途径，只是套用已有的方法，当遇到障碍就急于与同学商量，就题论题，寻求正确答案。很少出现对问题的发散思维、融会贯通的理解，也不大愿意同教师探讨；其次，学生在解完题后，大都沉浸在成功的喜悦中，很少对题目所涉及的基础知识及思想方法进行总结，对解题过程中的思维现象不能很好地归纳与反思，只讲解题的数量，以做出题目为最终追求，不愿把时间浪费在解题后的反思上。习惯把数学定义、公式、定理记住，并能应用它们解题作为学好数学的标志，因而造成了学生数学能力偏低，考试成绩处于中等偏下水平。长期养成的不良学习习惯，不利于素质教育的推行，也抑制了学生自由思考、思维发展和创新的意识与主动性，过分依赖于课本和课堂老师的讲授，这直接影响学生创新能力的培养。

从访谈中得到的认知，让作为一线教师的我们感到焦虑。数学的重要性如果是一道证明题，是不能只通过考试来证明的。我们的数学教育究竟该如何开展下去？基于此，我们认为**下一步研究方向应该向学生的学习方式的分析转变**。以学生学习为主要关注点，进一步优化课堂要素，提升课堂效率，提高学生数学学习品质。

议如何打造一堂高效的数学课堂

秦　莉

新课改的号角已经吹响，新一轮的课改也已经实行了好几年，大家在课改的新步伐中有许多收获，也有许多困惑，但本人认为，诸多困惑终究都会归集为一点：在新课改的背景下，如何才能使我们的数学课堂更高效？就如何打造一堂高效的数学课堂，本人有如下一些观点，仅供考究。

一、深研新教材和挖掘新课标是打造高效课堂的前提

新修订的数学课程标准下的教材和旧教材相比，系统性、逻辑性较强，广度很大，从小学到初中，无不如此，教师对于教材的难度难以把握，讲得深不好，讲浅了也不好，往往是讲到知识点时，再搬出以往那个教案娓娓道来，这样，往往会使学生形成对数学学习的敬畏心理，失去对数学知识学习的兴趣和勇气，以至于大多数学生都认为高中数学是很难掌握的一门学科。为此，我们应该认真挖掘新教材的资料，注重教材的上下联系，力图呈现丰富多彩的感知材料，给不同层次的学生都留出思维空间，使每个学生在教师的指导下，由易到难、由浅入深地学习。

（一）深钻教材、整体把握是活用教材的前提

教师在深钻教材、整体把握教材后，根据教材特点和内容的编排意图，在教学中抓住核心，把教材知识点构建成网络，使教学前后相顾，以利于学生系统掌握知识，提高学习效率，这也是教师活用教材的前提。

（二）根据实际需求重组教材内容

新修订的课程标准内容及教材编排方式给教师提供了较大的自由创造空间。要让教材有效激发学生的学习潜能，引导学生自主探索，激励学生自我实现，提高课堂的教学效率，教师必须根据实际需求对教材的内容、结构、呈现方式等进行重建，达到重组教学资源的目的，为教学实践服务。

（三）根据教学对象创造性地改进教材资源

新修订的课程标准的教材为教师创造性地改进应用教材资源提供了巨大的想象空间，能充分发挥教师的主观能动性，使其呈现给学生的信息资源不是一成不变的，而是根据学生的实际情况予以调整，体现了教材资源的灵活性，改变了过去传统教学中教师只有大纲意识、教材意识、教参意识，课程意识淡薄，教学只照搬教材的状况。

（四）在教学实践中，不断开发、补充、丰富教材资源

当教材资源提供的教学内容不能满足教学需要，或者不能满足学生自主探索的学习需求时，或者当教材资源对于促进学生自主探究的程度不够，不足以提供学生探索的有效知识时，教师有必要对教材进行补充、开发、丰富，使教材更有利于学生探究，使其提高学习效率，培养学生各方面的能力。

（五）挖掘新课标，确保教学目标的定位准确

但凡人们做事都要有一个明确的目标，教学更是如此。新修订的课程标准再次强调课堂教学目标的完成对课堂质量的高低起着至关重要的作用，而教学目标的制定要符合新课标的要求，要能够促进学生的全面发展。

二、完善教学预案设计是打造高效课堂的重要环节

以新修订的课程标准来看，完整的备课应该是：教学前的预案——教学中的第二次备课——教学后的反思。在课程的实践过程中，目前面临的最核心问题是：如何在新课程理念的指引下，根据新修订的课程标准完成新课程的教学预案设计。我认为完善教学预案设计有如下策略：

（一）“弹性设计”策略

首先，学习目标的制定要体现弹性要求。除了共性目标外，其他目标要因人而异，分层要求。其次，教学内容的设计要有弹性。我们除了事先设计一些预备内容外，还要根据学生的实际反应，及时捕捉课堂上的有用信息来调整教学内容。

第三，教学时间的安排上要有弹性。为了让学困生“吃得了”、中等生“吃得好”、优等生“吃得饱”，在习题设计时遵循“下要保底、上不封顶”的原则，多设计一些“必做题”和“选做题”，以满足不同层次学生的需要。

（二）“板块教学”策略

“板块”是可以移动的，板块式的教学方案在实际的课堂教学进程中是可以移动的，可以调整的。而单一化的教学方案是固定不变的：复习铺垫——新课导入——巩固深化——课堂小结。这样的教学方案相对呆板，缺乏一定的灵活性，在不知不觉中束缚了学生的手脚，不能适应灵活多变的教学情境。因此，要将这几个教学环节设计成活动的板块，根据实际需要进行删减或换位。

三、能引起师生共鸣的教学过程是打造高效课堂的核心

传统的教学是以教师为中心，“我讲你听”，“我教你学”，学生处在被动的状态中，师道尊严使学生的个性不能展现，潜能得不到发挥，创新能力的发展受到遏制，这种模式极不利于学生的发展。我认为，课堂教学应该坚持学生是“学习”的主体，教师是“教”的主体，也就是说，我们在课堂教学中，必须在坚持课堂教学“双主体”原则的基础上，唤醒和激发学生的主体意识。只有这样，才能真正优化课堂教学结构，才能真正发挥课堂教学促进学生主动参与、全面发展的效能，才能提高课堂教学的有效性，形成高效课堂。

（一）创设情境，唤起学生思维

创设情境，唤起思维，就是创设一种提出问题、探索问题的教学情境，使学生处于一种良好的、积极的心理状态，唤起学生强烈的求知欲望，使学生能够积极主动地投入新知识的学习中，培养学生的创

新思维。情景引入是高中数学教学中一个重要环节，是通往下一个知识点的桥梁。兴趣是学习的主要动力，而好的情景引入可以激发学生的学习兴趣和求知欲望。就跟我们看一部电影一样，如果电影的开始部分非常精彩，那我们要看完这部电影的欲望就很强烈；反之，如果开始就“平铺直叙”，那我想肯定没多少人愿意再继续观看下去。要让学生在学习中体验成功、感受快乐，激发他们的求知欲。如果在适当的教学指导下，学生通过自己的努力取得了成功，他们将会感到莫大的欣喜，从而激发学生更加主动地学习。

（二）指导预习，引导学生思维

提出问题，引导思维，就是把要学的知识作为问题呈现出来，使新知识与学生认知结构中已有的知识建立起人为的和实质性的联系，使学生通过运用各种策略活跃思维、获得新知识。在此过程中，我为学生提供了引导思维的材料，使之有“物”可思。在教学中，我把一个个新的知识点分别设计成几个易错问题，引导学生思维，巩固所学知识。

（三）探索问题，培养学生思维

创造性思维是在主动探求未知的过程中体现出来的。要发展学生的创造性思维，就必须创造一个让学生自己探索、创新、研究的机会。我的做法是，提出问题后，先不做任何提示，而让每位学生自己动脑、动手、动口独立地进行探索和尝试，鼓励学生从多角度去思考同一问题的不同解决方法。这样，学生就可以作为主体，在没有任何条条框框限制的情况下获得创造性学习的机会。在实践中，我让学生自己发现、自己得出结论或方法，这比直接用课本上的结论或方法更能培养学生的思维。

（四）研讨问题，发展学生思维

在教学过程的某些环节中，我首先请不同小组的学生展示不同的探索结果；随后，我根据展示判断学生思维的正确与否，准确把握学生的思维水平，但不急于表态，而是充分尊重学生，让学生发表自己的见解，并允许不同意见者进行争论，通过研讨让学生自己来判断哪几种方法的思考过程是正确的，哪些思维方法比较好。同时，我还经常让学生在发散思维的基础上进行集中，促进发散思维与聚合思维的有机结合，以保证创造性活动的顺利进行。

（五）扩展知识，完善学生思维

扩展知识，完善学生思维，就是让学生运用已掌握的知识、方法去解决实际问题。在教学中，我时常根据学生对所学知识的掌握情况进行适量扩充，适当提高要求，使学生在掌握之前所学知识的同时，又感到自己始终在学习新知识，始终保持较高的学习兴趣。当然，设计必须根据学生的学习实际，切不可匆忙赶进度、开快车；扩充的知识不能太难太偏，脱离教学大纲和考纲。

（六）小结课堂，巩固学生思维

课堂小结时，我会要求学生说出这堂课学习的主要内容，或谈自己的收获，不完整的让其他学生补充，以达到理清知识、内化知识的目的。最后，我还会简明扼要地进行补充和归纳，以巩固学生的创造性思维。通过以上教学实践，我发现学生的思维能力和表达能力明显提高，对问题理解更透彻，达到了很好的课堂效果。总之，要想有效提高课堂效率，就要保证将学生的自主性、探索性落到实处，使学生的活动空间得到有效保障的同时，确立学生的主体地位，促使学生积极主动地学习。同时，我们还要提倡将学生的学习过程转变成学生不断提出问题、解决问题的探索过程，并且能够针对不同的学习内容，选择接受、探索、模仿、体验等丰富多样的适合个人特点的学习方式。

高效课堂，不仅是挖掘学生潜能的地方，也是培养学生精神的圣地，更是师生生命舞蹈的广阔原野！

怎样在数学教学中培养学生的创新能力

刘　婷

目前，创新教育已成为数学教学的一个重点，在实际教学过程中对学生创新能力的培养已引起广大数学教师的高度重视。创新教育是指以新的教育观念、教育思想为指导，运用现代信息手段和教育技术，培养学生学会自主学习和创造，使他们具有创新意识、创新精神、创新人格和创新能力为宗旨的教育。本人就高中数学教学中学生创新能力的培养，浅谈一些自己的想法和做法。培养学生创新能力，找到培养和发展学生创新能力的有效途径，在数学教学中越来越重要。那么，如何在高中数学教学中培养学生的创新能力呢?

一、和谐教学心理环境的创建

在数学教学中创建一个有利于创新能力培养的心理环境是尤为重要的，要建设一种自由的具有创造性的心理气氛，这种心理气氛需要在教师和学生之间的人际关系中形成。建设一种和谐的、轻松的、民主的教学心理环境的关键在于教师，教师要求学生做什么，以及教育学生如何做、怎么做才是关键点。教师可以在数学教学过程中采用以下方法来创建这种心理环境。首先，要无条件地，无任何偏见地接受学生的任何个人价值。其次，要采用一种没有外部评价机制的教育教学环境。提供一个没有监督评价制度的外部环境，并且我们不在教学过程中制作评价机制时，学生在学习过程才会更加敞开自己的心扉，才能更加明确自己的喜恶，对于自我的评价会变得更加敏锐，从而开拓出学生自身的创造性。第三，互换立场的理解性。教师在教学过中只有充分站在学生的角度理解学生，了解学生的想法，才能在教学过程中因材施教，有针对性地发展学生的创造能力，从而加强对创新精神的培养。

二、加强发散思维的训练，提升创新能力

培养学生创造性思维的“重点工程”，就是要加强学生发散性思维的训练。在数学课堂教学中，教师应该注重发展学生思维中的合理因素，鼓励学生“标新立异”。学生的质疑是学生创造灵感的体现，对于爱提问题的学生，教师不要轻易否定，而要及时给予肯定和鼓励，并加以正确的引导。另外，在教学中教师还应该采用多种教学方法，引导学生发散思维、开拓思路，学会从不同的角度去发现问题、分析问题、解决问题，这样对创新思维的训练会有很大帮助。

三、教学过程中给予学生充足的时间与空间

在高中数学教学过程中，我们不但要加强从已知的明确知识到新的明确知识的教学内容，同时也要增加一种从默会知识到明确知识的教学内容，这样学生才能学会如何学习数学，如何培养自我创造的能力。正因为默会知识是融合在实践活动中的，具有一定的个性化和情景环境，这在正规的形式中传递往往是有困难的，只有在教学课堂中将学生的学习与教学实践通过模拟情境的方式呈现，学生才能自发地更加有兴趣地对数学规律投入更多的时间和空间来研究，才能更好地将创新能力表现出来。在创新能力方面，其实教师的能力并不一定就比学生好，如果教师一味地控制教学内容，对于接受知识的学生而言则没有足够多的时间和空间进行独立思考和与实际环境相联系，在这种情况下，教学效率对于激发学生的学习兴趣与自发学习的动机方面则是十分低下的，这对于学生创新性的开发是很不利的，这种教学在素质教育方面显然是不能够适应的。因此，在数学教学过程中，必须给予学生充足的研究时间与空间，将学习的自主性与开创性充分地交还给学生。

四、通过兴趣引导激发创新能力

高中数学是研究现实世界的空间形式和数量关系的一门学科。它具有严谨的逻辑性、高度的抽象性和复杂的系统性，所以，许多高中生在学习数学时会觉得这个科目枯燥无味，没有兴趣，甚至有的学生害怕数学，甚至放弃数学，造成数学成绩一塌糊涂。如果想从本质上改变这种现象，最重要的就是激发学生对数学的学习兴趣，培养学生的创新意识。那么，我们该怎样完成这项任务呢？本人认为要培养学生的学习兴趣，在数学课堂教学中要做到以下几点：

（1）根据学生对未知的、力所能及的问题具有较大的好奇心和探究的学习心理来培养学生的创新兴趣。

（2）对于学生好胜的心理给予适当的满足，培养学生创新的兴趣。

（3）通过数学教学中的美（方法美、意境美、语言美、和谐美等）培养学生创新的兴趣。

（4）根据教学内容，可以适当地穿插一些生动有趣的数学故事。

（5）结合数学知识，讲述学习数学的重要性。

因此，在数学课堂教学上，教师应该引导学生认识到学好数学的重要性。学生只有充分认识到数学的重要性后，才能有兴趣、有意识、有责任、有创新地学好数学。

浅谈在初中物理教学中贯穿 STS 教育

袁卫华　李显维

一、什么是 STS 教育

STS 教育即科学（science）、技术（technology）和社会（society）教育。

科学（science）。这里的科学指自然科学。现代科学观把科学视为一种不断前进和自我矫正的对于大自然的探究过程。STS 教育中的“科学”，不只是静态的科学结论，而且包含动态的科学过程。

技术（technology）。技术是客观的物质手段与主观的精神因素相互结合的产物。教育是科学技术潜在生产力向现实生产力转化的中介，那么，教育必须把技术同科学并列，并作为重要的认识对象。

社会（society）。自然界和社会毕竟不能绝对分开，彼此之间有着互相依存，又互相制约的密切关系。

STS 教育正是在这个大飞跃的历史环境下产生的。“科学”提供知识，“技术”提供应用这些知识的手段和方法，“社会”则要求以一定的价值观念作指导，使学生懂得应该如何正确对待科学和技术。

二、在初中教学中实施 STS 教育的重要性

我国科学技术的现代化和社会主义市场经济的建立和发展，不仅需要科技精英，还需要科技素质普遍提高的劳动大军。传统的、偏重学科知识系统传授的教育至少存在着两方面的缺点：一是能力的培养上，长期停留在观察能力、想象能力、思维能力等方面的培养，对

这些能力和现实社会的需求之间的关系以及能力的社会特征方面缺乏足够的重视；二是能力只能在知识的迁移和应用中才能得到最好的培养，观察、调查、实验、操作的缺少，本来已限制了这些能力的培养，而内容和实际社会生产、生活、发展的问题的脱节，则使这类能力的培养更是缘木求鱼，因为学生缺少扮演一个参与者角色的机会。

现代科技的进步，更迫切地要求科学与技术的结合，以及在社会中的应用。“科学技术是第一生产力”的论断，阐明了我国社会主义现代化建设的战略目标和根本途径。STS 教育则是实现这个战略目标的强有力杠杆。用 STS 教育武装青少年一代，从根本上提高后续生产力的素质，无疑将成为推动社会前进的巨大动力。

三、在初中物理教学中实施 STS 教育的实例

由于 STS 教育是科学教育的一种新探索，所以，我们应该从在教学中渗透、设置选修课和兴趣课以及开展学生课外实践活动等方面实施 STS 教育。

（一）在教学中渗透

在新的教材中，已经初步体现了 STS 教育的理念。这种渗透体现在用最新的科学技术知识充实教学内容，改进科学的态度和方法，不断修正已有的陈旧科学结论，从而使学生能通过实际理解科学是一个不断修正和变化着的动态平衡体系。例如，在初中物理课中介绍或涉及了噪声、磁悬浮列车以及红外线遥感、光纤激光通信、热能、海洋能、电子显微镜等知识及环境教育。为此，我们在教学中应用查阅资料、社会调查、观看幻灯片、举办讲座等方法渗透 STS 教育。现举几个教学中的实例说明。

1. 在初二“声现象”的教学中，让学生走出课堂，翻阅和查找资料，了解中国古代乐器的发展，以及现代乐器的更新，从而了解诸如编钟、笛子、古筝、萨克斯、钢琴等乐器的发声原理，并利用课余时间制作小乐器；了解超声和次声的应用和危害；让学生通过社会调查，了解自己生活的社区周围的噪声源，以及噪声的程度，提出减小

噪声的方法，有的同学甚至还给社区居委会写信反映噪声污染情况。通过本节课的教学，让学生树立噪声也是一种污染的意识，培养学生的社会责任感。

2. 在“光现象”的教学中，针对学生中近视眼较多的情况，首先让学生在班级搞调查，了解班级同学的近视情况，然后举办了《近视眼的形成、纠正及视力保护》的专题讲座，通过大量的数据、图片和影像，让学生充分认识到近视的危害，以及学习和生活中的不良习惯所带来的危害。让学生了解该如何正确保护视力，从而养成良好的用眼习惯。

3. 在“浮沉条件的应用”中，通过上网查阅资料，以及课堂教学中大量的图片和影像，还有课堂上学生进行的实验操作，让学生从交通、军事、农业、气象等方面了解轮船、军舰、潜水艇的原理；我国古代对浮力的应用：浮桥、打捞沉船、孔明灯等；了解农民是如何利用盐水选种的；了解气象气球是如何观测气象情况的。通过本节课的学习，学生对我国在军事、气象和农业方面的成就有了较多的了解，激发他们对祖国的热爱之情，并提高他们进一步探究科学的热情。

（二）设置选修课和兴趣课

选修课是必修课的补充和延伸，设置灵活多样的选修课，可以把与社会生活、工农业生产密切结合的知识纳入中学课程之中。选修课还便于介绍新兴科学技术知识，使学生了解基础知识的应用，感受到现代科学的迅速发展。兴趣课不属于正规课程，学生可以根据自己的兴趣学修此课。通过讲座，参观，参加社会实践，观看录像、幻灯片和电影，小制作等多种形式，学到书本上没有的知识、课堂上学不到的东西。

1. 在学习了光学之后，我们教研组的杨果老师上了一堂“魔术中的光学”的选修课。在本堂课中，通过影像放映了几个精彩绝伦的魔术表演，展示了魔术的实质之一——障眼法，用到了光的直线传播和平面镜成像的知识。为了加深同学们的印象，老师还现场表演了“花瓶姑娘”等魔术，使同学们大开眼界，让学生透过现象看到了魔术表演的实质，解除了他们对魔术表演的敬畏，有助于打破迷信思想，建立科学的世界观。

2. 在初中毕业复习中，针对学生对语言中的物理知识了解不透彻这一问题，幸宇老师上了一堂“语言文字中的物理知识”的选修课。在这堂课中，通过以下几个部分：中国古诗词中的物理、俗语中的物理、成语中的物理，让学生体会到我国文字的无穷魅力，加强了社会学科和自然学科之间的联系。

（三）开展学生课外实践活动

STS 教育强调学生能力的培养，除了学习知识的思维能力，还必须切实加强实践操作能力，在教学中要创设一定的情景和条件，让学生多动脑、动口、动手，将理论与实践有机结合。

学生学习了声现象后，通过活动课制作了大量的乐器。

学习了力学后，余敏老师组织学生利用易拉罐制作了各种物品，并在课堂上进行了展示。

学习了浮沉条件的应用后，为了了解其在生活中的应用，他们还自发用摄像机对饺子煮熟的过程进行拍摄，研究饺子煮熟过程中的体积和浮力的变化。

利用新教材的课后迷你实验，组织学生在课后进行小制作，如自制压强计、潜水艇模型、杆秤、密度计等。

四、我对 STS 教育的一点认识

STS 教育是科学教育的一种新探索，我们现在只能是摸索着前进，它突出科学、技术与社会的相互关系，强调科学技术在社会生产、生活和发展中的应用。它不可能完全替代传统科学教育的合理内核，但是它确实是一种革新的冲击，在 21 世纪科学教育的改革和发展中将留下深深的印迹。

在中学物理教学中实施 STS 教育，应当注意以下问题：

（1）强调学生的参与。无论是教学的设计，还是内容的编排，以及实验的设计和操作，都应该让学生参与进来，使其积极设计、思考、动手。

（2）强调技术教育。在初中物理教学中，不能再一味地只注重知识的传授，片面强调知识点，而忽略对能力的培养，其中不只是思维能力、分析能力，还应更加注重动手能力的培养。

（3）强调素质教育而不是片面强调精英教育。在教学中，应强调多数学生的参与，从知识到能力，加大对全体学生的培养，使他们成为未来社会的脊梁。

图片在物理课堂的魅力

张　琦

在崇尚“眼球经济”的现代社会，我们每天会受到来自各种媒体的视觉冲击。成长在这种环境下的学生，更乐于在教学过程中接受图片。根据皮亚杰的认知发展阶段理论，初中生正从具体运算阶段向形式运算阶段转变，即从形象思维发展为抽象思维。学习物理学就有利于培养学生的抽象思维。但是在抽象思维发展的初期，必须有一个由形象到抽象的过程，因此初中物理课需要大量形象化的东西，比如图片。课本上就有很多童趣和富有时代气息的插图，对于教材中的图片，教师要引导学生观察，指导学生掌握基本的观察方法。教师也可以根据需要收集大量图片，在课堂上加以运用，增加物理课堂的魅力。

教师的工作类似厨师，怎样才能让加工的成品“色”“香”“味”俱全？如何将物理学科之美呈现在学生面前，让学生领略学习的美妙和“盛景”呢？

一、通过图片向学生展示物理现象

许多物理现象可以通过实验让学生有直观的感受，但有些现象不能做实验，而只是靠教师讲出来则显得苍白，没有说服力。

上科版九年级教材中升华与凝华这节用了雾凇和结霜的植物两个插图。这对于生活在南方的学生就太重要了。另外，教师还可以收集相关图片作为教材的补充。比如，光的折射这节提到了海市蜃楼，但学生都没见过，这时教师展示出海市蜃楼的图片，再配合分析形成原因，既可以加深学生对折射的理解，又提高了学生学习物理的兴趣。

再比如汽化与液化这节课，教材中提到降温可以使水蒸气液化，然后教师可以出示飞机破音障瞬间的图片。向学生解释：当飞机的速度达到音速，前一刻发出的声波还没传走就被飞机赶上了，后发出的声波挤压前面的声波形成高压，使飞机前方水蒸气液化形成圆面状白雾。根据此图得出液化的另一种方法——加压。这就比举液化气的例子好多了，液化气装在铁罐里看不见，是教师告诉学生的，不如图片能引出学生学习动机中最活跃的心理成分，形成对物理学习的优势注意和积极情感，将学生引入学习的美好境地。

二、多用实物图片

物理课上教师会展示很多实物给学生，使学生获得直观认识。但很多实物没法带到课堂上，就需要用到图片。教材中有大量实物图片，比如半导体元件、纳米尺度导线、磁悬浮列车等。

此外，教师还可以加入个性化的图片。在介绍原子内部结构时，可加入最近荷兰科学家利用激光和显微镜拍摄到的氢原子内部图片。这是用一种能将物体放大 2 万倍的特殊显微镜——量子显微镜观察到的原子内部的情形。把与教材密切相关的科学前沿介绍给学生，有利于培养他们探索自然的好奇心和求知欲。

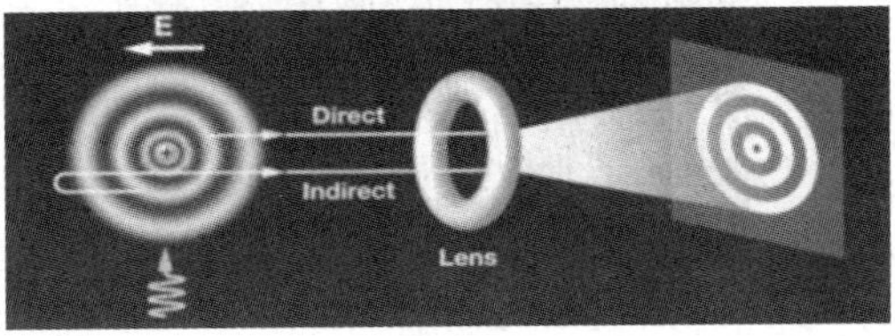

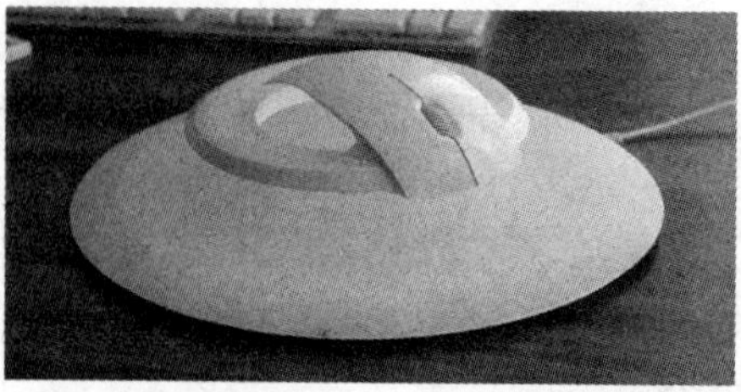

上图是俄罗斯一位设计师发明的名为“Bat”的一款无线悬浮鼠标。Bat 的设计初衷是防止和治疗“鼠标手”。在学习了电磁感应现象后加入这个图片，理论联系实际，扩大了学生的知识面，使学生感受到物理是有用的，是活生生的；使学生感受到发明创造离我们不远，是可行的。

三、动员学生收集相关物理现象的图片并展示

赫尔巴特把兴趣的产生划分为注意、期待、探求、行动四个阶段。看老师展示图片，听分析是“注意、期待”，那么学生自己收集图片来展示就是“探求、行动”。

当学生从媒体了解到有科学家将光速减慢甚至减为零时，感到好奇就来问我。我鼓励学生上网找资料，下面是他们找到的德国科学家用“电磁感应透明”效应技术，让光留在水晶里长达 1 分钟的图片和说明。

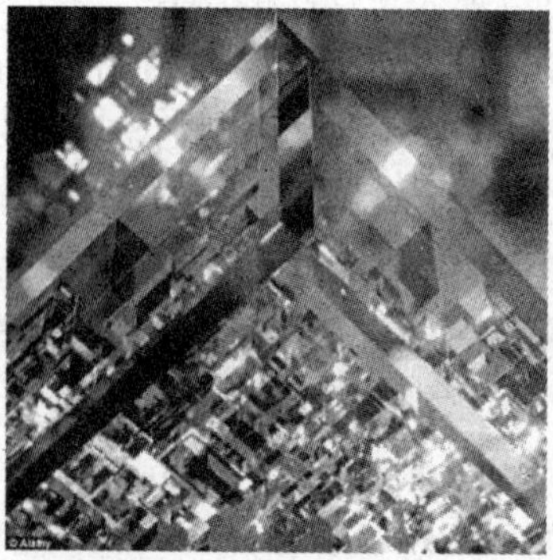

德国达姆施塔特工业大学物理学教授哈夫曼、胡布利克与博士生海恩斯的研究指出，他们用“电磁感应透明”效应技术，让光留在水晶里。他们朝一颗不透明的水晶发射激光，激发量子反应，把水晶变成透明的，然后再向透明水晶射第2道光，接着把激光关掉，使水晶变回不透明，于是第2道光留在水晶里，而且不透明让水晶里的光无法反射，换句话说，光停下来了。

该研究成果可能让光学的研究更进一步，也许有一天人类可以把数据存在光里传到很远的地方。这也给专家提供了把光加速到超越宇宙限制的线索。

通过教师的“身教”培养学生多观察身边的现象，保持对科学前沿的关注，这也是一种教学。三流的教学教知识，二流的教学教方法，一流的教学教素养。高层次的科学素养是学科教学中最有价值、最迷人的成分，能够沉淀下来使学生终身受益。大量图片传递的信息都是宝贵的课程资源，是呈现科学情境的重要形式，对学生起着潜移默化的教育作用。在教学中引导学生观察这些图片、说说自己获得的信息、倾听他人的收获，使原本抽象的东西变得形象生动，易于理解，同时也培养了学生的表达能力和把图片语言转化为物理语言的能力。

合理运用教科书上的插图和收集的图片可以使课堂拥有触发学生感官的魅力，拥有激发活跃思维的魅力，拥有触动心灵的魅力。

参考文献：

[1] [美] 威廉姆斯. 斯滕伯格教育心理学 [M]. 北京：机械工业出版社，2012.

[2] 朱文军，陆海鲲. 新课程初中物理教学实践研究 [M]. 北京：中国财富出版社，2012.

[3] 赵希斌. 魅力课堂：高效与有趣的教学 [M]. 上海：华东师范大学出版社，2013.

高中物理功的计算方法荟萃

刘复禄

在高中物理中，功和能是高考中的重要内容，也是难点，其中关于功的计算或表达式是其中重要的一环。功的计算有恒力做功、变力做功，有力学的、热学的、电学的，种类繁多，学生很难把它们一一分清，导致乱用公式。以下是高中物理中做功的计算方法汇总。

一、利用公式 $W=Fs\cos\alpha$ 计算

此公式适用于物体做直线运动，且 F 为恒力的情况。

例 1 一物体在 $F=50$ N，与水平方向成 60°斜向上的拉力作用下，移动位移 $s=2$ m，求拉力做的功。

解： 由 $W=FS\cos\alpha$ 得

$$\begin{aligned}W&=Fs\cos60°\\&=50\times2\times0.5\\&=50\ (\text{J})\end{aligned}$$

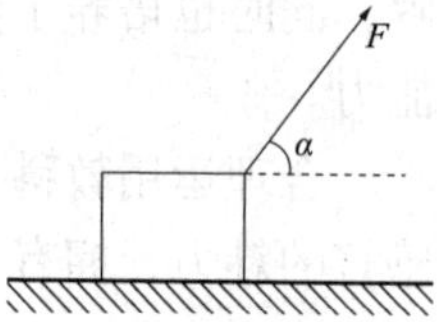

例 1 图

二、利用动能定理计算

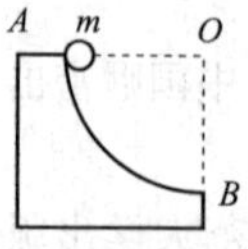

例 2 图

例 2 如图，弧形轨道 AB 对应的圆心角恰好为 90°，且 A 端与圆心 O 在同一水平面上，轨道半径为 $R=1.0$ m，现让一质量为 $m=1.0$ kg 的小物体自 A 端由静止开始沿轨道滑下，当它滑到 B 端时，速率为 3.0 m/s，求物体由 A 端到 B 端的过程中，克服滑动摩擦力做的功。

解： 在小球由 A 端到 B 端的过程中，由动能定理得

$$mgR - W = \frac{1}{2}mv^2$$

$$W = mgR - \frac{1}{2}mv^2$$

$$= 5.5\ \text{J}$$

三、利用功率公式 $P = W/t$ 计算

此公式的适用条件是功率恒定。

例 3 汽车发动机输出功率为 30 kW，保持功率不变行驶 20 s，牵引力做多少功？

解：由 $P = W/t$ 得

$$W = Pt$$

$$= 3 \times 10^4 \times 20$$

$$= 6 \times 10^5\ (\text{J})$$

四、利用 $F - s$ 图像计算

下图表示力 $F - s$ 图像，横坐标表示在 F 方向上的位移，纵坐标为力 F，则功的数值等于图像下方画有斜线部分的面积。

例 4 某人从井中匀速提水，水面距井口 $h = 10$ m，水和桶共重 200 N，提桶的绳长 10 m，重 20 N，求提上一桶水人要做多少功？

解：在提水的过程中，人的拉力是变力，所以不能直接用 $W = Fs\cos\theta$，可作出 $F - s$ 图像，开始时拉力为 220 N，上升过程中 F 与桶上升位移 s 的关系为 $F = 220 - 2s$，故做功为 2 100 J。

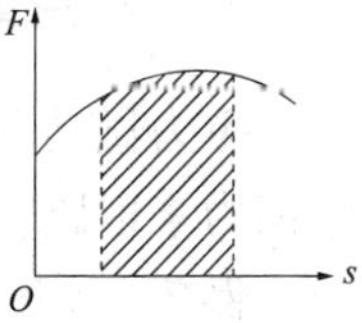

$F - s$ 图像

五、用微元法计算

例 5 如图所示，某人用力 F 转动半径为 R 的转盘，力 F 的大小不变，但方向始终与转盘的切线一致，则转动转盘一周，该力做多少功？

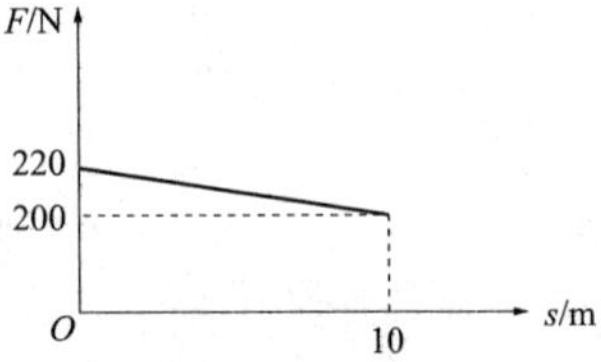

例 5 图

解：由于 F 大小不变，方向时刻变化，但每一瞬间力 F 总是与该瞬时速度方向一致，即每一瞬时都与转盘转过的极小位移 Δs 同向，这样无数的极小位移 Δs_1、Δs_2、Δs_3、…、Δs_n 都与那一瞬间的力 F 同向，故转盘转动一周，F 做的总功为

$$W = F\Delta s_1 + F\Delta s_2 + F\Delta s_3 + \cdots + F\Delta s_n$$
$$= F \cdot 2\pi R$$

六、利用功能关系求解

功是能量转化的量度，做了多少功，能量就转化多少。

例 6 质量为 m 的小球，用长为 L 的轻绳悬挂于 O 点，在水平力 F 的作用下缓慢地从最低点 P 运动到 Q 点，这时悬绳与竖直方向成 θ 角，如图所示，则这一过程中水平拉力 F 所做的功为（　　）。

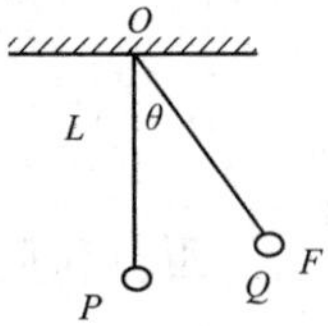

例 6 图

A. $mgL\cos\theta$　　B. $FL\sin\theta$

C. $mgL(1-\cos\theta)$　　D. $FL\theta$

解：小球从 P 点到 Q 点的过程中，F 为变力，F 做的功等于小球重力势能的增加量，故 C 项对。

七、利用重力做功和滑动摩擦力做功的特点计算

重力做功只与初末位置的高度差有关，滑动摩擦力做功等于滑动摩擦力乘以路程。

例 7 如图所示，AB 与 CD 为两个斜面，分别与一个光滑的圆弧形轨道相切，圆弧的圆心角为 120°，半径 $R=2$ m，质量 $m=1$ kg 的物块在距底面 $h=3$ m 的 A 点以 $v_A=4$ m/s 的速度滑下，若物块和斜面的动摩擦因数 $\mu=0.02$，求物体在斜面上（除圆弧外）能运动多长的路程。

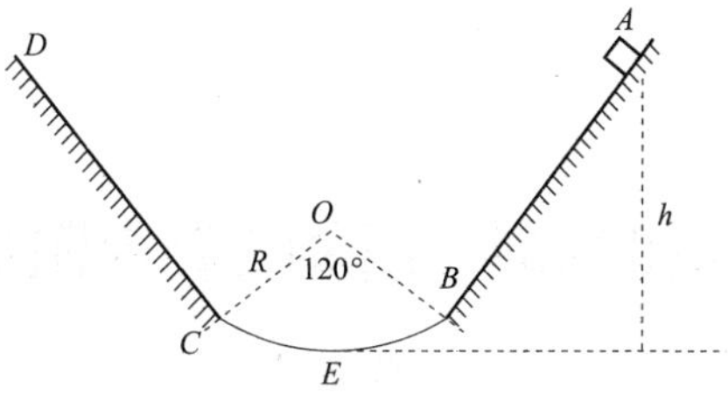

例 7 图

解： 物块由于摩擦阻力做功的结果，每次能上滑的高度都在降低，当它在 B 点或 C 点速度为零时，便在 B、C 间往复运动，高度不再降低。设物块在斜面上的总路程为 s，摩擦力做功为 $W=-Fs$，以 A 点为初位置，B 或 C 为末位置，重力做功为 $W=mg(h-h_1)$，其中 $h_1=R(1-\cos60°)=R/2$。

由动能定理得

$$mg(h-h_1)-\mu mg\cos60°\cdot s=0-\frac{1}{2}mv_A^2$$

$$s=280\ \text{m}$$

八、利用 $W=P\Delta V$ 计算

对液体或气体压力做功，压强恒定时，压力做功等于压强与液体或气体体积变化量的乘积，即 $W=P\Delta V$。

例 8 人的心脏每跳一次大约输送血液 $8\times10^{-5}\ \text{m}^3$，正常人的血压的平均值约为 1.5×10^4 Pa，求心脏跳动一次心脏做功多少？

解： 由 $W=P\Delta V$ 得

$$W=1.5\times10^4\times8\times10^{-5}$$
$$=1.2\ (\text{J})$$

由 $\Delta U=Q+W$ 可以计算出外界对气体或气体对外界做的功。

总之，功的计算方法虽多，但只要抓住它的关键点，理解表达式的含义，做功的计算就容易了。

测电阻时如何消除电表内阻的影响

杨天才

用伏安法测电阻时，由于电压表、电流表内阻的影响，不论使用电流表内接法还是电流表外接法，都会产生系统误差。笔者总结了几种消除电表内阻影响的测量方法，以飨读者。

1. 等效替代法

例1 某同学利用如例1图（a）所示的实验电路来测量某电阻 R_x 的阻值。将电阻箱接入 a、b 之间，闭合开关，适当调节滑动变阻器 R' 后保持其阻值不变。改变电阻箱的阻值 R，得到一组电压表的示数 U 与 R 的数据，根据实验数据作出 $U-R$ 关系图像，如例1图（b）所示。用待测电阻 R_x 替换电阻箱，读得电压表示数为 2.00V。利用测绘的 $U-R$ 图像可得 $R_x=$ ________Ω。

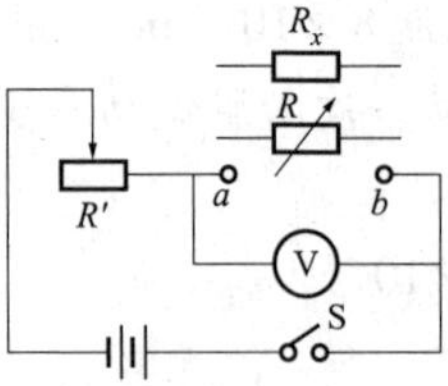

（a）

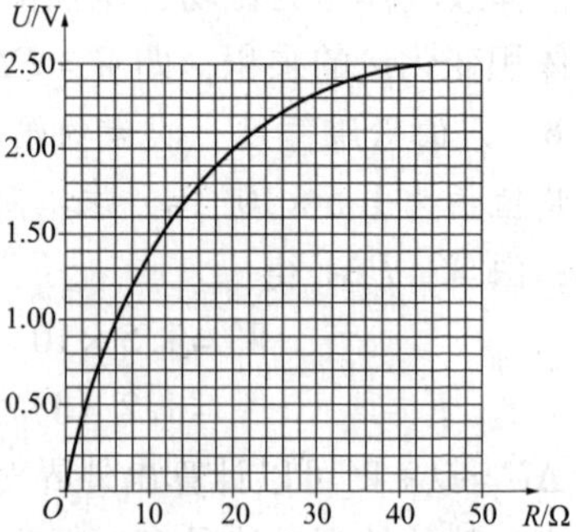

（b）

例1图

解析： 因为用待测电阻 R_x 替换电阻箱，读得电压表示数为 2.00V，所以 $U-R$ 图中 $U=2.00\text{V}$ 对应的电阻为 R_x 的值。在 $U-R$

图中作出 $U=2.00\text{V}$ 的直线，与图像有一交点，通过交点作横轴的垂线，与横轴交与 $R=20\ \Omega$ 的点，即当 $U=2.00\ \text{V}$ 时，$R_x=20\ \Omega$。

例 2 为了测定电流表 A_1 的内阻，采用如例 2 图所示的电路。其中，A_1 是待测电流表，量程为 300 μA，内阻约为 100 Ω；A_2 是标准电流表，量程为 200 μA；R_1 是电阻箱，阻值范围是 0～999.9 Ω；R_2 是滑动变阻器；R_3 是保护电阻；E 是电池组，电动势为 4 V，内阻不计；S_1 是单刀掷开关，S_2 是单刀双掷开关。连接好电路，将开关 S_2 扳到接点 a 处，接通开关 S_1，调整滑动变阻器 R_2 使电表 A_2 的读数是150 μA；然后将开关 S_2 扳到接点 b 处，保持 R_2 不变，调节电阻 R_1，使 A_2 的读数仍为 150 μA。若此时电阻箱的阻值是 86.3 Ω，则待测电流表 A_1 的内阻 $R_1=$ ________ Ω。

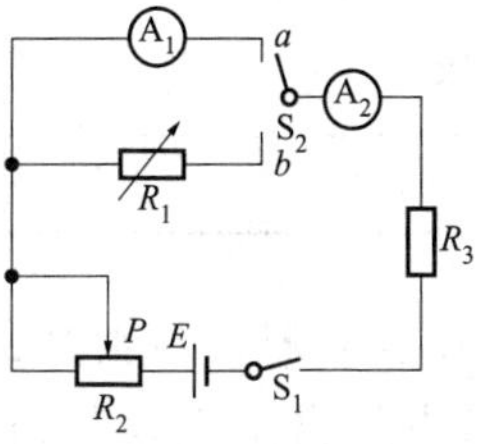

例 2 图

解析： 因为开关 S_2 扳到接点 a、b 处，电路中的电流未改变，所以待测电流表 A_1 的内阻可由电阻箱的阻值代换，即 A_1 的内阻 $R_1=86.3\ \Omega$。

2. 比较法

例 3 如例 3 图为测量电阻的电路。R_x 为待测电阻；R 的阻值已知；R' 为保护电阻，阻值未知；电源 E 的电动势未知；S_1、S_2 均为单刀双掷开关；A 为电流表，其内阻不计。测量 R_x 的步骤为：将 S_2 向 d 闭合，S_1 向 ________ 闭合，记下电流表读数 I_1；再将 S_2 向 c 闭合，S_1 向 ________ 闭合，记下电流表读数 I_2。计算 R_x 的公式是 $R_x=$ ________。

解析： 利用电流表分别测出电阻 R 和电阻 R_x 的电流，将 S_2 向 d 闭合，S_1 向 a 闭合；将 S_2 向 c 闭合，S_1 向 b 闭合，由于 R 已知，R 和 R_x 并联，所以就可以应用并联电路反比分流来求出 R_x，$R_x=\dfrac{I_2R}{I_1}$。

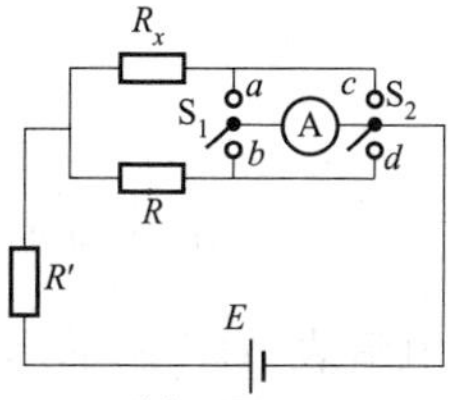

例 3 图

例 4 某同学为了测电流表 A_1 的内阻 r_1 的精确值，用到如下器材。

器材名称	器材代号	器材规格
电流表	A_1	量程 300 mA，内阻约为 5 Ω
电流表	A_2	量程 600 mA，内阻约为 1 Ω
电压表	V	量程 15 V，内阻约为 3 kΩ
定值电阻	R_0	5 Ω
滑动变阻器	R_1	0 ~ 10 Ω，额定电流为 1 A
滑动变阻器	R_2	0 ~ 250 Ω，额定电流为 0.3 A
电源	E	电动势为 3 V，内阻较小
导线、电键		若干

（1）要求电流表 A_1 的示数从零开始变化，且能多测几组数据，尽可能减少误差。画出测量用的电路图，并在图中标出所用器材的代号。

（2）若选测量数据中的一组来计算电流表 A_1 的内阻 r_1，则所用电流表 A_1 的内阻 r_1 表达式为 r_1 = ________；式中各符号的意义是________。

解析：（1）要求电流表 A_1 的示数从零开始变化，滑动变阻器应分压连接，电压表量程 15 V 远大于电流表 A_1 的额定电压，而电流表 A_2 的满偏电流与 A_1 的接近，用比较法设计电路如图所示。

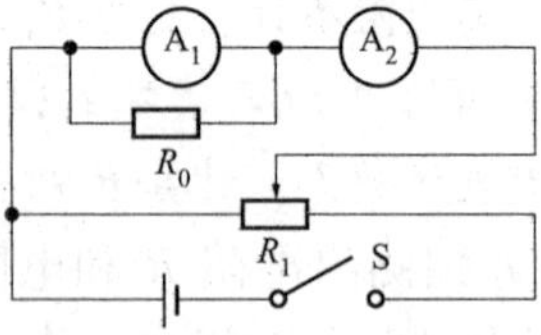

（2）由欧姆定律，$r_1 = \frac{I_2 - I_1}{I_1}R_0$，其中 I_2、I_1 分别为某次实验时电流表 A_2、A_1 的示数，R_0 是定值电阻的阻值。

3. 电桥法

例 5 单臂电桥线路如例 5 图所示，被测电阻 R_x 与三个已知电阻 R_1、R_2、R_3 连成电桥的四个臂。四边形的一条对角线接有检流计，称为“桥”；另一个对角线上接电源 E，称为电桥的电源对角线。电源接通，电桥线路中各支路均有电流通过。当 B、D 两点之间的电势相等时，“桥”路中的电流 $I_g=0$，检流计指针指零，这时电桥处于平衡状态。此时计算 R_x 的公式是 $R_x=$ ________。

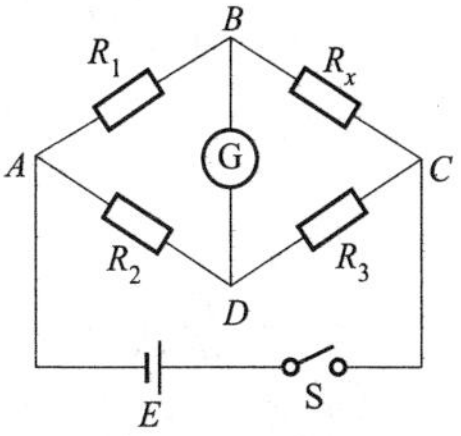

例 5 图

解析：因为 $\varphi_B=\varphi_D$，所以 $\frac{R_x}{R_3}=\frac{R_1}{R_2}$，根据电桥的平衡条件，若已知其中三个臂的电阻，就可以计算出另一个桥臂的电阻，因此，$R_x=\frac{R_1}{R_2}R_3$。

例 6　例 6 图所示的电路是“电桥伏安法”测电源电动势和内阻的原理图，当电桥平衡及灵敏电流计 G 的示数为零时，两电流表的读数之和就是干电路电流，两电压表的读数之和为路端电压。调节滑动变阻器 R_1 和 R_2 使电桥平衡，记录下各电流表和电压表的两组不同读数 I_1，U_1，I_2，U_2 和 I_1'，U_1'，I_2'，U_2'，电源的电动势和内阻分别 $E=$ ________，$r=$ ________。

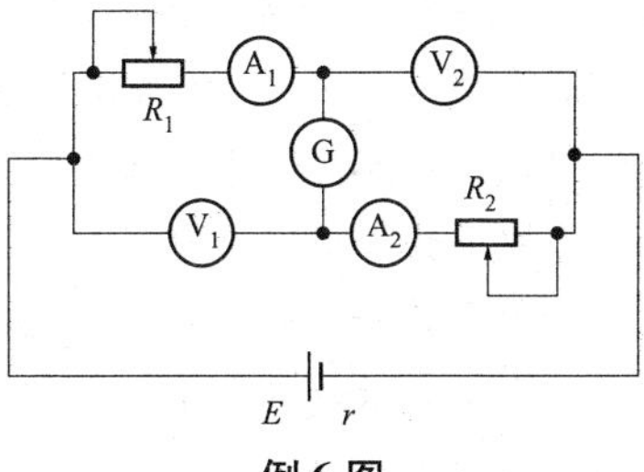

例 6 图

解析：根据闭合电路欧姆定律，有

$$E=(U_1+U_2)+(I_1+I_2)r$$

$$E=(U_1'+U_2')+(I_1'+I_2')r$$

解得电源的电动势和内阻分别为

$$E=\frac{(I_1+I_2)(U_1'+U_2')-(I_1'+I_2')(U_1+U_2)}{(I_1+I_2)-(I_1'+I_2')},$$

$$r=\frac{(U_1'+U_2')-(U_1+U_2)}{(I_1+I_2)-(I_1'+I_2')}$$

4. 补偿法

例7 下面介绍一种电压补偿原理：由稳压电源 E_1 和滑动变阻器 R 组成一个分压电路，所分得的电压用电压表V测出。由稳压电源 E_2、待测电阻 R_x 和电流表A组成一闭合回路，当 R_x 两端电压与分压器分得的电压相等时，检流计G指零，此时电路达到补偿。在某次实验中，电压表和电流表示数分别为 U、I。求待测电阻 R_x 的阻值。

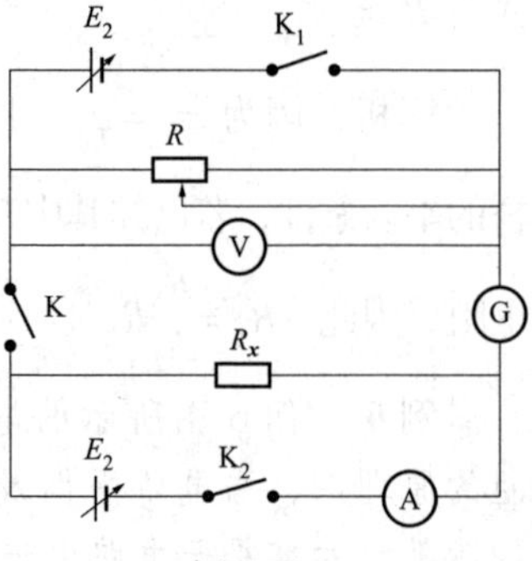

例7图

解析：检流计G指零时，电压表示数就等于 R_x 两端的电压，而电流表测出的电流就是通过 R_x 的电流，这样很容易由欧姆定律的公式求出 $R_x=U/I$。

例8 某组设计了如例8图所示的电路，该电路能够测量电源 E 的电动势和内阻 r。E' 是辅助电源，A、B 两点间有一灵敏电流计G。

（1）闭合开关 S_1、S_2，调节滑动变阻器 R、R'，使得灵敏电流计的示数为零，这时，A、B 两点的电势 φ_A、φ_B 的关系是：φ_A________φ_B，读出电流表和电压表的示数 I_1 和 U_1，此时流过电源 E 的电流的精确值是________，电源 E 的端路电压的精确值是________。

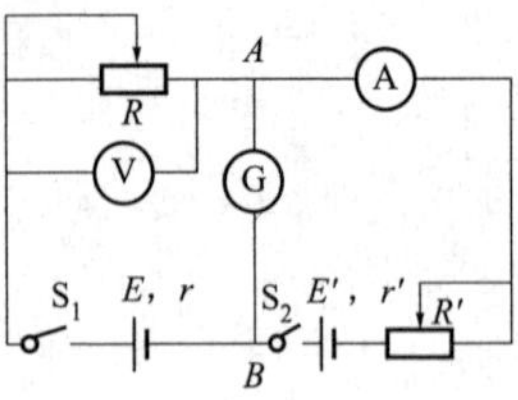

例8图

（2）改变滑动变阻器 R、R' 的阻值，重新使得________，读出________。

（3）写出电源 E 的电动势和内阻 r 的表达式。

$E=$________，$r=$________。

解析：（1）灵敏电流计的示数为零，则 $\varphi_A=\varphi_B$，电路中的电流

的精确值是 I_1，端路电压的精确值为 U_1。

（2）要求出电源的电动势和内阻，应该得到两组数据，所以改变滑动变阻器 R、R'的阻值，重新使得灵敏电流计的示数为零，电流表和电压表的示数 I_2和 U_2。

（3）根据闭合电路欧姆定律，有

$$E = U_1 + I_1 r, \ E = U_2 + I_2 r$$

解得电源的电动势和内阻分别为

$$E = U_1 + \frac{U_2 - U_1}{I_1 - I_2} I_1, \ r = \frac{U_2 - U_1}{I_1 - I_2}$$

可见，以上的测量方法不受电表内阻的影响，理论上没有系统误差，并且操作很方便。测量时，只要选择适当的电表，注意到它们的精度、量程以及读数上应当匹配，就能使测量值达到十分满意的效果。

电磁感应的动力学问题研究

曹小旺

电磁感应的综合问题是高考命题的热点，考查的知识点多，题目的综合性强，物理情景变化空间大，是师生复习的难点。但我们仔细分析其动力学本质会发现，这类问题大多有以下特点：闭合回路置于磁场中，其中由于部分导体的运动，产生感应电动势、形成感应电流，从而导体在磁场力的参与下运动，并引起导体所受合外力的变化，因此在运动过程中就自然构成了电磁感应与动力学相结合的问题。

电磁感应与动力学的问题是学科内综合的重点，其研究方法与动力学相同。因此在复习中，我们有意识地引导学生树立“以力学思想，解电磁问题”的观念，用“以不变应万变”的信心，轻松地解决这类问题，收到较好的效果。

我们教研组采用的教学方法具体过程如下：

一、板书解决力学问题的线索并适时讲解

电磁感应中动力学问题的题型虽然很多，但归纳起来大致可以遵循三条主线。

1. 力线

从力和运动的角度分析：

（1）平衡问题，用$\sum F=0$。

（2）匀变速直线运动问题，$\sum F=ma$及运动学系列公式。

2. 能线

从功能角度分析：

（1）动能定理：$\sum W = E_{K2} - E_{K1}$。

（2）能量守恒定律：$E_1 = E_2$。

强调：提醒学生，在电磁感应现象中，无论物体做什么运动，受多少力，总是有 $|W_{安}| = |W_{电}| = Q$，或 $|P_{安}| = |P_{电}| = P_Q$，且在同一个方程中三者中只能出现一个。

3. 动量和冲量线

从冲量和动量的角度分析：

（1）动量定理$\sum I = P' - P$。

说明：在电磁感应现象中，当无法用力线和能线时，安培力的平均冲量：$\bar{I}_{安} = \bar{F}_{安}\Delta t = B\bar{I}L\Delta t = BL\Delta t \cdot \frac{\bar{E}}{R} = BL\Delta t\frac{\Delta\varphi/\Delta t}{R} = \frac{BL\Delta\varphi}{R}$可巧妙地解决此类问题。但这种类型的题目只是在一些题外资料上出现过，高考出现的概率目前还为零。

（2）当系统所受$\sum F_{外} = 0$时，用动量守恒定律：$P = P'$。

二、展示研究典型例题，归纳体会解决方法

1. 力线

例1－1　（2014·江苏高考）如图所示，在匀强磁场中有一倾斜的平行金属导轨，导轨间距为L，长为$3d$，导轨平面与水平面的夹角为θ，在导轨的中部刷有一段长为d的薄绝缘涂层。匀强磁场的磁感应强度大小为B，方向与导轨平面垂直。质量为m的导体棒从导轨的顶端由静止释放，在滑上涂层之前已经做匀速运动，并一直匀速滑到导轨底端。导体棒始终与导轨垂直，且仅与涂层间有摩擦，接在两导轨间的电阻为R，其他部分的电阻均不计，重力加速度为g。求：

（1）导体棒与涂层间的动摩擦因数μ；

（2）导体棒匀速运动的速度大小v。

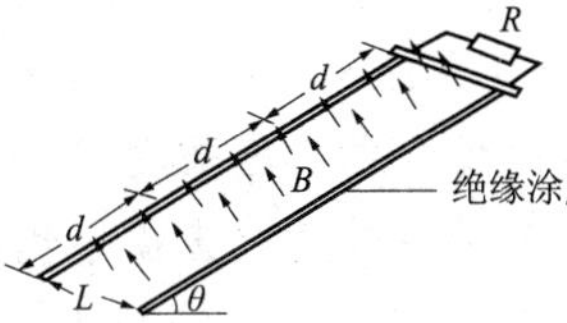

例1－1图

分析：由已知，我们可以抓住本题的切入点为：“在滑上涂层之前已经做匀速运动，并一直匀速滑到导轨底端”，因此，本题确定为平衡问题，用力线，只

是在分析受力时要特别关注安培力。具体做法为：导体棒进入涂层之前已经做匀速运动，从动力学角度构建平衡模型，重力沿斜面方向的分力与安培力平衡；进入涂层也是匀速运动，且涂层绝缘，摩擦力与重力沿斜面方向的分力平衡。因此可用两个平衡方程解决这两个问题。

解答：

（1）对导体棒，由在绝缘涂层上受力平衡

$$mg\sin\theta=\mu mg\cos\theta$$ ①

解得

$$\mu=\tan\theta$$

（2）在光滑导轨上导体棒匀速运动，说明导体棒受力平衡，则有

$$F_{安}=mg\sin\theta$$ ②

已知感应电动势

$$E=BLv$$ ③

感应电流

$$I=\frac{E}{R}$$ ④

且安培力

$$F_{安}=BIL$$ ⑤

解得

$$v=\frac{mgR\sin\theta}{B^2L^2}$$ ⑥

2. 能线

例 2-1 如图 2-1 所示，两条相互平行的光滑金属导轨位于水平面内，距离 $L=0.2$ m，在导轨的一端接有阻值为 $R=0.5\ \Omega$ 的电阻，在 $x\geqslant 0$ 处有一与水平面垂直的均匀磁场，磁感应强度 $B=0.5$ T。一质量为 $m=0.1$ kg 的金属杆垂直放置在导轨上，并以 $v_0=2$ m/s 的初速度进入磁场，在安培力和一垂直于杆的水平外力 F

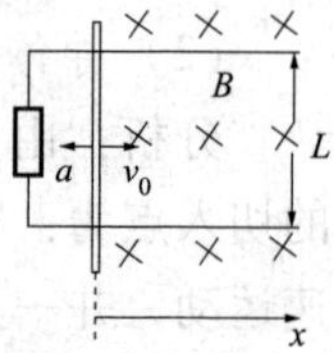

例 2-1 图

的共同作用下做匀变速直线运动，加速度大小为 $a=2\ \mathrm{m/s^2}$，方向和初速度相反，设导轨和金属杆的电阻都可以忽略，且接触良好。求：

(1) 电流为零时金属杆所处的位置；

(2) 电流为最大值的一半时施加在金属杆上的外力 F 的大小和方向；

(3) 保持其他条件不变，而初速度 v_0 取不同的值，求开始时 F 的方向与初速度 v_0 取值的关系。

分析：(1) 对问题 (1)，因题目已经明确给出，加速度大小、方向恒定，由初始条件可知金属杆做匀减速运动。显然用“力线”，即牛顿第二定律和运动学公式求解。

(2) 待学生解答完毕后，会发现多数学生的问题 (2) 只有一个解，原因是学生被电磁感应问题弄得不清醒了，此时，如我们仔细观察其动力学特征，不难发现这就是一个“类竖直上抛运动”，是学生早已熟悉的对称性问题。通过本题的练习，既可以让学生学会知识的迁移，即用力学所建立的知识与方法来解决电磁学问题，同时也可以让同学们体会“对称美”在物理试题中的应用。

(3) 对不会做问题 (3) 的学生是情有可原的，但它再一次说明了力学思想中，受力情况与初始条件是何等重要啊！当 v_0 大于某值时，$F_{安}$ 也大，而 a 一定，则外力向右；当 v_0 小于某值时，$F_{安}$ 也小，则外力向左。因此，通过该题可进一步加强学生对“以力学思想，解电磁问题”方法的理解。

解答：

(1) 感应电动势

$$\varepsilon=Blv,\ I=\varepsilon/R$$

所以 $I=0$ 时，$v=0$。

所以

$$x=v_0{}^2/2a=1\ \mathrm{m} \qquad ①$$

(2) 最大电流

$$I_{\mathrm{m}}=Blv_0/R$$

$$I'=I_{\mathrm{m}}/2=Blv_0/2R$$

安培力

$$f=I'Bl=B^2l^2v_0/2R=0.02\ \text{N}$$ ②

向右运动时，

$F+f=ma$，$F=ma-f=0.18$ N，方向与 x 轴相反。 ③

向左运动时，

$F-f=ma$，$F=ma+f=0.02$ N，方向与 x 轴相反。 ④

（3）开始时 $v=v_0$，$f=I_mBl=B^2l^2v_0/R$

$$F+f=ma,\ F=ma-f=ma-B^2l^2v_0/R$$ ⑤

所以，当 $v_0<maR/B^2l^2=10$ m/s 时，$F>0$，方向与 x 轴相反。 ⑥

当 $v_0>maR/B^2l^2=10$ m/s 时，$F<0$，方向与 x 轴相同。 ⑦

3. 动量和冲量线

例 3－1 如图 3－1 图（1）所示，水平的光滑金属导轨，右端与电阻 R 相连，匀强磁场竖直向下分布在导轨所在的空间内，质量一定的金属棒垂直放在导轨上。现使棒以一定的初速度向右运动，当通过位置 a 时速率为 v_a，通过位置 b 时速率为 v_b，棒运动到 c 位置时刚好静止，设导轨与棒的电阻均忽略不计，a、b 与 b、c 间距离相等，则关于金属棒在 $a\to b$ 与 $b\to c$ 的两个过程中，试分析证明以下结论：

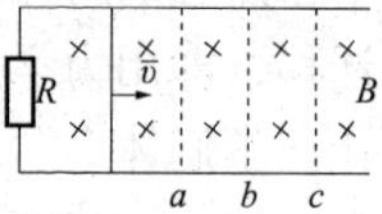

例 3－1 图（1）

（1）通过棒截面的电量相等；

（2）棒通过 a、b 两位置时的速率关系 $v_a=2v_b$；

（3）回路中产生的电能 E_{ab} 与 E_{bc} 的关系为 $E_{ab}=3E_{bc}$。

分析：本题综合性较强，如学生对每一个问题的探究方向不是很熟悉，就很难在头脑中想到解决方法。因此，我们在复习中有意识归纳"动量和冲量线"的观点，以方便同学们能够按图索骥，迅速找到解题方法。

解答：

（1）已知 a、b 与 b、c 间距离相等，根据 $q=\dfrac{n\Delta\Phi}{R_{总}}$，由法拉第电

磁感应定律

$$\overline{E}=\frac{n\Delta\Phi}{\Delta t}=\frac{nB\Delta S}{\Delta t} \quad ②$$

闭合回路中的电流

$$\overline{I}=\frac{\overline{E}}{R_{总}} \quad ③$$

再由 $\overline{I}=\frac{q}{t}$ 可知，从 $a\to b$ 和 $b\to c$ 的过程中磁通量的变化量是相等的，电阻一样，所以电量 $q_1=q_2=q_3$。

（2）棒的受力情况如图 3－1 图（2）所示，又由

$$F=B\overline{I}L,\ \overline{I}=\frac{q}{t} \quad ④$$

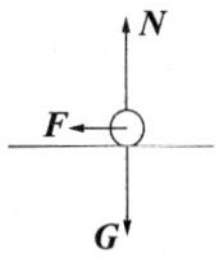

例 3－1 图（2）

则由动量定理：

从 $a\to b$ 的过程中 $-Ft=\mathrm{m}v_b-\mathrm{m}v_a$； ⑤

从 $b\to c$ 的过程中 $-Ft=0-\mathrm{m}v_b$，所以 $v_a=2v_b$。 ⑥

（3）根据能量守恒定理可知，减少的能量转化为了电能：

$$E_{ab}=\frac{1}{2}m\left(v_a^2-v_b^2\right)=\frac{3}{2}mv_b^2 \quad ⑦$$

$$E_{bc}=\frac{1}{2}m\left(v_b^2-0\right)=\frac{1}{2}mv_b^2\text{，所以 }E_{ab}=3E_{bc} \quad ⑧$$

总结：

从以上研究中我们可以发现，安培力是联系动力学与电磁感应问题的桥梁，所以，解力电磁综合问题实际上就是分析安培力变化的问题，就是量度通过安培力做功把多少机械能转化为电能的问题。因此，在高三复习时，我们有意识地加强了“以力学思想为中心，贯穿解决电磁问题”的思想，使学生的分析方向更加明确，更容易形成知识的系统化、网络化，从而通过比较、鉴别迅速找到解决问题的最佳方法。

用 3DSMAX 辅助锻炼中学生的三维建模能力

——多媒体课堂展示不只有 PPT

熊建波

1. 引言

自 2001 年 Windows XP 发布以来，我国的课堂从光秃秃的黑板、讲台开始向多媒体转变。其中，微软开发的 PPT 幻灯片演示程序由于其强大的功能成为教师们的首选，甚至是唯一选择。诚然，PPT 已经基本上能满足教师对于多媒体的所有设想。而对于物理学科而言，我们对学生空间想象力的要求很高，所以如果一味地使用平面线条，则对于学生空间想象力的培养没有显著的效果。既然如此，那我们何不使用 3D 软件构建一个模型来为学生展示呢，这样既能使教师的讲解更具体形象，更有说服力，也会直接引导学生在头脑中自我构建类似的模型。那么，以下从三个具体的物理教学案例来展示怎么使用 3DSMAX 这款软件来为学生做演示。

2. 物理教学案例

2.1 案例一

先来看看物理学习中的一个经典模型：用一根轻绳绑着一个小

球，使小球在空中做圆锥状摆动，小球所在的圆周平面离地面的高度为 h，若在某一刻，绳子断裂。问此后小球落地点与悬点的水平距离为多少？

对于这个模型，一般我们会配图 2－1 方便学生理解。在讲解展示时还会处理成图 2－2 和图 2－3 的样式。也有老师会用绳子绑着粉笔来做一个简单的模拟，但比较难模拟出绳断球飞的过程。所以矛盾之处在于，一方面我们要求学生必须具备三维立体思维，另一方面又不停地用二维图线来做演示。那么，此时可以使用 3DSMAX 这款软件来解决这个问题。

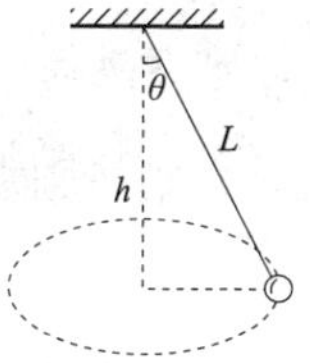

图 2－1

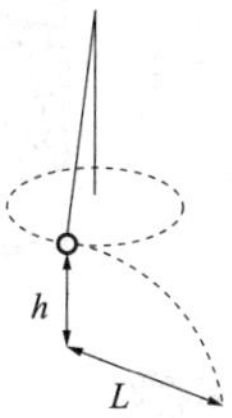

图 2－2

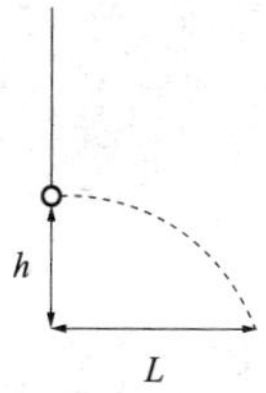

图 2－3

从图 2－4 中我们看到，软件提供了四个不同视角来观察这一模型，绿色代表的是小球，橙色圆盘代表的是小球摆动的圆周面，用 5 个小球模拟在运动过程中的不同位置，具体每个视图作用如下：

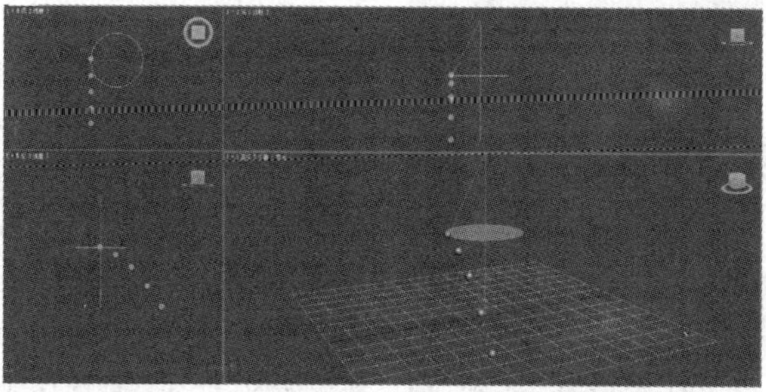

图 2－4

（1）右下角的立体视窗还原空间视觉，提供三维立体模型。

（2）左下角的左视图可以看出小球做的是平抛运动。

（3）左上角的顶视图可以看出小球在水平方向做的是匀速直线运动。

（4）右上角的前视图可以看出小球在竖直方向做的是自由落体运动。

除了静止观察外，还可以在立体视窗里用鼠标拖动白色的方块，让立体模型进行各种移动和翻转，从而达到从任意视角进行观察的目的。

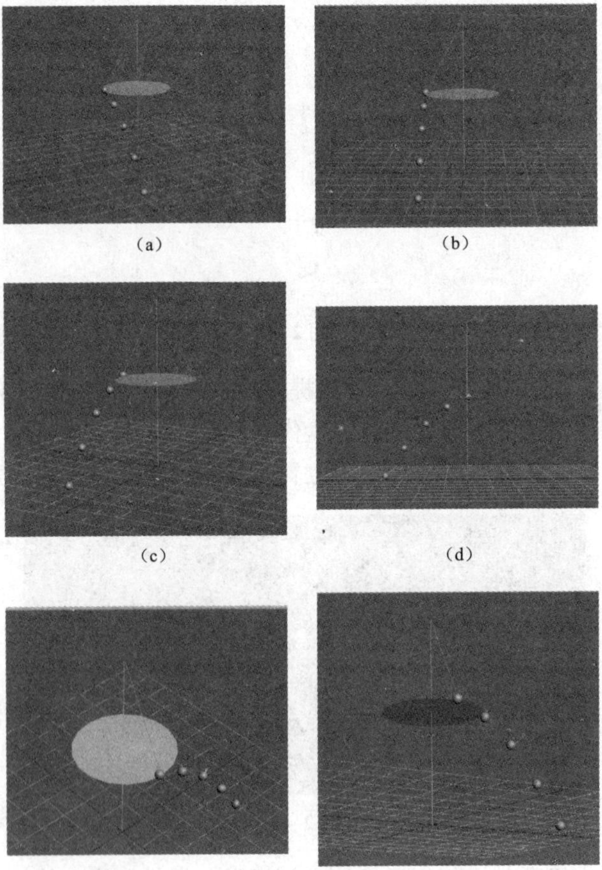

（a）（b）（c）（d）（e）（f）

图 2－5

2.2　案例二

在选修 3－2 中，我们要让同学们学习常见的几种带电导线激发的磁场，并且要会根据具体练习中的平面图来识别是哪种带电导体。由于缺乏立体思维，所以在这里学生往往难以建模，尤其是带电圆环和螺线管的截面图。因此使用 3DSMAX 软件来模拟可以非常直观地从四个视角来理解螺线管，并且可以在透视视窗里拖动模型全方位展示。

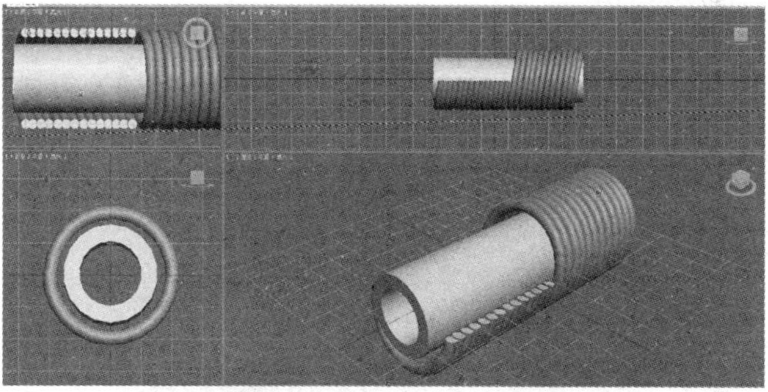

图 2－6

这个时候再让学生来判断图 2－7 中电流的方向，配合立体图，学生就明白图 2－8 是螺线管的剖面图。

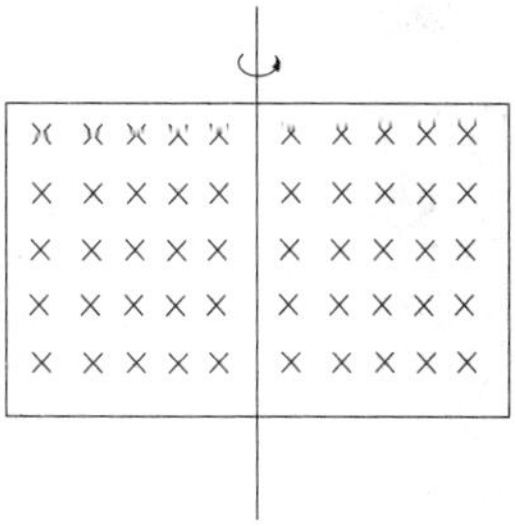

图 2－7

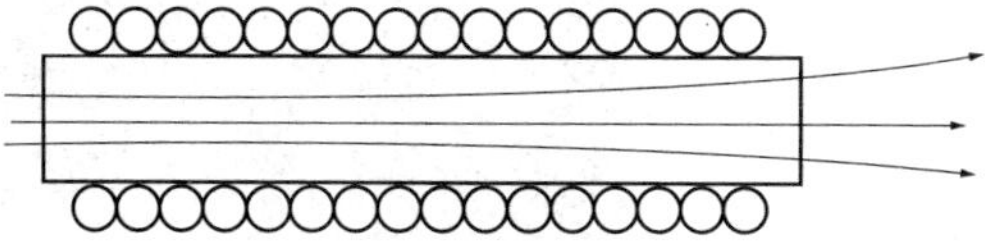

图 2－8

2.3 案例三

在学习电磁感应这一章时，有这样计算磁通量的模型，且判断在线框绕对称轴旋转过程中磁通量的变化情况。

整个过程中，教师要为学生演示有效面积的减小过程。我们可以用书本或纸张做一个简单的演示来达到这个目的，但是这样的演示并不能达到很好的效果，毕竟在教师操作过程中学生的视角有限，而且磁感线是无法很好地模拟出来的。这时候借助 3DSMAX 可以很直观地演示。

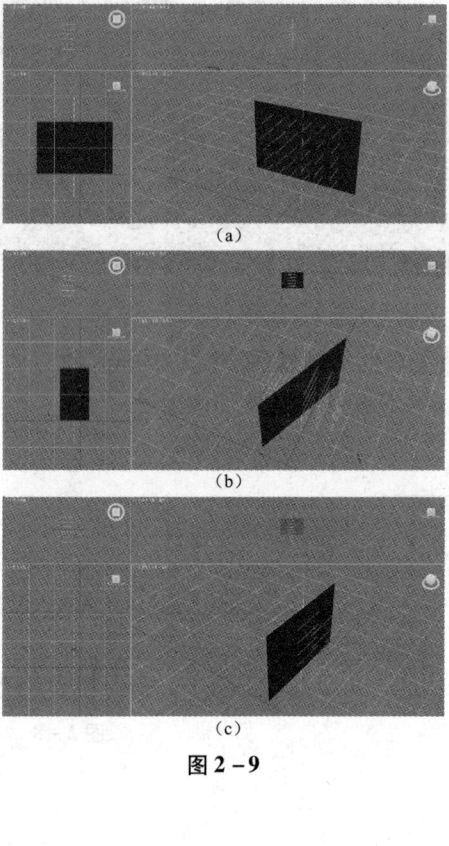

(a)

(b)

(c)

图 2－9

3. 结语

应用3D模拟软件可以很好地将我们需要的立体模型呈现给学生，而具备这个功能的软件也并非只有3DSMAX这一款。这些软件虽然看起来很复杂，但如果教师只是单纯拿来做模型演示，需要用到的功能就只是很基础的了。除此以外，随着智能手机和平板电脑的普及，我们还可以使用平板电脑里的三维APP来建立三维模型演示，更方便快捷。

对中学化学实验教学现状的评述

——2010 年和 2011 年重庆市化学高考试题 27 题考生典型错例对比分析引发的思考

付靖雯

“突出学科特点，加大实验能力的考核力度”[1]，是自 2000 年以来高考化学试题的显著特点之一，重庆市 2010 年和 2011 年高考理综卷第 27 题的实验考核，涉及化学实验的相关实验原理、观察与识记、操作与运用、设计与评价等方面，全面反映了中学生化学实验能力现状和在实验教学上尚存在的某些误区。本文由 2010 年和 2011 年重庆市高考理综卷 27 题考生在卷面上出现的典型错例的评析出发，对当前中学化学实验教学现状进行探讨。

1　2010 年和 2011 年重庆市化学高考试题 27 题对比分析

1.1　2010 年和 2011 年重庆市化学高考试题 27 题及参考答案

1.1.1　2010 年重庆市化学高考试题 27 题及参考答案

27. （15 分）某兴趣小组用题 27 图装置探究氨的催化氧化。

（1）氨催化氧化的化学方程式为 $\underline{4NH_3 + 5O_2 \xrightarrow[\Delta]{\text{催化剂}} 4NO + 6H_2O}$。

（2）加热玻璃管 2 一段时间后，挤压 1 中打气球鼓入空气，观察到

2 中物质呈红热状态；停止加热后仍能保持红热，该反应是放热 反应。（填“吸热”或“放热”）

（3）为保证在装置 4 中观察到红棕色气体，装置 3 应装入浓 H_2SO_4；若取消 3，在 4 中仅观察到大量白烟，原因是生成的 NO 与 O_2 反应生成 NO，NO_2 与水反应生成 HNO_3，与 HNO_3 反应生成了 NH_4NO_3。

（4）为实现氨催化氧化，也可用装置 5 替换装置1（填装置代号）；化合物 X 为 NH_4Cl（除氧化性铵盐均可）（只写一种），Na_2O_2 的作用是与 HCl 反应生成氧气（合理答案均给分）。

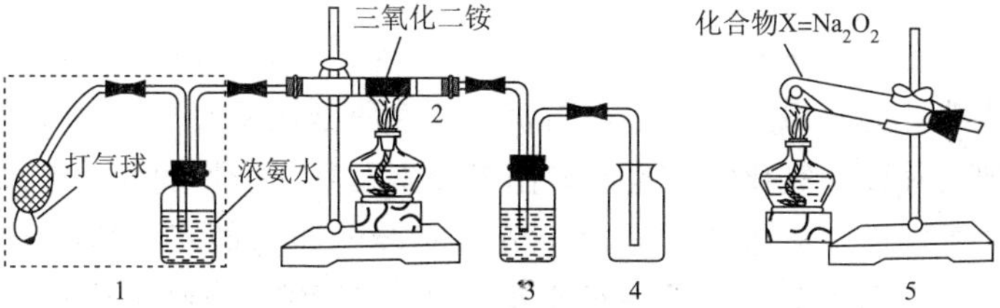

题 27 图

1.1.2　2011 年重庆市化学高考试题 27 题及参考答案

27.（15 分）固态化合物 A 由两种短周期元素组成，可与水发生复分解反应，甲组同学用题 27 图装置（夹持装置略）对其进行探究实验。

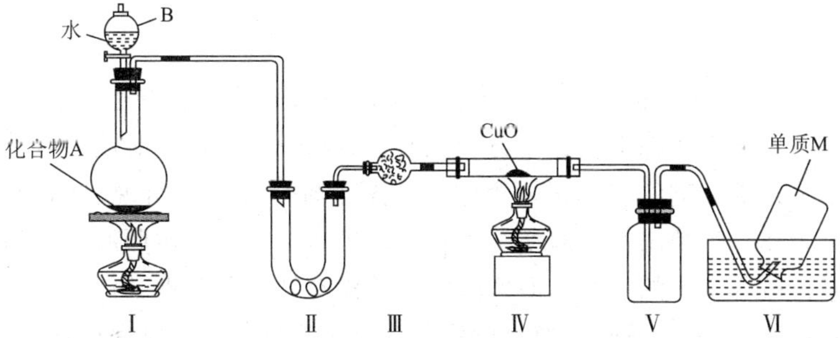

题 27 图

（1）仪器 B 的名称是 分液漏斗 。

（2）试验中，Ⅱ中的试纸变蓝，Ⅳ中黑色粉末逐渐变为红色并有单质 M 生成，则Ⅲ中的试剂为碱石灰；Ⅳ发生反应的化学方程式为$2NH_3+3CuO \xrightarrow[\triangle]{催化剂} 3Cu+N_2+3H_2O$；Ⅴ中的试剂为浓硫酸。

（3）乙组同学进行同样实验，但装置连接顺序为Ⅰ→Ⅱ→Ⅲ→Ⅳ→Ⅴ→Ⅵ，此时Ⅱ中现象为试纸变蓝，原因是CuO与NH_3反应生成的H_2O和未反应的NH_3形成$NH_3\cdot H_2O$，使试纸变蓝。

（4）经上述反应，2.5 g化合物A理论上可得0.56 L（标准状况）M，则A的化学式为Mg_3N_2。

1.2　2010年和2011年重庆市化学高考试题27题考点对比分析

从涉及的知识点而言，都与氨气的性质密切相关，从氨气的催化氧化到氨气还原氧化铜，也凸显出氮元素及其化合物的性质在高中化学中的重要性。从考查学生自主分析实验的能力而言，2010年采用的是让学生自主选择物质进行实验设计，而2011年则采用给出现成的实验装置顺序，让学生分析产生的实验现象及原因，二者都从不同角度考核学生设计实验的能力。2011年较2010年而言，对学生的综合能力的要求更高。

1.3　2010年和2011年重庆市化学高考试题27题典型错例评析

1.3.1　反应条件叙述不清，对实验原理的本质掌握情况差

一部分考生在书写化学方程式时，忽略反应条件或对反应条件叙述不清，催化剂的名称张冠李戴，甚至出现许多不曾听说过的物质，啼笑皆非。反映出在平时实验过程中，考生往往只是按照所准备的物质进行按部就班的实验，对实验的本质没有加以思考理解。

1.3.2　理解并利用题中所给信息对实验现象的原因分析能力差

对题中所给的关键信息：如2010年27题中的“在装置4中观察到红棕色气体及仅观察到大量白烟”，许多考生的表现是：只能停留在白烟是NO_2溶于H_2O生成的HNO_3，而不能深入思考NH_3还能与生成的HNO_3反应，最后白烟成分应该是NH_4NO_3。

又如2011年27题中的“Ⅱ中的试纸变蓝，Ⅳ中黑色粉末逐渐变为红色并有单质M生成”，许多考生仅能推断出有红色金属Cu出现，却不能由此深入分析反应的实质是还原性物质与CuO发生氧化还原反应，再结合试纸变蓝，即可推断出该还原性物质为氨气。

1.3.3 实验方案的整体设计能力差

在2010年27题4小问和2011年3小问中，充分体现了这一点。从学生答题情况看，许多考生只能照单抓药，稍有改动就无所适从。对实验整体设计的能力比较差，不能正确迁移知识点，对知识体系的整体把握不够好。

1.4 呈现出的问题

很多考生对教材中的重要实验只能简单记忆，而不能深入理解实验原理及出现某些实验现象的根本原因，实验的设计能力方面也有很大程度的不足；中学生的实验能力并不是简单的实验仪器的操作，特别需要加强对实验原理的理解和掌握。在实验过程中，思考出现的实验现象也非常重要。

2 对中学化学实验教学现状的几点思考

2.1 中学化学实验教学误区

高考实验试题命题题型的单一，即书面笔答的考试形式与学生实际动手能力间的矛盾[2]，导致中学化学实验教学中存在认识实验和掌握实验方法上的误区。

(1) 实验目的多数以激发学生学习兴趣、培养感性认识为目的；

(2) 实验类型多以验证性实验为主；

(3) 实验教学中学生很少有机会真正进行动手操作；

(4) 演示实验多以教师操作为主；

(5) 学生分组实验往往已经规定实验方案、实验步骤和实验药品，约束学生对实验的设计和改进。

2.2 对中学化学实验功能的思考

中学化学实验教学在全面实施素质教育的同时，更加关注学生科学素质的培养和提高。作为化学教学系统中的实验教学应该不断丰富其教学功能[3]，以实验教学为载体从多方面培养和提高中学生的科学素质。

2.3 对中学化学实验教学方法的思考

转变实验教学观念，丰富实验教学功能，把“验证性实验”转变为“探究性实验”，留出学生思考的空间，使其真正理解实验的原理和实验的各个影响因素。

2.3.1 演示实验：创设情境，激发学生的参与意识

关于教材中所涉及的实验，要深入探讨实验相关原理。针对每一步实验操作，多创设问题情境，让学生产生疑问，带着问题观察、思考，最后进行总结。把传统的接受式学习变为有趣的探索式学习，从而提高学生解决问题的能力。

2.3.2 学生分组实验：少约束，让学生用“脑”做实验

学生分组实验时，大多数教师采用“讲解——示范——严格模仿”式的实验模式，使得学生都是用“手”做实验，而不是用“脑”做实验，造成千篇一律的“正确”实验现象，严重限制了学生创新思维和实验能力的形成。而更有效的方法是：

（1）组织学生课前设计实验方案；

（2）阐明重要仪器、试剂的使用方法及注意事项；

（3）创设问题情境；

（4）大胆假设，让学生自己学会探索实验条件，在动手中学会总结。

2.3.3 课外实验：联系生活，解决身边的化学问题

多引导学生联系生活实际，解决生活中的有关化学问题，有利于提高学生探索问题、科学思维、设计实验的能力。

参考文献

[1] 王美文. 重能力考素质，联系实际体现创新——浅议2000年化学高考试题[J]. 化学教育，2000（7－8）.

[2] 邱化明. 从高考实验题的设计看实验教学的改革[J]. 中学化学教学参考，2000（7）.

[3] 黄东芳，等. 北京市中学化学实验教学研究二十年回顾与展望[J]. 化学教学，2000（10）.

影视剧中的化学奥秘

白贵霞

诚然，生活中处处有化学，而艺术影视作品中也常常出现化学原理的身影，化学的魅力无处不在。

作为一线教师，不光要教会学生书本中的基础化学知识，更重要的是要激发孩子们对化学的兴趣。美国心理学家布鲁纳说过："学习的最好刺激乃是对学习材料的兴趣。"在当今信息时代，多媒体技术爆发，教师在课堂中引入艺术影视作品，毫无疑问对孩子们是有很大的吸引力的。

下面我就几部影视剧作品中的化学原理的应用，揭开其神秘的面纱！

一、"谁说弱酸不能制强酸！"——《越狱》第一季

2005 年美国电视剧《越狱》，主人公迈克尔为了救出被人陷害入狱的哥哥，计划越狱并成功逃脱。片中情节讲到，犯人迈克尔制备了硫酸来腐蚀医务室下的金属管道，其中运用了他从狱中弄到的三种生活中常见的药品：生石灰、除草剂与瓷板清洁剂。迈克尔根据自己身上的文身"Cute Poison"提示回忆起当初读书时化学教材上的知识"Phosphoric acid reacts violently when combined with sulphate acids."（译作：磷酸结合硫酸盐剧烈反应生成硫酸。）暗示文身中"Cu"表示铜，"Po"表示磷酸。

下面我们来看一看他是怎样用生石灰、除草剂和瓷板清洁剂制备出硫酸的。下水道管线除草剂中的主要成分是 $CuSO_4$溶液，而瓷板清洁剂的主要成分是磷酸。

首先有这样一个反应：

$CaO + H_2O + CuSO_4 = CaSO_4 + Cu(OH)_2$

当进一步混合，有

$2H_3PO_4 + 3CaSO_{4(s)} \rightleftharpoons 3H_2SO_4 + Ca_3(PO_4)_{2(s)}$

常压下，25 ℃时，

$k_{sp}(CaSO_4) = 4.93 \times 10^{-5}$ $k_{sp}(Ca_3(PO_4)_2) = 2.07 \times 10^{-33}$

同样的温度、压强下，$Ca_3(PO_4)_2$的溶解度比$CaSO_4$更小，根据沉淀的转化，该反应可以发生。所以此时磷酸制出了硫酸。

二、“谁让宝藏不翼而飞了?”——《黄金大劫案》

该电影讲述这样一个故事：围绕八吨神秘的黄金，混世小太岁、满洲第一影后、神父、富家千金，各类人物粉墨登场；而日本侵略军、外国公使、野鸡军团、神秘剧组等各方势力虎视眈眈。在一个重兵把守，炮弹都炸不开的金库里，八吨黄金最终被男主角用化学方法像变魔术一般化为乌有!

男主角开着一辆装有药品的罐车，撞开金库大门，将罐车内装的两种液体混合后注入金库密室中。黄金瞬间溶解成溶液，经下水道流入大海中。

他是怎么做到的呢?

其实罐车里面装的是两种常见的酸——浓硝酸与浓盐酸，当它们以1∶3 的体积比混合时，就成了“酸中之王”——王酸，俗名“王水”。

我们都知道，金、铂等金属不溶于普通的盐酸、硝酸、硫酸等酸，但却能被王水氧化溶解。这是怎么回事呢?

这是因为，浓盐酸中的 HCl 与 Au 能以配位键形成稳定的配合物 $HAuCl_4$，它的还原性较 Au 强。浓硝酸与 $HAuCl_4$ 发生了氧化还原反应：

$$Au + HNO_3 + 4HCl = HAuCl_4 + NO\uparrow + 2H_2O$$

但同学们，编剧在情节中还是有漏洞的，例如剧中黄金加入王水后，瞬间就化为溶液。其实，从化学原理上判断，王水溶解黄金，反应速度并非这么快，用肉眼是不易明显地观察到金属溶解的。我们只能说，电影来源于生活，而高于生活，甚至会有虚构成分。从科学的角度来评判，剧本值得推敲。

三、“浴缸也能杀人吗?”——《大侦探福尔摩斯》

福尔摩斯的故事太多了，其中到处都有关于化学、生物、物理元素的情节，让很多理科知识匮乏的观众有些费解，从而更加增加其神秘的色彩。

在《大侦探福尔摩斯》中，主角福尔摩斯与大反派主角“黑暗巫师”之间的较量，充满着化学、生物、物理和神学知识的较量。其中，“黑暗巫师”杀死自己的父亲，“老人因晚上泡澡而死在浴缸里，当福尔摩斯出现时，浴缸里面的水已被警察放得一干二净。法医鉴定是重金属中毒麻痹神经而死亡。福尔摩斯仅凭浴缸边上细小的证据——少量已结晶的硫酸铜晶体，就知道老人是怎样死的了。”

剧情回顾：

(1) 老人泡澡的浴缸是铜质的。

(2) 老人泡澡中途，水停过，后来水龙头里面重新流出无色液体——是凶手动了手脚的稀硫酸液体。

(3) 同时，浴缸中鼓入大量空气。

最终法医鉴定结果是，老人是由于硫酸铜溶液，重金属中毒死亡的。那么硫酸铜溶液是从哪里来的呢？原来是这样的一个反应发生了：$Cu + O_2 + H_2SO_4$（稀）$=\!=\!= CuSO_4 + 2H_2O$。

凶手制造出该反应发生的条件：金属 Cu，鼓入空气中的 O_2，水龙头放入极稀的 H_2SO_4 溶液，最终制得 $CuSO_4$ 溶液。

四、“古代鱼油制出完美炸药来!”——《赤壁·下》

赤壁之战中，周瑜与曹操交战，曹操准备以水路进攻，周瑜以寡敌众，必须准备充分才能去迎战。诸葛亮和众人献计——借风火攻，需要大量的火药和炸弹。电影场景中展示“大量士兵捕鱼，将鱼放入陶罐中熬制鱼油，再将鱼油分离出来，加入药粉反应，最后将反应好的油状黄色液体灌入空鸡蛋壳中，数个鸡蛋壳放入陶罐子中，再于罐口处撒上药粉。将药粉点燃后，装有黄色液体的陶罐成为威力无比的炸弹！”

鱼油能制出炸药吗？其实化学原理如下：

（1）鱼油中主要是油脂，化学成分为甘油三酯。

$$\begin{array}{l} R_1COOCH_2 \\ \quad\ | \\ R_2COOCH + H_2O \\ \quad\ | \\ R_3COOCH_2 \end{array} \xrightleftharpoons{\text{浓}H_2SO_4} \begin{array}{l} HO-CH_2 \\ \qquad\ | \\ HO-CH + R_1COOH + R_2COOH + R_3COOH \\ \qquad\ | \\ HO-CH_2 \end{array}$$

（鱼油）　　　　（甘油）　（各种高级脂肪酸）

甘油三酯水解的情况下生成了甘油。

（2）甘油进一步反应可制得硝化甘油——一种炸药。

$$\begin{array}{l} CH_2OH \\ | \\ CHOH \\ | \\ CH_2OH \end{array} + 3HO—NO_2 \xrightleftharpoons[\Delta]{\text{浓}H_2SO_4} \begin{array}{l} CH_2—O—NO_2 \\ | \\ CH—O—NO_2 \\ | \\ CH_2—O—NO_2 \end{array} + 3H_2O$$

（甘油）　　　　（硝化甘油）

制取硝化甘油时，还需要硫酸和硝酸。那么三国时期，人类已经能获取硫酸和硝酸了吗？据史料记载，三国时期，诸葛亮已经可以用绿矾（主要成分 $FeSO_4 \cdot 7H_2O$）和醋制得硫酸，甚至用硝石（主要成分 KNO_3）在密闭容器中煅烧后，生成 NO_2 气体，再浇水得 HNO_3。

虽然《赤壁》里面介绍用鱼油制得了炸药，但从科学严谨的态度去推敲：制得的硝化甘油特别敏感，在加热、撞击、摩擦、轻微的振荡下都有可能引起剧烈爆炸。为派上实际用场，那么古人是往里面加的什么药粉，使其可以安全地运用呢？不过 19 世纪中叶，化学家诺贝尔解决了此难题，用硅藻土吸收硝化甘油液体，成为固体炸药，一般的振动、摩擦对它不起作用，只有用雷管才能让它恢复那种火爆的性格——称为安全炸药。

像上述这样，在影视剧作品中引用化学原理知识的数不胜数，例如《绝命毒师》中制作冰毒使用了铝热剂；《寻秦记》中制作了化学电池；《死亡特训》中用液氮杀人；《勇闯夺命岛》中使用V.X毒剂，等等。

我们教师需要改变自己传统的教学模式，利用多媒体创造良好的教学环境，唤醒学生学习的主体意识，使其产生强烈的探索欲望。以电影片断来引入教学，让学生在丰富的图像、音响效果下，边娱乐边进入丰富的化学知识世界，这样有助于学生对化学知识的深入理解和记忆。

通过对影视剧中化学原理的解密，让学生们懂得，枯燥的化学理论知识是具有无穷的艺术魅力的！

参考文献：

[1] 北京师范大学无机化学教研室等．无机化学［M］．北京：高等教育出版社，2002.

[2] 赵国忠．课堂教学新变化［M］．南京：南京大学出版社，2012.

[3] 胡宏纹．有机化学［M］．北京：高等教育出版社，1990.

[4] 吴海霞．在知识教学中感悟化学的人文魅力［J］．《中学化学》教学参考，2012（346）．

在新课程背景下充分挖掘化学高效学习小组的功能

胡　萍

在新课改全面实施以后，学生们的学习方式正逐渐发生改变，从传统的学生独立学习到小组合作探究、共同学习。一个真正高效的化学学习小组，不仅要能够在教师的指导下高质量地完成课堂学习任务，更要在课后以小组为单位在理论知识、实验探究甚至是兴趣探索上全面地对化学知识融会贯通。但是，怎样才能使一个学习小组做到真正的高效呢？我认为应该从以下几个方面全方位地进行培养。

一、在化学理论学习上充分挖掘高效学习小组的功能

化学的理论学习在高中阶段占据较大比例，也很重要。由于理论学习比较抽象和枯燥，而且涉及的知识面很广，所以学生普遍感觉很吃力。在这种情况下，如果能够利用高效学习小组，将每一位学生的积极性调动起来，往往能够将比较复杂的问题尽可能简单化。

（一）利用高效学习小组将化学理论知识面扩大。新课改中非常提倡学生的知识迁移能力，对同一类型的知识应该有全面的认识和掌握。教师的课堂讲解只能在有限的时间内举出最典型的例子，而更多相似的情况应该是由学生课后去拓展的，这个时候，如果化学高效学习小组能够行动起来，自己思考后提出相似的知识，并且最后进行延伸和总结，这必然将学习效率大大提高。比如，学生在“离子反应”中会遇到“离子能否大量共存”的问题，它要求学生对离子之间的反应类型非常熟悉。但是，毕竟高中有很多种离子，不同离子间不能

共存的情况又有多种，学生们怎样才能快速准确地去判断呢？以“因为发生氧化还原反应而不共存”为例，一般教师最早讲解这个知识是在“硝酸的性质部分”，教师会告诉学生 $H^+ + NO_3^-$ 一般不会和 Fe^{2+}、S^{2-}、I^- 一般不会和 $H^+ + MnO_4^-$、ClO^- 等还原性离子共存，学生们很好理解，但是常见的氧化还原反应只能在这些离子间进行吗？还有没有其他同样有强氧化性的离子也能氧化这些还原性离子呢？这样的问题，就可以交给高效学习小组在课后去完成。学生查阅之前的学习内容后就会发现 $H^+ + MnO_4^-$、ClO^- 等也有强氧化性，应该也不能和有强还原性的离子共存，这样各个学习小组就能够自己将知识进行拓展。

（二）利用高效学习小组将化学理论知识进行归纳。在高三复习时，教师会将以前学习的知识进行归纳，这会让学生的思维呈现出比较清晰的思路，但是，能不能在进入高三之前学生就自己将学过的知识进行归纳呢？我认为，利用高效学习小组完全可以完成这项任务。比如，怎样尽可能地让学生掌握比较全面的实验知识呢？我建议可以利用化学学习小组在学习新课的时候就尝试积累归纳。每个学习小组的学生可以进行分工，有学生负责归纳在新学习的实验中用到的重要化学仪器，包括该仪器的设计特点、使用注意事项等；有学生负责归纳常见的装置组合，比如已经学习的那些气体的制备装置又可以归到哪种类型中；有同学负责收集考试中遇到的实验题，并整理成册，如果是化学基础好的学生，甚至可以按照小题类型进行分类，比如实验装置图像题、定量实验误差分析题等。这样，如果一个学习小组能够在高中前两年坚持这样的收集整理工作，必然会使全组的实验知识有一个全面的提高。

二、在化学实验探究上充分挖掘高效学习小组的功能

化学是一门以实验为基础的学科，书本上的知识很多都来自于对化学实验现象的分析，同时也可以利用化学实验去验证理论的猜想，所以教师必须重视学生实验能力的培养。但是如何去培养学生的实验能力呢？我认为，可以在课堂上和课外尽可能创造条件让学生们动手

尝试。比如，在“电解池”的实验中，教材要求的实验操作应该是比较简单明确的，但是如果仅仅是教师做演示实验，教室后面的学生是根本无法看到阳极周围的气泡和试纸颜色变化的，这样学生就对整个电解过程没有切身的体会和认识，只能被教师牵着鼻子走。所以，我认为，这个实验完全可以在课堂上安排各个学习小组自行探究，教师只需要强调实验装置的组装和实验过程的安全就可以了。这样，每一位学生都可以亲身感受电解的过程，近距离地观察实验的现象，这既是提高课堂教学效率的方法，也是对学生实验动手能力的培养，这正是新课改所倡导的精神。

三、在激发学生的化学学习兴趣上充分挖掘高效学习小组的功能

“兴趣是最好的老师”，如果在化学学习的过程中，教师能够随时注意培养学生的学习兴趣，鼓励学生大胆去探索未知的化学世界，让学生爱上化学，愿意感受化学的学科魅力，这才是真正地在教学生学习化学。如何激发学生的学习兴趣呢？我认为，除了鼓励学生自己在家查阅化学资料、探究某些小实验以外，合理设计以学习小组为单位的兴趣活动往往能够得到更大的收获，因为在小组活动中，学生的年龄相仿，爱好接近，更有共同语言，更能够团结一致地去完成某个兴趣活动。比如，在教学中理论讲解往往比较枯燥，教师可以思考将一些生活中与书本内容有关的化学知识带入课堂中，激发学生的兴趣，培养学生热爱化学知识的情感。比如教材中提到“乙烯是一种植物生长调节剂，可以用乙烯作为水果的催熟剂”，其实教师不妨鼓励学习小组的每个学生回家带一个水果来学校，然后每组准备一个塑料袋，将全组的水果放进去，系紧袋口，请全组学生每天观察水果的变化，最后，等所有的水果都成熟后，全组同学一起分享。这样，肯定每个学习小组的学生都非常感兴趣，每个人都行动起来，准备的水果也丰富多样，在催熟的过程中学生们一起观察，互相讨论，甚至可以各小组间进行比较，哪种成熟水果的催熟效果更好，最后全组同学一起分享成功的果实，一个非常有意义的活动就成功完成了。

化学学习小组就像每节动车车厢的分动力，在学习小组中，每一位学生都能找到自己的位置，体现自己的价值。一个真正高效的学习小组，不仅仅是能够完成基本的学习任务，更是学生们进行自主学习、互相协作、共同进步的平台；一个真正高效的学习小组，集合了所有学生智慧的交融、思想的碰撞。如何在新课程背景下充分挖掘化学高效学习小组的功能，是每位化学老师应该去思考的问题，也是我们在教学中需要不断改进的举措。

参考文献

[1] 人民教育出版社化学室．全日制普通高级中学教科书（必修加选修）化学[M]．第二册．北京：人民教育出版社，2003.

[2] 人民教育出版社课程教材研究所，化学课程教材研究开发中心．普通高中课程标准实验教科书化学 2（必修）[M]．北京：人民教育出版社，2007.

两则化学演示实验改进效果

王　辉　陈　勇

一、铝箔的燃烧实验改进

现行人教版高中化学（2007 年版）第二册第 71 页实验 4 - 1 的铝箔的燃烧实验：把 2 cm × 5 cm 的薄铝箔卷成筒状，内部裹一纸片，铝箔的一端固定在粗铁丝上，点燃纸片，立即伸入盛有氧气的集气瓶中（集气瓶底部要放一些细沙），观察现象。

通过多次反复实验发现，发生燃烧的只是铁丝，而铝箔并没有燃烧，所以我们观察到的只是铁丝燃烧的现象，这给学生分析实验现象和接受知识带来了困难，也给教师教学带来了困难，教师往往只能讲解实验。为了解决这个问题，我们在教学演示时用裹了高锰酸钾或氯酸钾的棉花来代替纸条，点燃棉花，可以观察到铝箔剧烈燃烧发出耀眼的白光，效果很好；也可以用棉花粘裹铝粉后直接点燃棉花，也能观察到铝粉剧烈燃烧发出耀眼的白光，效果很好。

二、铁与水蒸气反应实验改进

现行人教版高中化学（2007 年版）第二册第 78 页实验 4 - 8 “铁与水蒸气反应”：在玻璃管中放入还原铁粉和石棉绒的混合物，加热，并通入水蒸气，用试管收集产生的经干燥的气体，并靠近火焰点火，观察现象。

我们看到，红热的铁能与水蒸气反应，放出气体，这种气体靠近火焰点火时，能燃烧或发出爆鸣声，这是氢气。

实验中由于装置复杂、用时较长，成功率低。因此该实验有几处值得改进：一是烧开圆底烧瓶中的水和点燃喷灯都费时，并且用酒精喷灯加热很容易使玻璃管变形，即使用硬质石英管，玻璃管的软化、变形，甚至破裂的情况很难避免；二是盛装铁粉的硬质玻璃管易炸裂，因为硬质玻璃管无论平放还是以任何角度安置，从圆底烧瓶中蒸发上来的水蒸气因反应不完而凝结成水，总要经过硬质玻璃管的受热处，从而导致硬质玻璃管炸裂；三是干燥管在这里名不符实，无论是用哪种干燥剂所填装的干燥管，只能除去少量水蒸气，在本实验条件下，如此大量的水蒸气，无论用哪种干燥剂都起不到预想的干燥效果；四是集气试管中有无 H_2，有多少 H_2 更是心中无数，课堂演示这个实验完全没有绝对成功的把握。为了不损害仪器而又使操作方便，同时反应又快，现象又十分明显，笔者设计了简易装置，效果十分好。

实验改进：用一试管代替长硬质玻璃管，用酒精灯代替喷灯，用五水合硫酸铜晶体代替水，用铜皮盛放五水合硫酸铜晶体和铁粉，将右边导管口浸入培养皿中的洗涤剂中。

实验时，先调整好试管的高度并连接好装置，检查气密性，然后各取一钥匙五水合硫酸铜晶体和还原性铁粉置于铜皮上（注意：硫酸铜晶体和铁粉不要接触），并将铜皮推进试管底部，塞紧橡皮塞，将导管口浸入培养皿中的洗涤剂中。点燃酒精灯，预热后对准铜皮处加热，当右边洗涤剂中有大量气泡产生时用燃着的木条点燃，可以观察到有气体剧烈燃烧产生长长的火焰并伴有爆鸣声，现象十分明显。也可将导管换成尖管并在尖嘴处点燃气体。

改进后的优点：

①克服了玻璃管易被烧坏的缺点，同时大大地简化了装置，省去了制取水蒸气的烧瓶。

②加热硫酸铜晶体能在较低温度下释放出水蒸气，反应迅速，产生量大，节省了大量的实验时间。

③洗涤剂中可观察到气泡连珠似地产生，现象明显。氢气易点燃，还能多次重复点燃，实验效果更好，且能直接观察铁粉由反应前的灰色变为反应后的黑色。

④五水合硫酸铜晶体、试管都很容易找到，而且试管铜皮还可以

反复使用，不会损坏。

⑤操作简单，试剂用量较小，节约药品。

后记：教材中涉及的实验，这个算是比较难做的一个，而实验报告中提供的实验装置很简单，但本实验的关键和重点应该在于氢气的检验。通过改进，反应效果非常不错，成功率很高，基本上是次次成功。

参考文献：

[1] 人教版高中化学第二册，2006. 4　88.

[2] 刘怀乐．铁与水蒸气反应装置的改进 [J]，2007 - 10 - 31.

[3] 李鹏，李广．实验改进：铁与水蒸气反应的实验改进 [J]．化学教学，2007. 7.

课改下的初高中化学衔接教育

张春洪

自20世纪80年代开始，西方许多教育学家提出：科学教育应进入第三阶段，即“理解科学”教育，其本质是：科学、技术、社会三位一体的综合性教育，并将其简称为“STS”教育。同一时期，美国教育学家施瓦布提出，学生的学习过程与科学家的探究过程本质上是一致的，因此，教学过程应大力推行科学探究法。改革开放30多年，中国经济飞速发展，教育也随之发生了巨大变化，世纪之交课改应运而生。就中学化学教育而言，课程标准上明确指出：初中化学教育以人文主义为主；高一化学教育是人文与科学兼备，具有过渡作用；高二、高三化学以科学主义为主。这样的教育必然引起学生化学上的巨大知识落差，衔接教育就必然存在。

一、为什么衔接

（一）教材内容催生衔接

科学教育大约经历了三个阶段。从远古时代到工业革命时期为第一阶段，为“模仿科学”阶段，重在自然事实模仿。从工业革命时期到20世纪中叶为第二阶段，称为“掌握科学”阶段，重在学科知识的教育。从20世纪80年代开始，西方许多教育学家认为：“掌握科学”教育太重视科学的用途，而忽略了科学的危害，于是提出了科学教育应进入第三阶段，即“理解科学”教育，其本质是：科学、技术、社会三位一体的综合性教育，并将其简称为“STS”教育。根据这一理论：美国于1989年规划了著名的“科学为大众”的2061计划，其他西方国家也相继实施教改，中国为与国际接轨，于世纪之交由国务院发起了课程改革规划，重庆 2003 年在北碚第一次实施初中课改，2004 年万州等地跟上，2006 年全市展开。但高中课改却没有展开，这就从根本上导致了初高中课程脱节，于是初高中化学衔接教育就必不可少。

（二）教育方法催生衔接

“STS”理论在课改上的体现，首先是在教材的编写上，将原来以化学知识为主线的教材，改进为“化学——技术——社会”三位一体的教材，大量增加化学实用知识，弱化理论知识（删除或上传给高一年级），强化教材的图文并茂，弱化枯燥的习题训练；其次是在教学方法上，强制推行科学探究法。20 世纪 50 年代美国教育家施瓦布提出，学生的学习过程与科学家的探究过程本质上是一致的，因此，教学过程应把学生当作小科学家，让他们自己去发现问题，解决问题，并在探究中获取知识，发展技能，培养创造力，同时激发其对科学的极大兴趣。课改教材为了充分体现探究教学精神，设置了许多实验，这些实验有操作而无现象、结论，这就迫使师生双方花大量精力和时间来完成各实验的现象和结论探究。但是高中教育为了完成高考任务，除了“灌输——练习——再灌输——再练习”外难有它法，这就必然导致学生在初高中化学学习方法上产生落差，进而催生初高中化学衔接教育的产生。

（三）评价制度催生衔接

教育目的决定着教育评价，就教育发展历程看，科学教育的目标历经三个阶段。古代，经验主义为主，师徒式教育形式，在教育评价上就是看谁把师傅的手技学到位。近代，科学主义成为教育的主要目的，强调科学、学科、技术与理性，在教育评价上就是看谁把该学科考试分数整上去。科学主义教育目的将人类带入了高度文明的物质时代，却也导致社会环境和人性的极大危机。于是，从 20 世纪中期开始，人文主义成为教育目标，强调人化、人性、人本、人道。在教育评价上，采用三段式：知识技能、过程方法、情感价值观。改革开放 30 多年，中国经济飞速发展，教育也随之发生巨大变化，世纪之交

领悟集

课改应运而生。就中学化学教育而言，课程标准上明确指出，初中化学教育以人文主义为主；高一化学教育是人文与科学兼备，具有过渡作用；高二、高三化学以科学主义为主，目的是为高考服务。这样的评价制度必然引起学习化学上的巨大知识落差，衔接教育就必然存在。

二、衔接哪些内容

（一）理论知识衔接

自化学独立300多年以来，形成了一个非常庞大的理论体系，这些知识成了化学的支柱，而现行课改，由少年儿童的身心需求出发，要求教材人性化、科普化、趣味化，这就被迫删去或上传大量理论知识，这部分弱化的理论主要表现在物质组成、性质变化和溶液等方面。

1. 物质组成方面

一是物质分类，初三教材只要求能分辨混合物、纯净物、单质、化合物、氧化物；对于以性质和其他特征为依据的分类一概不讲，上传至高一。所以，高一的课改目标中有一条“根据物质的组成、性质对物质进行分类”，并建议对同一物质尝试不同的方法进行分类训练。二是酸、碱、盐：初中课标只要求讲盐酸、硫酸、NaOH、$Ca(OH)_2$的性质和组成，认识 NaCl、Na_2CO_3、$NaHCO_3$、$CaCO_3$ 的化学式和用途，并不对酸、碱、盐下定义，更不要求酸碱盐的通式、读法、辨认、分类，这些知识统一上传至高中。三是化合价及化学式：初中课标只要求“说出几种常见元素的化合价”，“能记住某些常见物质的化学式”，对化合价的来源、定义，口诀记忆，根据读音写化学式，根据化学式读物质名称，以及写通式等都上传至高中或删去。结构方面，微观粒子是课改教材删去和上传最多的知识，因为条件所限，这部分知识难以探究，与科学探究法有悖，同时也超越初中生的接受能力。因而，课改中微观粒子方面全部停留在“知道”层面。至于原子结构示意图，离子结构示意图、离子化合物，共价化合物，分子、原子、离子对应的物质，离子电荷数的确定方法，最外层电子数与化合价、电荷数、氧化还原性的关系等，略去或上传。而高一课标中就增加了“知道元素定义”“了解原子结构与元素性质的关系”“学会离子化合物、共价化合物的区别”“了解核外电子的运动状况”“认识物质结构与性质的关系”……

2. 性质变化方面

性质与变化是化学的主体。课改对初三化学性质与变化部分的要求是：以生产、生活中的物质为基础，让学生真切地感受到化学变化，通过生动、具体的化学变化及现象激发学生学习化学的热情并形成“物质是变化的”世界观。因此，初三教材就选了几个生活中的物质，如 O_2、CO_2、Fe、C；在生产上，以二酸二碱加四盐为代表作了简介，通过具体而生动的化学性质实验介绍了这些物质的基本性质，并重点讲了化学性质及用途，同时形成最基础的反应分类，即四大基本反应。而将反应规律、性质总结、方程式的多种配平方法方程式的“非种数分类”和方程式的推写等知识上传或删去。另外，为了有效地保证学生安全，初三还把毒性、腐蚀性、易燃易爆性的许多实验删去或上传。而高一应大量补讲的是氧化 - 还原反应；酸、碱、盐的反应规律；离子方程、电离方程、氧化性、还原性、酸性、碱性等化学性质的总结，并与具体物质相对应，形成知识共性。

3. 溶液方面

溶液既是一块理论，又与水、酸、碱、盐等知识接轨，初中课标除质量分数外，溶液中的其他知识属于常识性介绍，而作为重要理论部分的溶液组成，溶液中的微观结构，电解质概念，电离、电离方程式，溶质的存在形式，溶解度的计算，结晶方法，结晶与溶解度曲线的关系，结晶水合物，酸、碱、盐溶液的导电性，溶液中溶质的反应实质，溶液中反应时生成物质量分数的计算等大量知识被弱化和上传。

（二）实践技能衔接

实验是课改教材的亮点，初中化学上下两册教材演示实验 64 个，学生实验 20 多个（含活动），上新课时基本是节节有实验。但当把实验与化学知识接轨时会发现，微观理论、物质分类和反应规律等部分几乎没有设计实验，凡有危害性的都没有实验。所以，初三化学实验可以说是：多而偏，重现象观察轻本质分析，重具体反应轻规律探究。尤其是酸、碱、盐部分，仅保留下二酸、二碱、碳酸盐性质实验，物质的检验、分离、提纯，溶液中金属阳离子，碳酸根离子、氯离子、硫酸根离子等阴离子检验全上传至高一，连粗盐提纯都上传至高中，所以实验能力提升是重要的衔接内容。

1. 计算能力

课改教材为减负所需，在计算部分动了大手术，仅保留了一步到位的简单计算，如化学式的基本计算、方程式的基本计算、溶液质量分数定义计算等，在计算的数据处理上力求倍数比，计算形式上力求直观化，计算题目上力求生活化，因而应增补有一定难度的计算，并训练一些计算技巧，如守恒法、关系式法、差量法，同时扩大计算范围，如结晶计算、生成物质量分数计算、图表分析计算、实验中的定量实验计算以及多步计算等。

2. 分析创新能力

初三课改的培养目标是兴趣的激发，是生活的物化，是热情的培养。在能力培养上，重探究观察力轻理性思索力。因而，学生的学科分析能力、创新能力并没有因为课改而提升，而是降低了，就学生长期发展而言，能力衔接比知识衔接更重要。

（三）教法学法衔接

课改的中心内容之一是教法学法的改革，大力推进科学探究法。科学探究法要求概念、方法、态度三结合；观念上师生平等、开放、民主，学习过程自主，体验个性；学习形式生动、多样、有趣，对学校的要求是小班化、实验化。但现实的情况是：班额大，实验设备匮乏，高考如火如荼。非讲授法、演示法、练习法不能完成教学任务。由此可知，要实施真正的课改，教法、学法上必须与教材接轨。

三、如何衔接

衔接的主体是初、高中所有化学教师，教师们应该首先熟悉初、高中课标，并将衔接内容记住，必要时由教研室组织学习。

衔接的实施者主要由高一教师担任，义务制教育的老师有课标指导，一般是不会主动多教学生知识的，因而由他们来实施衔接不现实。高二、高三的教师应穿插衔接，需要什么补充什么。

以上为知识性教育衔接，但能力衔接，则应从初三抓起，可以从课堂到习题略加拔高，立足于教材，又略高于教材，逐步培养学生的能力。

参考资料：

[1] 西南大学《教育教学法》.

[2]《中学化学课程标准》.

[3]《初中化学教材》.

[4]《高中化学教材》.

新考纲下整合教材，有效进行高中化学教学的思考

谢　雕

2014年是重庆市高中化学新课程实施以来的第二次高考，2014年的考试说明较2013年作了一些更合理的调整。笔者一直在思考，如何在教学中切实地为学生减负，实现新课程对学生各方面知识能力的培养，是教师需要认真钻研的问题。

要做到教学适应新课程并符合学生认知水平，笔者认为一定要认真钻研教材。教材是我们教学的纲领，对教材的认识和体会将决定教学各方面的安排和处理。作为教师，不仅要关注教材上的知识点，更重要的是研究和体会教材编排者的教材设计意图和希望学生达到的能力目标，揭示教材各章节之间的内在联系和规律，全局性地把握这个教学框架，一步一个脚印，落实各个章节应该达成的教学目的和学生能力培养目标。

新教材与以往教材相比，教材数目增加了很多，新教材注重让不同阶段的孩子达到不同的知识能力水平，从培养科学素养层面到对知识的理解运用层面都有不同的要求，更应该从全局上把控高中教学，因此我们必须注重必修与选修教材的衔接和整合研究，达到高效学习的目的。以下是个人的一些想法，希望和同行们交流探讨。

一、高中化学新教材的教学安排

笔者通过调查访问重庆主城和一些区县中学，发现大多数学校使

用教材的先后顺序和教学安排如下：

学期		教学安排
高一	上期	《必修一》
	下期	《必修二》
高二	上期	《选修四》《选修二》
	下期	《选修三》《选修五》

很多学校因为联考等客观因素，各个学校之间必须统一教学内容和教学进度，导致只能按常规顺序和时间教学，但在经过几年的实际教学后，笔者发现这样的教学安排存在很多问题。针对这一系列问题，笔者在教学中采取了一些改进措施，力求让必修与选修知识相互衔接呼应，让学生形成整体的化学知识体系。

二、《必修一》教材教学压力过大，达不到应有的教学效果，反而让学生对化学产生畏难情绪

1. 教学内容难点集中，教学时间短

《必修一》涉及的与后续学习密切相关的章节有：

章节	在高中教学中的重要性
物质的量	高中计算的基础
离子反应	高中元素化合物学习的基石
氧化还原反应	高中元素化合物和物质结构学习的基石
金属元素及其化合物	高中所有知识的载体，但选修中不再涉及元素化合物的系统学习
非金属元素及其化合物	

《必修一》是高中化学的基础和源头，而上述这些章节占了《必修一》教学内容的90%，每一章节的知识都直接决定了以后各章的学习效果。但高一课时少，教学压力大，高一新生理科思维尚未形

成，很多知识点，如“物质的量”“氧化还原”等与初中相比思维力度和能力要求有很大提升的知识学生很难适应。而我们为了进度，不得不在很短的时间去完成教学，学生来不及消化、巩固和沉淀就进入了下一章节的学习，这使得很多学生对化学丧失学习兴趣，无法达到教师期望的教学效果。

2. 元素化合物知识过于集中，学生难以消化

元素化合物知识是化学知识的核心和基础，但“元素化合物”的知识必须在半学期内完成教学。这里面一共涉及五种金属元素（Na、Al、Fe、Cu、Mg）、四种非金属元素（Si、Cl、S、N），方程式就有几百个，这么多方程式和物质的性质要求学生在较短的时间去掌握、记忆和运用，教学效果很难保证。而后续再没有元素化合物的专门章节，在一年半后高三复习时，学生对元素化合物知识已经遗忘，更谈不上能力的运用。教师只有一边让学生回忆高一的知识一边将知识拓展提升，复习非常吃力。由于学生对元素化合物知识掌握不全面，不能灵活运用，在实验题、信息推断题和工业流程题等方面学生的能力无法展现。因此，我们可以遵循孩子的认知规律，把元素化合物的部分内容（如非金属中硫和氮等内容）放到高一下学期去处理，这样能给孩子们一点从容消化的时间，为后续学习打下扎实的基础，让学生能循序渐进地适应高中的教学，形成应有的化学素养。

三、抛砖引玉——《必修二》教材的处理

《必修二》的优点是将高中化学的难点知识分散在必修和选修教学中，因此，如何做好必修和选修教学内容的分割和衔接非常重要。笔者认为各章可作如下处理：

章节	处理内容及目的
第一章　物质结构　元素周期律 第三节　化学键	在化学键教学内容的基础上补充分子极性、分子间作用力、氢键相关知识
	目的：为有机化学及元素化合物的物理性作理论支撑

续表

章节	处理内容及目的
第二章　化学反应与能量 第二节　化学能与电能	将原电池和电解池内容分为《必修二》和《选修四》切割教学。原电池（除盐桥）所有内容及化学电源部分整合在《必修二》完整教学，而在《选修四》不再进行化学电源的教学，重点进行电解池的教学
	目的：保持知识完整性，避免重复教学，浪费时间
第二章　化学反应与能量 第三节　化学反应速率和限度	《必修二》主要针对化学反应速率教学，而《选修四》主要进行化学平衡的教学
	目的：降低教学难度，减轻学生负担
第三章　有机化合物 第一节　甲烷	补充烷烃的系统命名，适当拓展烷烃的同分异构体的书写
	目的：作为有机的基础常用知识，在必修阶段呈现，为学生在选修阶段的各类有机物学习做好知识铺垫
第四章　化学与自然资源的开发利用	对《必修一》金属、非金属中部分重点知识做适当复习回顾，同时融入《选修二》部分内容
	目的：回顾复习元素化合物知识，夯实元素化合物

注意： 1. 教学分割内容要明确，考虑学生认知水平，分阶段有梯度地教学，尤其是电化学和化学平衡的教学。

2. 必修、选修教材尽量不重复教学内容，以提高教学效率。如电化学中在《必修二》应把原电池知识讲透，化学电源在《选修四》中不再重复教学，有机化学应把烷烃知识讲到位。

四、温故而知新——选修教材的教学

选修教材是在学生已有知识上的提升，教学时应密切联系必修课程的知识，紧扣必修课程展开教学。从必修教材的知识开始循循诱导，启动新课，逐步深入到新课教学内容的各个层面。

化学的理论知识在必修感知学习的基础上再进行选修教学，是一种阶梯教学法。学生有了必修的基础再学习选修内容时更容易理解，认识更深刻，学习将会轻松得多。这样的内容教学如果一步到位，学生理解就会很困难，产生畏难和恐惧情绪，对化学学习丧失信心。

1.《选修四——化学反应原理》的教学

这一节与必修的衔接教学非常重要。教师应在对必修教学内容适当复习的基础上再进行新课教学。下面将《必修二》和《选修四》相关内容和要求的层次总结如下：

必修二	知识要求程度	选修四	知识要求程度
第二章 第一节 化学能与热能	能总结常见的放热反应和吸热反应，能定性描述化学反应前后的能量变化关系	第一章 化学反应与能量	会书写热化学方程式，能从化学键的角度对化学反应和能量变化进行计算
第二章 第二节 化学能与电能	掌握原电池的基本原理和常见的化学电源	第四章 电化学基础	复杂原电池的理解，电解池的原理，电极方程式的书写，原电池、电解池的综合运用
第二章 第三节 化学反应的速率和限度	影响化学反应速率的因素和速率的计算，理解化学平衡的建立和特征，知道化学反应有限度	第二章 化学反应速率和化学平衡	掌握化学平衡的相关复杂内容及平衡常数的应用，会判断化学反应的方向

2.《选修五——有机化学》的教学

内容	《必修二》补充内容	《选修五》学习内容
命名	烷烃的系统命名	烯烃、炔烃、苯的同系物等的系统命名
同分异构	只要求烷烃的同分异构	其他有机物的同分异构
同系物	要求至烷烃同系物	各类有机物的同系物

这样安排的目的：对有机的同分异构、命名、同系物等知识，在《必修二》以烷烃为载体，让学生初步掌握和运用，但不增加学生负担，在学生理解能力上升到一定层次后，在《选修五》教学中再逐步提升。

因此，教师在进行以上内容的教学时，对必修和选修要求的层次必须作严格的界定，分散教学难度，切不能拔苗助长。当然，教师在教学时还可根据自己学生能力的实际情况，对必修和选修的要求层次作适当调整，做到因材施教。

3.《选修二——化学技术》的教学处理

由于今年高考考试说明中已经删去《选修二》的内容，因此《选修二》不必单独教学，其部分相关内容可融入其他新课内容或在高三一轮复习中进行。具体建议如下：

教材内容	融入版块
硫酸工业	《选修四》化学平衡、一轮复习
合成氨	《选修四》化学平衡
纯碱的生产	一轮复习
水的净化	《选修四》盐类的水解
氯碱工业	《选修四》电解
海水提镁	《必修二》海水资源
铝的冶炼	《必修二》金属矿物的开发利用
无机非金属材料	《必修一》硅及其化合物、一轮复习

4.《选修三——物质结构》教材的处理——融合《必修二》，谨遵考纲

这部分应以考纲为准绳，大胆删减，不要过于拔高。《选修三》的知识应围绕帮助元素化合物和有机化学教学服务，从近两年的重庆高考试题看，《选修三》的考察集中在配合物和晶体结构问题上，所以可以在回顾必修知识的基础上，将《选修三》的相关内容融入

《必修二》及元素化合物知识中，用物质结构知识帮助学生更好地记忆理解元素化合物及有机化学的相关知识，减轻学生的记忆负担，同时再次回顾元素化合物。

这是笔者对新教材教学安排和处理的一些思考，针对学生层次，不同学校可根据实际情况适当调整。在教育教学的漫长道路上，我们应该多用心去思考，创造性地使用教材，深入研究。无论是课程改革，还是课堂教学改革都是一个不断探索和不断完善的过程。我们只有不断学习，更新知识，并总结思考，探索创新，相互交流，才能更好地适应新课程改革的要求，让学生在愉快的学习中健康成长！

参考文献

[1] 蔡文联，饶志明，陈燕华.《化学反应原理》与必修模块的衔接及其教学策略研究 [J]. 中学化学教学参考，2009 (4)：39 - 41.

[2] 张勇，袁延新，汪家发. 新课程考考化学复习策略 [J]. 中学化学教学参考，2009 (3)：34 - 35.

[3] 张克龙. 浅谈化学教材的合理使用 [J]. 化学教学，2011 (4)：11 - 12.

新课程理念下开发高中化学校本课程的实践与思考

陈　斌

校本课程建设是当前课程改革的一个重点和亮点。校本课程以促进学生全面发展为目标指向，是必修课程的延伸和补充，是促进教师和学校发展的强大动力。近两年来，我校教研组结合化学学科特点和重庆市历史、地理文化，在新课程理念指导下对校本课程的实践进行了一些尝试，下面谈谈自己的一些思考和体会。

一、课程改编——开发校本课程

校本课程开发中的课程改编主要是指教师通过增加、删减和改变顺序等方式对指令性课程加以修改，从而更好地适应学校和班级的具体情况，更好地促进学生的健康发展[1]。

方式一：创造性地拓展教材。

例如，我校教师对“卤素”一节改编的一个亮点：以研究性学习方式，首先将学生分为氟、氯、溴、碘四个“卤素”小组，通过调查、询问、查阅等方式对有关卤素的性质、用途以及在生活中的应用进行汇总，然后以小组为单位在全班进行交流和分享完成教学任务。例如，氟小组学生调查到重庆巫溪、巫山县等因水质中含氟过多引起当地人氟中毒——氟斑牙，并介绍了当地政府的防治工作（拨专款对水质进行处理，去除水中氟质和移民搬迁）；碘小组学生介绍自己身边因缺碘患甲状腺肿的情况，展示了他们所拍摄的照片，并介绍了重庆百年难遇的干旱时，进行人工降雨发射碘化银炮弹的过程和图片。通过这种方式，学生对卤素了解得更全面、更具体，并更有兴趣。

方式二：优化整合教材。

例如，我组将已学的漂白粉、氯气、过氧化氢、苯酚知识，联系2003年抗“非典”所用医用消毒知识和日常所用消毒剂（如碘酒、高锰酸钾、过氧乙酸、84消毒液等），整合为“消毒剂的安全合理使用”课题[2]，作为高三的专题复习使用，让学生轻松地在熟悉的生活情景中感知消毒剂的系统知识。

又如，我组从教材中提供的“亚硝酸盐的用途及人体的危害”“铁与动植物”等资料，以及“自制豆腐”等家庭小实验，优化出“厨房中的化学”课题作为选修课来唤起学生学习化学的兴趣，使知识与生活有效地衔接起来。

总之，课程改编应将教材知识与学生现实生活融为一体，使知识内化到学生内心世界，这样开发的课题才有意义，学生才感兴趣。

二、课程新编——开发校本课程

课程新编是指全新的课程单元的开发，例如，突出学校特点的“特色课程”、地方性专题以及时事专题等。我校一名青年教师在校本课程建设中上的“洋快餐”一课就属于时事专题。该教师抓住社会关注的热点：2006年3月CCTV 10播出了全国政协委员、民建中央秘书长张皎的关于洋快餐提案。在这份提案中，张皎痛陈洋快餐的危害，并用具体的例子证明了洋快餐对我国青少年的危害，指出了严格限制洋快餐在我国迅猛发展势头的必要性，特别是洋快餐对青少年消费观的不良诱导。该教师决定确立“洋快餐”主题，将化学知识和学生的亲身经历结合起来，以纠正学生不良的饮食习惯。

又如，一名教师新编的“放错地方的财富——垃圾”课题属于地方性专题。他通过对各国垃圾分类的剖析，分析当地垃圾处理方法、垃圾桶的人性化设置等内容，以此来教育学生养成良好的卫生习惯。

三、整体构思——校本课程系列化

校本课程是一项系统的复杂工程，为防止课程开发的随意性，体现课程建设的“化学味”，校本课程开发应在国家课程计划框架下，从围绕学生的生存环境、健康饮食、家居和穿用材料、安全使用化学品、新闻信息等蕴含的化学问题来开发课程，并按照一系列主题或课题组织课程内容。目前，我们已初步形成了“饮食文化”校本课程系列，如“饮食中的营养平衡”“风靡世界的三大饮料”“重庆火锅”“厨房中的化学”“饮食与文化”等。我们认为确立以“生活中的化学”作为校本课程开发的切入点，不仅可以深化化学知识内容，提高化学教学质量，而且可以改变学生学习化学的态度。

通过两年的探索，我们认为开发校本课程既要注意发挥本组教师优势，挖掘本校课程资源，还要考虑绝大多数学生的兴趣爱好和实际需要，为全体学生的素质发展服务，不要把校本课程作为只有少数学生参加的花瓶。

校本课程开发作为一项全新的、复杂的、富有挑战性的任务，需要我们不断加强理论学习、加深理解，需要在实践中不断完善改进提高，需要在深度、广度上再加思考和实践。

参考文献

[1] 崔允漷，吴刚平，傅建明. 普通高中校本课程开发建议书［J］. 当代教育科学，2003，22.

[2] 王云生，高中课程标准实验教科书《化学与生活》评析［J］. 化学与教学，2006，9（23）.

备注：已发表于2008. 05《中学化学教学参考》。

归纳巧积累 源头活水来

——初中化学推断题解题导析

周治强

一、解题步骤

审题→挖掘、筛选信息→联系已学知识→寻找突破点→推理判断→得出结论→正向求证。

(1) 审题：认真审读原题，弄清文意和图意，理出题给条件，深挖细找，反复推敲。

(2) 分析：抓住关键，找准解题的突破口，并从突破口出发，探求知识间的内在联系，应用多种思维方式，进行严密的分析和逻辑推理，推出符合题意的结果。

(3) 解答：根据题目的要求，按照分析和推理的结果，认真而全面地解答。

(4) 检验：得出结论后切勿忘记验证。其方法是将所得答案放回原题中检验，若完全符合，则说明答案正确；否则答案有误，需另行思考，推出正确答案。

二、化学中的常见推断题"突破口"归纳积累

(一) 抓几个常见

(1) 常见金属：Na、Mg、Fe、Cu、Al。

(2) 常见非金属：H、O、C、Si、N、P、S、Cl。

(3) 常见的液态物质：H_2O、HNO_3、H_2SO_4、Br_2、Hg。

(4) 常见的气态物质：H_2、O_2、N_2、CO、CO_2、CH_4、NH_4、SO_2。

(5) 常见的还原剂：C、H_2、CO。

（二）抓特征颜色

1. 固体物质的颜色

红色：Cu、Fe_2O_3、HgO；红褐色：Fe（OH）$_3$；暗红色：红磷；红棕色：NO_2。

黑色：C、Fe_3O_4、CuO、MnO_2、铁粉；紫黑色：$KMnO_4$、碘。

蓝色：Cu（OH）$_2$沉淀、$CuSO_4 \cdot 5H_2O$ 晶体、$CuCO_3$沉淀。

绿色：碱式碳酸铜［Cu（OH）$_2CO_3$］粉末。

白色：NaCl、KCl、NaOH、$KClO_3$、Ca（OH）$_2$、CaO、Na_2CO_3、无水 $CuSO_4$、MgO、P_2O_5等。

浅黄色：硫粉（S）。

2. 溶液颜色

蓝色：$CuCl_2$、$CuSO_4$、Cu（NO_3）$_2$。

浅绿色：$FeCl_2$、$FeSO_4$、Fe（NO_3）$_2$。

黄色：$FeCl_3$、Fe_2（SO_4）$_3$、Fe（NO_3）$_3$。

紫色：$KMnO_4$。

3. 火焰颜色

蓝紫色：硫在氧气中燃烧。

淡蓝色：硫、酒精、氢气在空气中燃烧。

蓝色：一氧化碳、甲烷在空气中燃烧。

苍白色：氢气在氯气中燃烧。

4. 有色沉淀

白色沉淀：氯化银、碳酸钡、碳酸钙、碳酸银、硫酸钡、硫酸钙、硫酸银、氢氧化镁、氢氧化铝等。其中，氯化银、硫酸钡为不溶于稀硝酸的白色沉淀。

蓝色沉淀：氢氧化铜、碳酸铜。

红褐色沉淀：氢氧化铁。

（三）抓特征反应条件

点燃（有氧气参加的反应）；通电（电解水）；催化剂（氯酸钾分解制氧气）；高温（碳酸钙分解）。

（四）抓物质的特征反应

（1）分解生成两种或多种物质的反应。

$$2KClO_3 \xlongequal[\triangle]{MnO_2} 2KCl + 3O_2\uparrow$$

$$2H_2O \xlongequal{通电} O_2\uparrow + 2H_2\uparrow$$

$$2KMnO_4 \xlongequal{\triangle} KMnO_4 + MnO_2 + O_2\uparrow$$

$$2NaHCO_3 \xlongequal{\triangle} Na_2CO_3 + CO_2\uparrow + 2H_2O$$

$$Cu(OH)_2CO_3 \xlongequal{\triangle} 2CuO + CO_2\uparrow + H_2O$$

（2）单质 A + 化合物 B → 化合物 C + 化合物 D。

$$2O_2 + CH_4 \xlongequal{点燃} CO_2 + 2H_2O$$

（3）化合物 A + 化合物 B → 单质 C + 化合物 D。

$$3CO + Fe_2O_3 \xlongequal{高温} 2Fe + 3CO_2$$

$$CO + CuO \xlongequal{\triangle} Cu + CO_2$$

（4）单质 A + 化合物 B → 单质 C + 化合物 D。

$$Fe + CuSO_4 = Cu + FeSO_4$$

$$C + H_2O \xlongequal{高温} H_2 + CO$$

$$Fe + HCl\ (H_2SO_4) \rightarrow FeCl_2\ (FeSO_4) + H_2\uparrow$$

$$H_2 + CuO\ (Fe_2O_3) \rightarrow Cu\ (Fe) + H_2O$$

（5）化合物 A $\xrightarrow{单质B}$ 化合物 C $\xrightarrow{单质B}$ 化合物 D。

$$O_2 \xrightarrow{C} CO_2 \xrightarrow{C} CO$$

$$C \xrightarrow{O_2} CO \xrightarrow{O_2} CO_2$$

（6）无水硫酸铜 $\underset{\triangle}{\overset{水}{\rightleftharpoons}}$ 硫酸铜晶体。

$CuSO_4$（白色）$+ H_2O = CuSO_4 \cdot 5H_2O$（蓝色）

（7）碳酸盐 + 酸，产生能使澄清石灰水变浑浊的气体 CO_2。

（8）可溶性氯化物，加 $AgNO_3$ 溶液，再加稀硝酸，产生白色沉淀 AgCl。

(9) 可溶性硫酸盐或稀硫酸，加 $BaCl_2$ 溶液，产生白色沉淀 $BaSO_4$，再加稀硝酸，沉淀不溶解。

(五) 抓唯一特性

(1) 在空气中能自燃的固体是白磷。

(2) 能使带火星的木条复燃的气体是 O_2。

(3) 溶于水显碱性，且能使湿润的红色石蕊试纸变蓝的气体是 NH_3。

(4) 在氧气中剧烈燃烧，火星四射，生成黑色固体的物质是铁。

(5) 油状液体，且能使纸张、木材变黑的物质是浓硫酸。

(六) 抓物质的性质

(1) 具有刺激性气味的大气污染物：SO_2。

(2) 与黑色氧化铜反应生成红色物质（铜）——具有还原性的物质：CO、H_2、C。

(3) 能使人发生煤气中毒的气体：CO。

(4) 误作食盐，用于烹饪，使人食物中毒的盐：亚硝酸盐。

(5) 与碱反应，产生有刺激性气味且使湿润的红色石蕊试纸变蓝的气体（即 NH_3）的盐是铵盐。

(6) 具有挥发性的酸：盐酸、硝酸。

(7) 在空气中质量增加且变质的是氢氧化钠、氧化钙。

(8) 放在空气中质量增加但不变质的酸：浓硫酸。

(七) 抓常见物质的用途

(1) 用于人工降雨的物质：干冰。

(2) 调味用的食盐：氯化钠。

(3) 常用于金属除锈：稀硫酸、盐酸。

(4) 改良酸性土壤的物质：生石灰、熟石灰。

(5) 工业上常用作洗涤剂的盐：碳酸钠。

(6) "钡餐"透视常用的盐：硫酸钡。

(7) 人体中的胃酸：盐酸。

(8) 配制农药的波耳多液：熟石灰、硫酸铜。

(八) 抓物质的热效应

(1) 溶于水吸热的物质：硝酸铵。

（2）溶于水放热的物质：氢氧化钠、浓硫酸。

（3）与水反应放热的物质：氧化钙。

（九）抓化学之最

（1）空气中体积分数、质量分数最大的物质：N_2。

（2）地壳中含量最多的元素：氧。

（3）含量最多的金属元素：铝。

（4）生物细胞中含量最多的元素：氧。

（5）形成化合物种类最多的元素：碳。

（6）动植物体内含量最多的物质：水。

（7）相对分子质量最小的氧化物：水。

（8）硬度最大的天然物质：金刚石。

（9）最软的矿物之一：石墨。

（10）金属活动性顺序中最活泼的金属：钾；最不活泼的金属：金。

（11）最简单的有机物：甲烷。

（12）不含中子的原子：氢原子。

（13）最理想的燃料：氢气。

（14）最常用的溶剂：水。

（15）人类应用最早的金属：铜。

（16）当今世界上最重要的三大矿物燃料：煤、石油、天然气。

（17）检验水存在的最简便的方法：使用无水硫酸铜。

（十）抓三角关系

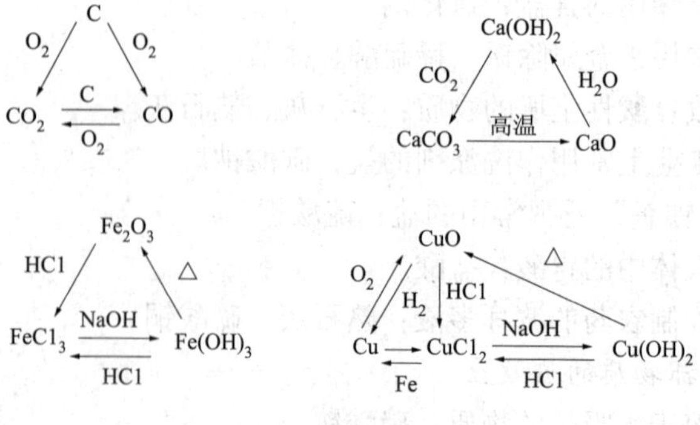

三、解题基本方法——“突破点”法

找准突破点是解推断题的关键，也是解推断题的基本方法。根据“突破点”的类型不同，可分为以下几种。

1. “突破点”在框图两端——“顺逆推导”

若解题的特征信息在框图的两端，“顺水推舟”就可逐一求出结果。

2. “突破点”呈现在框图中——“移花接木”

若题给信息主要在框图中，应将题干中的若干信息分别移植到框图中（用简单的符号或文字标在图上），再将分步推出的结果填写在对应的方框中，就能化繁为简，逐一解出。

3. “突破点”隐藏在题干中——“水落石出”

有些“突破点”很不明显，往往隐藏在题干的一般性质的叙述中，敏锐剖析，提取信息，就能水落石出。

4. “突破点”在答题空中——“承上启下”

解无机推断题，一般习惯于阅读题干和框图，然后推出结果，再去逐一回答各问题完成填空。但有些题目仅局限于以上两部分寻找突破口，难度很大，甚至无法解出。此时你若再阅读答题空，有时能挖掘出命题者有意或无意透露在答题空中的信息，从而一举破题。

5. “突破点”在框图中间——“中心开花”

若关键“突破点”在框图的中间，即以此“突破点”为中心，四面开花，辐射到整个框图网络，即可顺利解答。

人的血型与母儿血型不合

徐清平

血型就是红细胞膜上抗原的类型，是人和高等动物血液的个体特征之一。红细胞抗原的研究是从1901年Landsteiner发现ABO血型开始的，至今，人们已发现了400多种红细胞血型抗原，1995年国际输血会议将其分为23个集合组的血型，由此可知血细胞血型的抗原是一个非常复杂的体系[1]。人的血型由遗传决定，一般终生不变。

1　人的主要血型系统

大出血会导致死亡，因此从17世纪开始，医生就试图用输血的方法挽救大出血病人的生命。给病人输入其他人的血液，有时能成功，但更多的情况是红细胞聚集成团，发生凝集，堵塞血管，使患者难逃死亡厄运。凝集和血液凝固不同，它不是由纤维蛋白原转变成纤维蛋白所致，而是一种抗原－抗体反应，即红细胞表面的抗原与血清中相应的抗体结合的反应。

随着免疫学研究的发展，发现人的红细胞表面带有抗原物质，称为凝集原（抗原），这是由镶嵌在人的红细胞膜上的糖蛋白和糖脂形成的。根据不同的凝集原类型即可划分成不同的血型系统和血型。在血清中有凝集素（抗体），血型不合适的血液相混合时，凝集素能使含有相应特异性凝集原的红细胞凝集。

1.1　ABO血型系统

遗传：ABO血型由3个复等位基因决定，其中2个是显性基因

I^A和I^B，1个是隐性基因i，它们组成6种基因型。但因I^A和I^B之间表现为共显性，而I^A和I^B对i都是显性，所以6种基因型只显现4种表现型（表1）。

表1　ABO血型的表现型与基因型

表现型	基因型
A型	I^AI^A、I^Ai
B型	I^BI^B、I^Bi
AB型	I^AI^B
O型	ii

生理：ABO血型系统包括2种凝集原，分别用A和B表示，血清中含有相应的2种抗体分子（免疫球蛋白），分别用抗A（a）和抗B（b）表示。Landsteiner按照红细胞和血清中凝集原与凝集素的不同，将血液分为4种主要类型（表2）[2]。

表2　ABO血型的凝集原与凝集素

血　型	红细胞膜上的凝集原	血清中的凝集素
A型	A	抗B（b）
B型	B	抗A（a）
AB型	A和B	无
O型	无	抗A（a）、抗B（b）

正常人的血从来没有自己凝集的现象，否则人就不能存活了，这是因为A和a或B和b从不在同一人的血中出现。所以输血的原则是同型血相输，且应进行交叉配血试验，要均不凝集方可。

1.2　Rh血型系统

遗传：Rh血型由一对等位基因决定，共有3种基因型和2种表现型，其中基因型为RhRh或Rhrh时，表现型为Rh阳性（Rh^+）；基因型为rhrh时，表现型为Rh阴性（Rh^-）。我国汉族和大部分兄弟民族中99%的人是Rh阳性，只有1%的人是Rh阴性。

生理：Rh凝集原最初是从恒河猴的血中发现的，所以称为Rh。这一系统包括8个以上的凝集原，即D，d，C，c，E，e……，其中D抗原性最强，可一概称为Rh因子，均可产生相应的特异性抗体[3]。红细胞膜上有Rh凝集原称Rh阳性，没有Rh凝集原称Rh阴性。Rh系统与ABO系统的不同之处在于，无论Rh阳性或阴性，它们的血清中都没有抗Rh的抗体，Rh抗体只有在Rh抗原诱导之下才能产生，且这种获得性抗体分子小，可以通过胎盘（表3）。

表3　Rh血型的基因型、凝集原和凝集素

血型	基因型	红细胞膜上的凝集原	血清中的凝集素
Rh^+	RhRh、Rhrh	有Rh因子	无
Rh^-	rhrh	无	无

1.3　MN血型系统

MN血型系统由2个显性的等位基因决定，共有3种基因型和3种表现型，在临床上不重要。MN系统也可引起母儿血型不合，但极少见。其他如Kell血型系统不合也较少见。

2　母儿血型不合

母儿血型不合是孕妇与胎儿之间血型不合而产生的同族血型免疫疾病，可发病于胎儿与新生儿早期。当胎儿从父方遗传下来的显性基因指导合成的抗原恰为母亲所缺少的时，通过妊娠，分娩，此抗原可进入母体，刺激母体产生免疫抗体。当此抗体又通过胎盘进入胎儿的血液循环时，可使其红细胞凝集破坏，引起胎儿或新生儿的免疫性溶血症。这对孕妇无影响，但病儿可因严重贫血、心衰而死亡，或因大量胆红素渗入脑细胞，与脂溶性脑基底核等结合，引起核黄疸而死亡，即使幸存，其神经细胞和智力发育以及运动功能等均将受到影响。

2.1 发病率

母儿血型不合，主要有 ABO 和 Rh 血型两大类，前者较多见，在所有妊娠中有 20% ~25% 为 ABO 血型不合，但病情多较轻，真正发生溶血的只有 2.0% ~2.5%，易被忽视。Rh 血型不合在我国较少见，但病情重，常导致胎死宫内或引起新生儿核黄疸。上海市 13 个单位近 18 年来共检出 835 例母儿血型不合，其中 Rh 血型不合占 14.6%，MN 血型不合占 0.1%，ABO 血型不合占 85.3%，女性较男性多，约为 3:1。Rh 阴性的母亲也只有 5% 发生溶血，因为第一胎一般不会溶血，另外父亲为杂合子时，胎儿有一半可能性为 Rh 阴性也不会溶血[4]。

2.2 发病原因

母体血液循环与胎儿血液循环是两个不相通的循环系统，为什么胎儿的红细胞能进入母体而使母体致敏呢？原来，在正常情况下，红细胞是不能通过胎盘的，但在妊娠后期，分娩或流产的过程中，胎盘绒毛可能有小部分破损，绒毛血管的红细胞就可以进入母体。据有关资料报道，只要有 0.03 ~0.07 mL 红细胞进入母体就可以致敏，所以流产或分娩次数越多，这种抗原进入母体的机会越多，母体产生的抗体越多，胎儿或新生儿得病的机会越大，病情也越重。

ABO 血型不合：多见于母亲为 O 型，胎儿为 A 型或 B 型。因为 O 型母亲血清中的抗 A 及抗 B 为 IgG 免疫抗体，分子量较小，较易通过胎盘进入胎儿体内，引起溶血；而 A 型（B 型）母亲血清中的抗 B（抗 A）为 IgM，分子量大，不能通过胎盘。ABO 血型不合可发生于第一胎，但临床上即使不合，也不一定发病，一是因为抗体在进入胎儿体内后经血型物质中和、组织细胞吸附，部分已被处理掉；另外，胎儿红细胞的抗原较少，即使溶血也不严重，被破坏的红细胞产生的胆红素很快被肝脏清除了。

Rh 血型不合：发生于孕妇为 Rh 阴性，胎儿为 Rh 阳性者。胎儿的 Rh 阳性抗原经胎盘到达母体，刺激母体产生相应抗体，再经胎盘流回胎儿，造成溶血。Rh 抗体是免疫抗体，所以 Rh 溶血病一般第一胎不发生，只有在第一次妊娠后，体内才产生相应抗体。但如在妊娠前有过输血史，或羊膜穿刺史，或现孕中胎儿有少量血进入母体，虽系初孕亦有 1% 的概率发生溶血病。

少数情况下，ABO 系统与 Rh 系统不合的溶血同时存在时，Rh 阳性的红细胞进入母体后，很快被抗 A 或抗 B 中和，故 ABO 血型不合有减轻 Rh 血型不合严重性的作用。

2.3 注意事项

(1) 凡过去有不明原因的死胎、死产或新生儿溶血病史的孕妇，可能发生血型不合，应提前做相应的检查。

(2) 对有该病的孕妇，妊娠期应进行预防性治疗并加强宫内胎儿的监护。

(3) Rh 血型不合时，应选择一适当时机，让胎儿既脱离母体宫内危险环境，又要减少早产对胎儿的危害。

(4) 分娩时以自然分娩为原则，因手术操作可增加母血直接进入胎儿体内的机会，而加重溶血；胎儿分娩出后立即夹住脐带，防止带有抗体的母血过多地进入胎儿的体内，加重溶血[5]。

(5) 新生儿可通过药物治疗、光照治疗、换血疗法预防核黄疸。

(6) 建议 Rh 阴性妇女只生一胎。

参考文献：

[1] 李淑芝，刘金杰．是把孩子抱错了吗 [J]．生物学通报，2004，39 (10)：22.

[2] 吴相钰．普通生物学 [M]．北京：高等教育出版社，2005.

[3] 陈阅增．普通生物学 [M]．北京：高等教育出版社，1997.

[4] 王淑贞．实用妇产科学 [M]．北京：人民卫生出版社，1995.

[5] 董悦，赵瑞林．现代妇产科诊疗手册 [M]．北京：北京医科大学出版社，2001.

教学变动与变动教学

熊卫东

教师长时间从事一门课程的教学，容易产生“教学僵化”现象，教学内容、方法和手段长期一成不变，特别是对于教材变动相对较小的课程，有的常常一本教案用几年甚至十几年。这种现象会滋养教师教学的惰性，扼杀教师的进取心，影响教学效果，贻害学生。

一、教学僵化及其产生原因

教学僵化，是指教师长期从事同一门课的教学，久而久之，在思维方法、教学模式、教学内容等方面形成一种僵化的模式，自认为驾轻就熟，不愿意对教学做出变动的现象。

教学僵化是教师职业倦怠[1~2]的一种表现，但与典型的教师职业倦怠又有所不同。从现象来看，教学僵化和教师职业倦怠一样会使教师失去进取心，教学效果下降，教学中容易出错。但从产生的原因来看，教师职业倦怠通常因为教学压力大、任务重，使教师身心疲劳，教学热情下降，失去进取的动力；而教学僵化则是教师主观上希望把教学搞好，但因自认为熟悉教学内容，教学驾轻就熟，而不愿对教学做出改变。

教学僵化的表现多种多样，比如很少了解学科的发展动态，不屑于认真备课，忽视学生的变化和特点，教学内容和方法因循守旧，教学中常常出错而不自知。

产生教学僵化的原因，从客观上来讲，一方面，我国中小学教材通常十年左右一个周期，其间教材内容不会有太大变化，教学内容固定、教学信息滞后、教学理念陈旧等导致教师形成惯性思维；另一方面，中小学教师教学任务比较重，很少有时间了解本学科最新进展，久而久之导致了知识僵化。从主观上来讲，一些教师比较自负，自认为驾轻就熟，不屑于在自我提高和备课上下功夫；还有一些教师进取心不强，满足于完成教学任务，缺少精益求精的精神。

究其根本原因在于，教师忽视了教学的变动性，进而失去了因应教学变动的能动性。

二、教学的变动性

事实上，教学总是在不断变化的。教师要避免教学僵化，首先要认识到教学的变动性。“教学变动”是指教学是一个动态的过程，教学过程所涉及的方方面面，包括教学内容、教学指导思想和教学理念、教学对象、教学条件和手段、教学评价方法等都处在一个不断变化的过程中。

1. 教材内容在变

随着知识不断更新，教材内容即便没有大的变化，也经常会有相应的微调。如关于艾滋病，以前课本讲它使人丧失一切免疫能力，现在则改为使人丧失大部分免疫能力。再如，随着生物科技的发展，高中生物增加了细胞工程、基因工程等高科技生物工程技术。

2. 学生在变

学生每一届都不一样，即使同一年级，不同班的学生，其知识范围（信息量）、思维能力也有很大差异，兴趣和爱好各不相同。一些过去上课时用到的很有趣或很有说服力的例子，对现在的学生可能会变得苍白无力。

3. 教学手段在变

过去，一支粉笔、几张挂图就可以完成一堂生物课教学，现在除了教具，还有更先进的多媒体教学手段。这对于降低教学难度、提高学生兴趣都非常有利。

4. 学生的参与形式在变

以前经常采用以灌输为主的教学方式，学生只管听，主动参与少，对知识的运用能力薄弱。现在的教学理念是以学生为主体，老师为主导，学生更多地参与到教学过程中，课堂上很多时候都在体现学生的参与活动。

5. 评价方式在变

以前单纯用考试来评价学生对知识的掌握情况，现在则还可以通过学习的参与度、小组合作学习、讨论、展示、点评等各方面综合评价手段考查学生对知识的掌握和运用能力。

三、在变动中教学

人们常说要以不变应万变，但作为教师，在教学中则不能采取以不变应万变的态度，而应当做到以变应变，在变动中教学，这是防止教学僵化的有效途径。

所谓“变动教学”，是指教师在教学过程中，必须根据“教学变动”情况，对教学内容、教学方法、教学手段和评价方式等进行相应的调整。

作为教师，要做到变动教学，应注意以下几个方面。

第一，要在备课上下工夫。过去，教材内容经常多年不变，一些教师养成了一本教案用多年的习惯，不太重视重复备课。然而，近年来，随着科学技术的发展，新的知识、新的技术、新的理论不断出现，并充实到教材中，使得中学教学内容发生了很大变化；另一方面，随着教学改革的深入，中学教学理念、教学内容的编排方式、教学要求等方面也发生了很大变化。这就要求教师认真备课，及时、准确地把握教材内容和教学信息的变化。

第二，要认真了解教学的对象。随着社会环境的变化，现在学生的阅历、认知能力、获得知识的渠道等各方面不仅与过去的学生大不相同，而且千差万别，要根据学生的特点，在教学内容的处理和教学方法上进行相应的调整。

第三，充分利用现代教学手段。随着技术水平和经济的发展，中学教学条件也有了很大提高，多媒体等教学手段逐渐普及，一些先进的实验设备也逐步建立起来，教师要充分利用这些先进的教学条件，提高教学效果。

第四，重新认识并摆正教师在学生中的地位。由于社会观念的变化，学生认知范围的扩大和认识水平的提高，教师在学生心中至高无上的地位受到挑战，很多学生敢于质疑教师的观点。教师必须调整心态，以更加平等的方式调动学生参与到教学过程中。

第五，灵活运用形式多样的考核方式。现代教学理念不仅要求学生掌握所学的知识，更注重学生灵活运用知识的能力。因此，教师应通过灵活多样的方式考查学生对知识的掌握情况和运用能力，适时对教学过程和方法进行调整，以提高教学的针对性。

第六，注重教师自身的不断学习与提高。现在教学理念发生了很大变化，学科知识和教学内容不断更新，教学手段不断进步，学生素质和观念日新月异，这些都对教师本身的素质提出了更高的要求。因此，教师只有不断充实自己，努力提高自身的知识素养，才能因应各种教学因素的变动，做到在变动中教学，从而在教学中游刃有余。

四、结束语

变动性是现代教学的一大特点，忽视“教学变动”，进而没有做到“变动教学”，这是产生教学僵化的根本原因。充分认识教学的变动性是防止教学僵化的前提；因应各种教学因素的变化，及时对教学过程进行相应的调整，是避免教学僵化的有效途径；不断提高教师自身的知识和能力水平，是实现“教学变动”与“变动教学”辩证统一的基础。

参考文献

[1] 王俭．高中教师职业倦怠原因分析及对策研究［D］．上海：华东师范大学，2007.

[2] 王通理，楼晓明．关注教师职业倦怠［J］．教学与管理，No.1，2004.

融会贯通，举一反三

——减数分裂及其相关知识的整合

叶　平

减数分裂在整个高中生物中起着举足轻重的作用：一方面，它是真核生物产生有性生殖细胞的分裂方式，是有丝分裂的重要延伸；另一方面，作为遗传的基础，它又与遗传规律、DNA 复制、生物的变异等遗传知识紧密联系。

但是，减数分裂又是最让学生感到头痛的生物知识之一。究其原因，应该和减数分裂抽象、染色体行为复杂等有关。所以，如何攻破减数分裂，如何灵活地举一反三，这是在高三复习的过程中非常突出的问题。

减数分裂及其相关知识的整合可以通过一些例题的展示来实现。

一、对减数分裂基本概念的考查

减数分裂过程中特有的概念有联会、四分体、同源染色体等，学生容易将这些概念与姐妹染色单体、染色体混淆，对该过程就更难以理解了。

例 1：图 1 中，A 与 B 的关系是________；A 与 C 的关系是________；1 与 2 的关系是________；2 与 3 的关系是________；2 与 5 的关系是________；

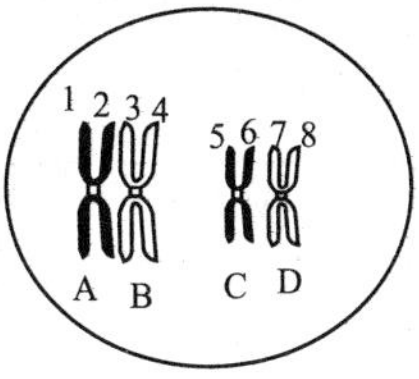

图 1

答案：同源染色体，非同源染色体，姐妹染色单体，同源染色体非姐妹染色单体，非同源染色体非姐妹染色单体

例2：该细胞中有________个四分体，________对同源染色体，________条染色体，________条染色单体，________个DNA，________条脱氧核苷酸链。

解析：在减数第一次分裂前期，同源染色体两两配对形成四分体，相关概念的关系是：

1个四分体=1对同源染色体=2条染色体=4条染色单体=4个DNA=8条脱氧核苷酸链。

答案：2，2，4，8，8，16

二、减数分裂与有丝分裂分裂图像的判断

减数分裂实际上是一种特殊的有丝分裂，所以两种分裂方式有很多相似的地方，尤其是细胞分裂图像。我们经常遇到要求运用所学知识来区分各种类型的分裂图像，要做到准确判断就必须具备扎实的基础知识。

判断各时期分裂图像的方法归纳起来主要有以下几个步骤：

（一）数染色体条数。若为奇数条，则为减数第二次分裂。只有这个时期才可能出现奇数条的染色体。若为偶数，则进行下一步。

（二）看有无同源染色体。若无，则为减数第二次分裂。由于减Ⅰ后期同源染色体分离，所以减Ⅱ正常情况下不会出现同源染色体，其只存在于有丝分裂和减Ⅰ中。

（三）看同源染色体行为。若出现了联会、四分体、同源染色体分离等特殊行为，则为减Ⅰ。具体图像分析比较见表1。

表1　减数分裂和有丝分裂图像比较

分裂类型	前期	中期	后期
有丝分裂		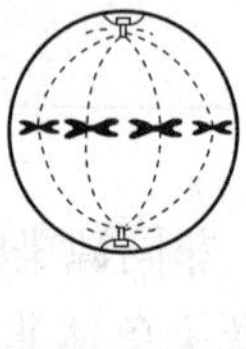	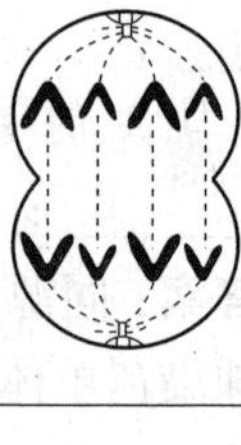

续表

分裂类型	前期	中期	后期
减Ⅰ		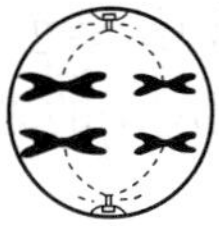	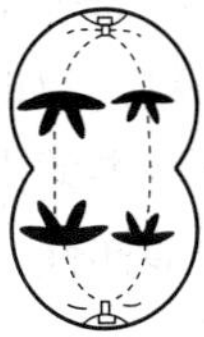
减Ⅱ		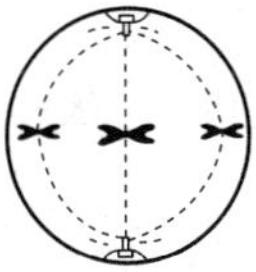	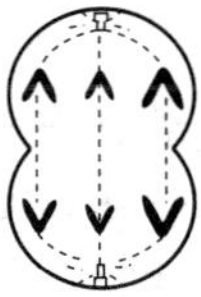

例 3：图 2 是某高等二倍体动物体内处于不同时期的细胞分裂图像，则该动物的细胞中染色体最多有________条，图乙所示细胞的名称是________；丙细胞的子细胞为________。

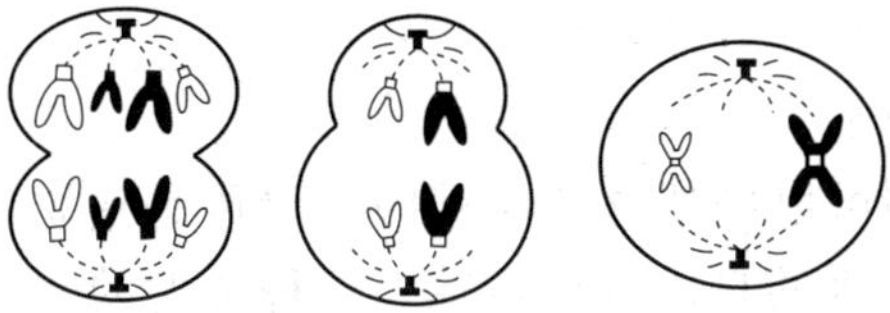

甲　乙　丙

图 2

解析：生物体内染色体条数最多的时期为有丝分裂后期，即甲图。乙图表示减Ⅱ后期的细胞，由于细胞质不均分，可以判断该生物为雌性，所以其名称为次级卵母细胞。丙图为减Ⅱ中期图像，若在后期细胞质均分，则其子细胞为两个第二极体；若在后期细胞质不均分，则其子细胞为第二极体和卵细胞。

答案：8；次级卵母细胞；第二极体或卵细胞

三、减数分裂与配子产生及遗传规律的知识整合

基因的分离定律发生于减数第一次分裂后期，即同源染色体分

开，其上等位基因分离；基因的自由组合定律发生于减数第一次分裂后期，即同源染色体分离，非同源染色体自由组合的同时，非同源染色体上的非等位基因自由组合。这样就会形成2^n种配子（n为同源染色体对数）。如果再把非姐妹染色单体间的交叉互换考虑进去，产生的配子种类就更多了。而配子的多样性和精卵结合的随机性就形成了生物的多样性。

例4：如图3所示，精原细胞内含有Aa、Bb两对同源染色体，则此精原细胞经一次减数分裂可以形成________个精子，________种精子；若其中一个精子的染色体组成为Ab，则其产生的其他3个精子的染色体组成分别为________。

解析：一个基因型为AaBb（独立遗传）的生物体可能形成2^2种配子，一个精原细胞经过一次减数分裂可以形成4个精子，2种精子，其中来自同一个次级精母细胞的两个精子基因型相同。

答案：4；2；Ab、aB、aB

例5：如图3所示，若该动物与Aabb的个体杂交，则后代中有________种基因型，重组类型占的比例是________，基因型为aaBb的个体占的比例是________。

解析：据图可以判断这两对基因的遗传是独立的，因此遵循基因的自由组合定律。这种类型的题一般采取“先分开，再相乘”的方法。

答案：6；1/4；1/8

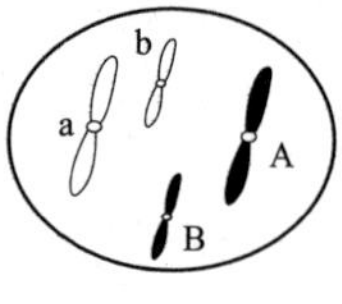

图3

四、减数分裂与DNA复制的整合

DNA复制具有半保留的特点，学生对其复制的基本过程掌握比较容易，但是如果和细胞分裂联系起来，极容易将DNA和染色体的关系弄混淆，造成失分。

例6：如果一个精原细胞核的DNA分子都被^{15}N标记，如只供给该精原细胞含^{14}N的原料，则其减数分裂产生的4个精子中，含有^{15}N标记的DNA分子的精子所占比例依次为________。（不考虑交叉互换）

解析：首先要明确。1条染色体有1个DNA、2条脱氧核苷酸链。由于 DNA 的半保留复制，所以在减数第一次分裂前的间期，经过复制后，出现染色单体，每条染色单体中的 DNA 均含有一条^{15}N 和一条^{14}N 的链。因此，最后形成的精子中染色体上的 DNA 也是由一条^{15}N 和一条^{14}N 的链组成的。

答案：100%

五、减数分裂与生物变异的联系

（一）基因突变：在 DNA 复制时期，即减数第一次分裂前的间期可能发生。

（二）基因重组：减数第一次分裂四分体时期，同源染色体的非姐妹染色单体间可能发生交叉互换；减数第一次分裂后期，同源染色体分离的同时，非同源染色体自由组合。这两种情况均属于基因重组。

（三）染色体变异：减数分裂过程中，如果纺锤体的形成受阻，会出现染色体数目加倍的生殖细胞，生殖细胞结合后形成多倍体。也可能个别同源染色体未分离或姐妹染色单体未分离造成分裂后的细胞中个别染色体的数目发生增减。

例 7：图 4 为高等动物的细胞分裂示意图，则该细胞可能发生的变异类型是________或________。

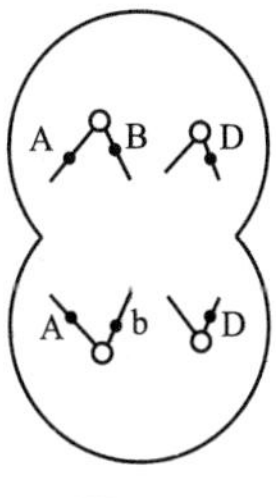

图 4

解析：首先判断此图处于减数第二次分裂后期，着丝点分裂，姐妹染色单体分离。姐妹染色单体是由一个着丝点连着的并行的两条染色单体，是在细胞分裂的间期由同一条染色体经复制后形成的，其大小、形态、结构及 DNA 应该完全相同。但图上左边的两条染色体上 B 基因不同，原因可能是：（1）据图可以假设该生物基因型为 AaBbDd，且 Aa、Bb 这两对基因在一对同源染色体上，在减数第一次分裂前期（四分体时期），同源染色体非姐妹染色单体发生了交叉互换，这种变化属于基因重组；（2）在分裂间期，DNA 复制时，发生了基因突变，产生了新基因。

答案：基因重组；基因突变

领悟集

例 8：一对夫妻中，男性色觉正常，女性色盲，婚后生了一个性染色体为 XXY 的色觉正常的儿子，产生这种染色体变异的细胞和时期分别是________，________。

解析：减数分裂过程中，如果纺锤体的形成受阻，则会形成异常的配子。这种异常情况主要有两种情况：一是减Ⅰ后期，同源染色体未分离，这样产生的配子全部不正常，如 XY 精子；二是减Ⅱ后期，姐妹染色单体未分离，这种情况产生的配子有一半不正常，如 XX 精子、YY 精子的形成。这些不正常的精子和正常的卵细胞受精，就形成了染色体异常的个体。

答案：精子，减数第一次分裂后期

对减数分裂及相关知识的复习，除了做题之外，更要引导学生在复习中不断回归教材的基础知识。只有灵活掌握各个知识内部的联系，才能融会贯通，举一反三。

用心·宽容

彭　红

“教育”一词在现代汉语词典中有两个注解：一是培养新生一代准备从事社会生活的整个过程，主要是指学校对儿童、少年、青年进行培养的过程；二是用道理说服人使照着做。作为学校教育第一线的我们，每天都在进行着这样的“教育”。不可否认，现在的学生因为这样或那样的原因似乎变得越来越难教，而我们中的很多人在认真付出却得不到学生的理解后也开始把“教师”仅仅当成是一份养家糊口的职业，但我始终认为，就算是一份职业，也应该用心去做；就算是很顽劣的学生，只要以心换心，他也能明白你的苦心。

教师，不是我最初的选择，甚至是我最不愿的选择，但阴差阳错让我走上了三尺讲台。回想最开始我来到学校，面对一群根本就不想学生物这科的文科班学生，看到他们在课堂上睡觉、讲话而当我不存在时，我觉得自己真的要崩溃了。我讨厌去上课，我不想面对他们，甚至害怕去教育那些面对错误还振振有词的学生们。我哭过，也想过放弃。但出身教师家庭的我心底始终还有一份坚持。最终，我决定面对！我坚持上好每一堂课，不论认真听的同学有多少；我坚持每天中午义务给他们补会考内容，不论自愿来的同学有多少；我坚持真诚地与同学们交换意见，不论他们听进去多少……慢慢地，我欣喜地发现上课认真听的同学越来越多了，中午自愿来的同学越来越多了，主动与我谈天说地的同学也越来越多了。在这样的坚持中我度过了作为新教师的最初几年，在这样的坚持中我明白了一个道理：学生是能感知你的内心的。不论你口头上说得多好听，如果你内心不喜欢学生，学生们能感知到。有时不论你对他们多严厉，如果你内心是为他们好的，他们也能理解。

一直以来教师多以成绩来评价学生，学校以成绩来评价教师，社会以成绩来评价学校。成绩不仅成了学生的“命根儿”，也成了教师和学校的“命根儿”。但是，成绩好的就一定是好学生、好教师、好学校吗？成绩不好的学生就一定一无是处吗？曾经，我也以成绩评价学生，一直想给学生们最好的、成功的人生。但是，什么是“好”？什么是“不好”？什么是“成功”？一位多年前我教过的学生让我思考了许多事。两年前的某一天，我有事到解放碑去。坐上轻轨，猛然发现对面的男孩很面熟，他也看到了我，原来是我多年前教的学生。记忆中的他成绩并不好，是同事们口中的“顽劣”学生，也是长期坐教室最后一排的典型。在聊天中，我得知他高中毕业后只考取了一个三流大学，现在自己在做进出口红酒的代理，日子过得忙碌而充实。在聊天的过程中，轻轨到站，上来一个老婆婆，这位曾经是老师眼中的“坏”学生不假思索甚至是条件反射地站了起来，第一时间把座位让给了那位老婆婆。那一刻我竟然有些震撼了：这就是所谓的“坏”学生吗？他现在忙碌而充实的生活能叫“不成功”的人生吗？看着他青春而自信的脸，听着他对生活和工作的侃侃而谈，我想，或许我错了。每一个孩子都是一本书，需要我们细细品味；每一个孩子都有闪光点，需要我们用心发现。从此以后，在我心里坐在后排的学生再也不是成绩差的学生，而是未被发现闪光点的学生。从此以后，我竭尽所能地去发现：他们虽然成绩并不好，但有的管理能力很强，有的艺术方面很出众，有的非常热心公益事业也乐于助人，有的心地善良，有的勤劳能干……我们能说他们就是“坏”孩子吗？我们能说他们以后的人生就一定是不成功的吗？

曾经听过这样一个故事，令我感动至今：有个小女孩趁大家都休息的时候，一个人偷偷溜进教室去拿同学的东西，正当她拿了东西要出来时，她的班主任走进了教室。当时小女孩害怕极了，关掉了手电筒，悄悄地蜷缩在桌角。这时，老师稍稍思索了一下，对那个女孩说：“孩子，老师知道此时你一定很害怕，也一定非常后悔。”这时，教室里传来了一阵低声的啜泣声。“这样，我不知道你是谁，我也不想知道，我用手帕系在眼睛上，你不用担心，赶快从教室里出来，回去吧。”不一会儿，从教室的窗口传来了声音。“小心一点，孩子，千万别摔着。”老师不忘叮咛那个早已后悔不已的孩子。这件事就这样悄然过去了，那位老师用自己的善良、宽容和理解保护了一个犯错的孩子，为她保留了自尊，让她有了机会重新做个好孩子。那个女孩后来也当了一名老师，她把这件事永远地记在了心里。是的，人生就是这样，有长处也有短处，有招人喜欢的一面也有自私冷漠令人失望的一面。宽容还是放弃，有时对老师来说是一道难解的题，但对孩子来说却可能关系到他的一生。我不是“蜡烛”，也不想当“园丁”，更无法成为伟大的“人类灵魂的工程师”，我只是想用心教书，用心对待每个孩子。

用心，是对工作的一种态度。我知道班上的一个孩子或许对我只是几十分之一，但对他（她），对他（她）的家庭却是百分之百。我理解家长对于孩子的期望并非都是成龙成凤，但也希望他们能竭尽所能放手一搏。我更明白孩子们并非都不想学，只是他们的长处或许并不在此。所以，用心，更是一种对孩子的态度，一种真诚的以心换心的态度。宽容，是退一步海阔天空的胸怀。“金无足赤，人无完人”，孩子们正是在不断的犯错中成长，在不断的跌倒中前行的。面对他们所犯的这样或那样的错误，我们为何不多一份理解，换位思考，用心引导呢？所以，宽容，更是一种对人对事的心态，一种对孩子包容、接纳和尊重的心态。

高中生物高效课堂中小组合作学习初探

程　刚

建构主义学习观要求教师在教学中，应当树立“以学生为主”的思想，让成员积极参与课堂教学，促使成员思维能力的提高。在新课程的形势下，高效课堂要求老师应该充分相信每一个学生，给每一个学生提供展示他们才华的平台。小组合作学习就成为了高效课堂教学的必要组织形式。

一、构建合作学习的小组

（一）组内异质，组间同质

要进行小组合作学习，就应建立高效学习小组，教师首先根据不同学生的学习成绩、性格特点、能力倾向和兴趣爱好等方面，采用互补搭配的原则，将性别、个性、成绩、兴趣、特长等相互搭配；另一方面，小组之间的分组情况应该是同质的，也就是说，各个小组的综合成绩、综合能力应该是平均的，以保证小组竞争的可比性和公平公正。

（二）人人参与，合作学习

小组建设的成功与否就在于学生是否能通过合作学习知识、解决问题并能够生成更好的问题。要开展好合作学习，就要选择并安排好任务。在高中生物课堂上，教师应选择高中生物教材中如科学探究、科学发现史、思考与讨论等具有启迪学生思维、培养科学探究能力的任务交给学生进行合作学习。例如，在《必修一》“分子与细胞”学习蛋白质的结构时，让小组每位学生用身体模拟氨基酸，然后一个小组整体配合如何形成一条肽链甚至是环肽，不同小组组成不同肽链，同学们通过小组合作亲身体验蛋白质的形成过程，并在小组中发现问题，进一步讨论脱水缩合过程中氨基酸数、肽链条数、肽键数及脱水数的关系。通过小组中每个人的参与，合作学习既突破了知识难点，又让同学们在叹服科学家思维的同时感受到小组合作学习的力量。

二、小组合作学习存在的主要问题

笔者在小组合作中观察、记录存在的问题，并且在学生中对讨论、展示、点评、总结、复习等环节进行调研，采用问卷调查形式（表1）抽查年级中的10个理科班学生及教师，总结了小组合作探究中存在的问题。

表1　小组建设及小组合作问题问卷调查结果（抽样总人数：200人）

存在问题	过于强调合作形式	没有明确的合作任务或合作的任务缺乏挑战性	学生在合作学习中的主体地位不够	对学生合作学习的培训不够	合作学习忽视了学生学习的差异性
人数	62	58	47	89	102
所占百分比	31%	29%	23.5%	44.5%	51%

（一）教师角色定位不当

目前，课堂中合作学习的问题多是在教师预先设置好的前提下进行，学生自己发现问题的能力受到限制，使课堂很难真正产生智慧的碰撞，学生的思维变得局限于教师发下来的学案；另一方面，老师一宣布开始合作学习后，将学习任务完全交由小组讨论，片面地强调“学生主动探究”，缺乏相应的参与和指导，学生的合作学习只能停留在表面，很难生成有效的问题。当然，教师也存在“合作学习”和“接受性学习”如何做到统一的问题。

（二）学生合作讨论低效

在课堂上，由于受时间的限制，加之高中生物学知识大多需要理解，学生水平参差不齐，学案设置的问题有时很难考虑不同层次的学生，因此很难形成真正有意义的质疑和对正确知识的准确把握，这一问题在高中生物课的新授课中体现得尤为明显，但在高中生物的复习课堂中，由于学生已具备一定的生物科学知识及表达能力，学生的合作学习比较有效。

（三）教师不能准确把握学生的合作需要

学生在学习时，不是任何内容都需要进行小组合作学习的。教师对学生能自主学习解决的内容把握不准确，导致学生的合作热情不高。例如，在学习光合作用的影响因素时，学生对于光照强度、光合作用强度等抽象的概念很难理解，此部分就算是优生在初学时也不可能通过学生的小组合作学习来掌握，因此这时需要教师的直接指导。只有当内容在小组中学生个人无法处理的情况下，但进行小组合作学习能解决，合作才有价值。

三、高中生物课堂小组合作学习策略

（一）教师应注意自身参与

教师是课堂教学的组织者、引导者和合作者，组织学生开展丰富多彩的学习活动，引导学生进行自主、合作、探究，与学生合作共同解决学习中碰到的困难。因此，在学生小组合作学习时，教师应注重自身参与，一方面及时了解学生的学习进程，另一方面给学生一种无形的期望，激励学习，积极讨论、交流，提高合作效率。

（二）正确把握合作学习的过程

学生的学习离不开老师的调控，正确把握合作学习的过程，可以防止合作学习过于散乱，流于形式，成为无效劳动。

（1）及时纠正

在合作学习过程中，学生的思维发散开了以后，很容易偏离原来的题目，教师如果没有及时纠正，学生对于主干知识和难点知识的把握就会出问题。教师可以通过询问的方式及时将学生引导回主题。

（2）高效展示合作学习成果

教师评价小组合作学习是否高效，需通过展示合作学习成果反馈，因此要求学生认真做好展示也是课堂是否高效的重要环节。这也要求展示小组要能抓住要点；有时可以用生物学科特有板图、概念模型、数学模型等提高展示效率，不仅可展示重点难点、规律方法，也可展示问题、疑难；其余小组同学要对其进行点评和总结。其他同学要注意倾听，注意记录、整理和完善自己的学习成果。如在学习《必修一》“分子与细胞”中细胞器的分工与合作这一知识点时，利用八个学习小组，分别代表动植物细胞中的一种细胞器，在各组同学对细胞器的知识进行合作学习时，要求组内进行合理分工，部分同学在黑板上画出细胞器的结构模式图，部分同学讨论写出解说词，部分同学进行角色扮演对结构和功能讲解分析，其余小组在完成本组细胞器的同时，也对其他小组介绍的细胞器提出质疑或补充。

综上所述，小组合作学习是在新课程改革倡导“自主、合作、研究”的背景下一种新的学习方式，它要求学生在合作学习中既要独立思考又要相互学习，最终达到学生在学习知识的自主能力、合作过程中的思维能力以及团队协作能力都能得到有效提高的目的。课堂的高效是多维度，作为教师，我们还将在高效课堂的其他方面做更深入的努力，不但使教师自身获得专业发展，学生的生物科学素养也能得到真正提高。

参考文献：

[1] 陈新宇. 小组合作学习模式在高中生物教学中的应用探讨 [J]. 课程教育研究，2014，25.

[2] 李丽娟. 新课程改革后高中生物合作学习的实践与研究 [D]. 河南师范大学，2013.

新课程下的生物教学

董小玲

全面实施素质教育与基础教育课程改革是当前教育领域的一场深刻变革，在这场变革中，站在第一线的我们在不断地学习新课程，尝试着正确领会新课标的精神和理念，期望能更好地应用于教学实践，为推进基础教育的改革尽自己的微薄之力。作为一名新教师，我利用有限的教学经验，结合自己当学生时的一些感悟，把自己对新课程下教学的一些粗浅的认识整理成文，希望能得到大家的指点，并与同仁们共勉。

一、学习新课程，品味学习方式的变革

教师们都明白这样一个道理：要想让学生学到东西，学生自己得渴望学习，而不是要老师逼着学。实现这一学习目标的唯一办法就是让学生在学习过程中担任主角。新课程理念认为学习是一项参与性的活动，学生学习的方式是实践——不断实践，直到学习成为他们的第二本性为止。而无论是自主学习还是合作学习抑或是探究学习，体现的正是学生亲身的体验和实践。在新课程的指导下，结合我校学习昌乐二中“271 高效课堂”模式，教师很少在课堂上滔滔不绝地讲课，或者让学生把每天的讲授记录下来。相反，课前下发导学案，让学生自主完成预习工作，课堂上学生进行分组讨论并评价，由教师引导学生得出结论。通过以上方式让学生主动学习的观念慢慢发展成头脑中根深蒂固的理念，自然而然的行为。

新课程中有着挑战，同时也蕴藏着困难。由于课堂上学生积极参

与学习，思维变得活跃了，会提出各式各样的问题，甚至敢于向教师挑战，课堂纪律难以控制，教学任务难以完成，最令人担心的是考试怎么办。面对这些问题，教师得放下架子，学会蹲下来欣赏学生，学会换位思考，有勇气承认自己有不懂的地方，愿意与学生共同探讨。因此一节课，无论怎么准备，都不会尽善尽美，课堂上会发生很多事先无法预知的情况，有时教学任务没有完成，这都是很正常的，但是学生在某一方面获得了充分的发展，我们就应当肯定，应当坚持。

二、学习新课程，品味“以人为本”思想

“新课程的教学关注的是生长、成长中的人的整个生命。”面对这样的要求，教师应把教育放在关注学生作为人而成为人的重点上。

生物这门学科与生活息息相关，学习糖类、脂质、蛋白质等相关内容时，我们就要结合生活中蔗糖、葡萄糖、脂肪、腐竹、牛奶等食物进行分析；学习核酸的内容时，可以用 DNA 犯罪检测来说明核酸的特异性；进行酶的探索时，要学习科学家探讨问题的方式，同时体现科学的复杂性，许多结论都是一代代人努力的结果，我们站在前人的肩膀上才能看得更远。

三、学习新课程，与学生平等交流

成功的一堂课，或者说成功的一次互动合作离不开师生间的有效的、和谐的交流与沟通。新课程下的教师应拥有出色的与学生交往的能力，并且喜欢与学生相处，喜欢学生，而且也乐于帮助学生，做他们的顾问，给他们及时的指导。我们通过与学生的交流了解学生当下的心理状态、学习问题，之后帮助学生调整心态、改善学习方法，必要时要与家长取得联系并及时了解情况，从而共同帮助指导学生的健康成长。在这过程中，我相信平等交流、沟通环节非常重要，它能让我们帮助学生意识到自己的潜力从而努力发掘。教师所做的事除了教学外，以“以人为本”的思想来说，我们做的另一件事是让学生在学习中更清醒地认识自己，改善学生的学习和方法，并教导学生要重视学习，从而实现自己的理想。

以上就是我的教学浅见，相信在新课标的指引下教学会更贴合学生，更适应学生的成长和易于知识的拓建，最终实现教学相长。

参考文献

[1] 赵国忠．课堂教学新变化［M］．南京：南京大学出版社，2012：1－7.

[2] 赵国忠．课堂教学新变化［M］．南京：南京大学出版社，2012：143－147.

[3] 牛志奎．教学策略之有效教学指南［M］．北京：中国人民大学出版社，2011：45－59.

综合3

基于项目学习构建中学机器人教学模式

蒋治林

随着科学技术的进步和课程改革的深入，中学机器人课程越来越受到重视。但探索适合中学机器人教学的方法，必将要考虑到该课程的特点，即创新性、综合性、开放性、发展性、实践性和探究性。中小学智能机器人教学的主要目标之一是培养学生的创新精神，其教学设计、教学模式、教学方法和教学评价也必须具备创新性。

一、项目学习适合中学机器人教学的优势

项目学习并不适用于教授基本技能，如阅读、计算能力等，也不太适合小学教育，因为学生认知基础薄弱，缺乏相应的项目管理和自我管理能力，但其正以独特的优势满足着中学教育的上述其他要求。之所以基于项目学习构建中学机器人教学模式，主要是因为项目学习有如下优势：

（1）促进高级认知能力的发展。项目学习让学生参与复杂的、新的问题解决过程，在过程中，学生可获得诸如项目和时间管理、资源分配、团队合作等素养。

（2）提高解决问题的能力。项目学习不是学生对知识的简单复现，而是创造性地解决问题或创造出新颖独特的产品。学生的能力不是天生的，而是在运用知识、探索知识的过程中发展起来的，项目学习则提供了这样一个良好契机。

（3）提高信息素养。项目学习强调从不同渠道获得信息，如网络、印刷媒体等，然后进行综合处理，有效地提高学生的信息素养。

（4）提供团队合作经验。项目学习以合作学习为基础，在项目实施过程中，学生可获得团队合作经验。

（5）激发学生的学习动机。

二、项目学习实施过程

很多教师认为项目学习是一件占用常规教学时间的事情，因此把它当做课堂的补充部分，其内容多是对课堂内容的扩展和加深。笔者认为以课程标准为核心的项目学习可以作为教学的主要方法，代替某些课程的常规教学，或作为课堂教学的一部分。根据这一观点，笔者将项目学习的过程总结为六步，见图1。

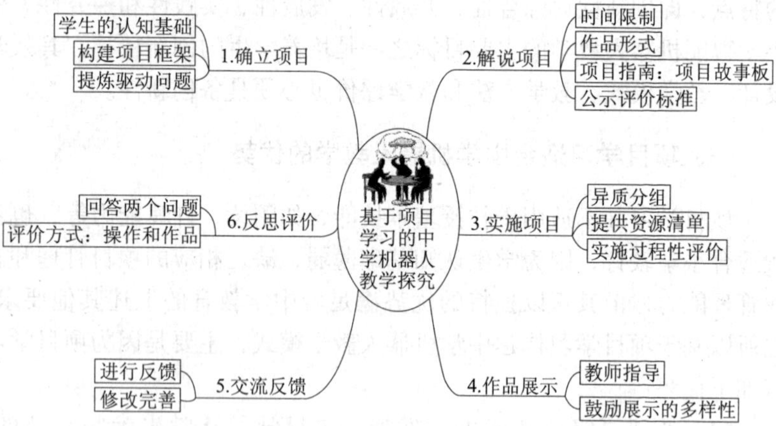

图1　项目学习的过程

（一）确立项目

奥苏贝尔说过：“如果我不得不把全部教育心理学还原为一条原理的话，我将会说，影响学习的唯一最重要因素是学习者已经知道了什么。”在项目正式确立前，确定学生的认知基础，尤其是学生的团队合作经验，以便更科学合理地安排项目的活动和任务。通过课程标准可以确立学习目标，再根据学习目标构建最终的项目作品和阶段性作品，根据各阶段作品确定详细的项目活动和任务，根据上述过程可以构建项目的框架。项目框架完成之后，如何把项目主体和课程标准凝练成一个重要的、有意义的驱动问题就显得尤为重要。

（二）解说项目

有经验的教师在实施项目学习前，往往会对项目进行重点解说，以避免在实施过程中，学生偏离项目主题或者不能按时完成作品。笔者认为以下几个部分应该对学生重点说明。

（1）完成作品的具体时间限制。其中包括最后成品以及各阶段作品的完成时间。

（2）规定作品的形式。作品以什么样的形式呈现，要根据课程标准和学习目标来定。

（3）项目指南。有的项目可能要求学生完成阶段性作品，这一个个作品就是项目的里程碑，要指明项目活动和任务的先后顺序，最好做出项目完成故事板。

（4）公示评价标准。提前让学生确知评价标准，可以规范学生的操作行为，减少不必要的时间浪费，它包括面对中间过程和面对结果的标准。

（三）实施项目

该阶段是学生项目学习的主体，要求学生根据项目故事板进行操作。教师要对学生进行异质分组，或者由学生自愿结组、教师微调。项目过程中，教师要提供相应的原始资源清单，可以是网络资源、纸质图书或者报纸杂志等；学生利用教师提供的清单，对资源进行分析、综合，然后加以利用。在项目开始前，已经给学生公示了面对过程的评价标准，教师要适时介入，实施过程性评价，并给出反馈，帮助学生及时调整项目方向和进度。对要求完成的阶段性作品，教师要设置检查点，督促项目进度。

（四）作品展示

制作作品是项目学习区别于其他学习方式的显著特征，并且要作为学生的劳动成果进行展示。学生通过展示作品，表现他们在项目过程中获得的知识和技能。新课改后，有的学校课堂教学中就有展示环节，而且将其定义为精髓环节。学生通过展示，不仅能增强自信心，增加劳动自豪感，而且还锻炼了解说、表达的技能。教师应该鼓励展示方式的多样性，并且要给予学生一定程度的指导，但还是要以学生为中心。

（五）交流反馈

学生展示作品之后，会收到其他小组和教师的反馈，学生根据反馈，对作品修改完善。

（六）反思评价

项目结尾之时，引导学生进行反思评价，不仅可以让学生从实践中总结经验，而且各小组之间可以相互学习，真正做到取长补短。反思时要引导学生回答两个问题：

（1）我是怎样搜集、处理和应用信息的？如果重新来过，我会不会有更好的方法？

（2）小组合作过程中，我的表现如何？我应该怎么做，才能做得更好？

项目学习的评价手段不仅仅关注学习结果，还要把握学习过程，具体则包括教师评价和学生互评两种形式。对于学习过程，主要是对阶段性作品和项目过程文件的评价。对于学习结果，从学习目标倒推，采用与学习目标相符合的项目作品，进行有效的项目评价；学生互评也会作为评价结果的一部分。教师只针对小组整体进行评价，然后与学生互评加权，就是每个学生的项目学习成绩。项目学习一直被作为课堂的补充部分，但是“以课程标准为核心的项目学习”则可以成为课堂教学的一部分，或者代替某些课程的常规教学。项目学习的优势正好迎合机器人教学的需求，对于培养学生的创新精神和综合实践能力有很大帮助。

参考文献：

［1］Sally Berman. 多元智能与项目学习：活动设计指导［M］. 夏惠贤，等，译. 北京：中国轻工业出版社，2004.

[2] 李仙蕊．中小学机器人教育模式的构建——基于项目学习法的研究[D].上海：华东师范大学，2008.
[3] 李鸣华．机器人教育的教学设计［J］．中国电化教育，2007（8）.
[4] 王小根，胡兵华，何少莎．基于“任务驱动”的小学机器人教育校本课程开发［J］．电化教育研究，2010（6）.
[5] 张兴华．基于机器人的青少年活动的教育价值的研究［D］．长春：东北师范大学，2007.
[6] 彭绍东．论机器人教育（上）［J］．电化教育研究，2002（6）.

基于《简易机器人制作（苏教版）》的教材分析及项目案例

蒋治林

一、教材分析

《简易机器人制作》（苏教版）教材分析

类别 / 章节	主要内容	项目设想	计划学时	是否适合项目学习
1. 走进机器人世界	机器人应用领域及其基本组成和工作过程	—	2	否
2. 让简易机器人动起来	单片机与传动机械，并简单介绍电子控制系统和继电器	定位为专题项目，涵盖三个子项目，分别解决传动机械、电子控制系统、继电器和传感器三块操作实践性知识，项目围绕“齿轮装置”“独轮车”“报警器”三个作品展开	6	是
3. 让简易机器人完成指派任务	单片机与控制程序	围绕“电风扇”作品展开，要求学生解决各种问题，最后形成成果	12	是
4. 让简易机器人自动适应环境	传感器的使用，并再一次要求体验简易机器人的设计、制作、调试、运行过程	要求学生围绕“步行机器人”再做一个项目，既是对前面所学的总结，也可作为考核的一部分	10	是

二、基于项目学习的机器人教学设计

【项目名称】

“智能电风扇”的设计与制作

【项目内容】

该项目基于苏教版《简易机器人制作》第三章的内容，计划通过“智能电风扇”的制作，统筹该章内容的教学。项目主要包括三个板块的内容，分别为单片机、汇编语言和简易机器人制作过程，通过第三个板块的作品制作，可以将前两个板块的内容糅合进去。

单片机板块，要求学生了解其基本组成和工作过程，知道其电路引脚的功能。汇编语言板块，不需要学生对其精通，只需要了解常用的编程指令，能够根据操作手册写出需要的代码即可，并且要能够将其烧结到控制电路中。简易机器人制作流程板块，其实是对前两个板块的再熟悉和糅合，要求学生亲历其设计、制作和运行调试的一般过程。

【项目目标】

整个项目下分为三个子目标，三个子目标层层铺垫：

（1）了解简易机器人的单片机控制电路；

（2）了解一种单片机常用的编程指令；

（3）熟悉简易机器人的程序设计。

【项目准备】

准备机器人的活动场地、维护修理器械以及机器人的组装套件、传感器、控制器，并提前做好测试。笔者推荐智慧天下的机器人套装，苏教版的这一教材用的单片机是 AIMEL 0421 系列的 AT89C2051 - 24P1 产品。

准备考核的相应量规和表格，如项目启动文档、项目活动记录表、小组互评表以及针对阶段性作品和最终作品的评价表。

【项目时长】

项目总学时为 12 学时，子项目一 2 个学时，子项目二 4 个学时，子项目三 6 个学时。

【项目流程】

项目阶段	学生活动	教师活动	资源清单
确立项目	—	1. 确定学生认知基础，合理安排项目任务和活动； 2. 提炼驱动问题	—
解说项目	理解项目要求，明确项目内容	对项目进行解说，包括时间限制、作品形式、项目指南，并公示评价标准	1. 针对阶段性作品和最终作品的评价标准； 2. 小组互评表（见附件一）
实施项目	根据异质分组的原则，自愿结成小组，并确定组长	对学生结成的小组进行微调	—
	讨论实施项目的步骤，填写“项目启动文档”	巡视指导	项目启动文档（见附件二）
子项目一	同学之间有问题提出来，相互讨论、相互答疑，共同完成以下三个目标： 1. 了解单片机的特点和应用； 2. 了解单片机的基本组成和工作过程； 3. 了解单片机集成电路引脚的功能	巡视指导，观察各小组的协作及进展情况，准备在“项目活动记录表”上给出评价	1. 项目活动记录表（见附件三）； 2. 该单元内容相应的指导和操作材料
子项目二	听教师讲解汇编语言的基本知识	讲解汇编语言基本知识	介绍汇编语言的支持材料
	小组讨论编制简单的汇编语言控制程序	同“子项目一”	简单汇编语言程序示例
	将编制好的程序烧制到控制电路中	同“子项目一”	项目活动记录表

续表

项目阶段	学生活动	教师活动	资源清单
子项目三	设计“电风扇”的机器人模型	同“子项目一”	参考构建图（非原图）
	编写相应的控制程序	同“子项目一”	
	将程序烧制到控制电路中	同“子项目一”	
	运行调试	同“子项目一”	项目活动记录表
作品展示	展示劳动成果；可分工合作，提倡展示多样性	对学生展示的作品进行评价	项目活动记录表
交流反馈	对其他小组的作品进行评价交流；收集其他小组对本小组的评价，对作品进行修改完善		项目活动记录表
反思评价	在教师的引导下，反思协作和学习过程，填写小组互评表	指导学生进行反思和小组互评	1. 项目活动记录表； 2. 小组互评表

三、结束语

项目学习适合中学机器人教学，其优点是显而易见的，但项目学习也存在一定缺点：一是项目学习要求学生协作学习，学生可能会因为缺乏协作学习的经验而导致失败，或者是不适应这种学习方法。二是项目学习需设计得当才可发挥其功效，很可能会因为教师这方面的能力缺乏，让项目学习成为花瓶。不管如何，我相信将项目学习引进到中学机器人教学的前景是广阔的，今后，我将一如既往地关注这一领域。

参考文献：

[1] 彭绍东．论机器人教育（上）[J]．电化教育研究，2002（6）．

[2] 王益，张剑平．美国机器人教育的特点及其启示 [J]．现代教育技术，2007（11）．

[3] 张家华，张国民．人工智能与机器人课程的教学资源分析 [J]．中国电化教育，2008（10）．

[4] John Thomas. 项目学习教师指南——21 世纪的中学教学法 [M]．任伟，译．北京：教育科学出版社，2010.

[5] 张剑平，王益．机器人教育：现状、问题与推进策略 [J]．中国电化教育，2006（12）．

[6] 通用技术：简易机器人制作 [M]．南京：江苏教育出版社，2004.

附件一：小组互评表

<table>
<tr><td>姓名</td><td></td><td>所在组名</td><td></td><td>填表日期</td><td colspan="2"></td></tr>
<tr><td>自我评价</td><td colspan="6"></td></tr>
<tr><td colspan="7">对本小组其他成员的评价</td></tr>
<tr><td>序号</td><td>评价条目</td><td>成员 1</td><td>成员 2</td><td>成员 3</td><td>成员 4</td><td>成员 5</td></tr>
<tr><td>1</td><td>在大部分时间里他（她）踊跃参与，表现积极</td><td></td><td></td><td></td><td></td><td></td></tr>
<tr><td>2</td><td>他（她）的意见总是对我很有帮助</td><td></td><td></td><td></td><td></td><td></td></tr>
<tr><td>3</td><td>他（她）经常鼓励/督促小组其他成员积极参与合作</td><td></td><td></td><td></td><td></td><td></td></tr>
<tr><td>4</td><td>他（她）能够按时完成应该做的那份工作和学习任务</td><td></td><td></td><td></td><td></td><td></td></tr>
<tr><td>5</td><td>他（她）对小组的贡献突出</td><td></td><td></td><td></td><td></td><td></td></tr>
<tr><td>6</td><td>我对他（她）的表现满意，对他（她）总体上是喜欢的</td><td></td><td></td><td></td><td></td><td></td></tr>
<tr><td>7</td><td>如果还有机会我非常愿意与她（他）再分到一组</td><td></td><td></td><td></td><td></td><td></td></tr>
<tr><td colspan="2">总分</td><td></td><td></td><td></td><td></td><td></td></tr>
<tr><td>我的反思</td><td colspan="6"></td></tr>
</table>

附件二：项目启动文档

组名		项目名称	
指导教师		项目组长	
项目成员			
项目实施大致思路			
项目阶段性作品和最终作品描述			
通过该项目拟获得的知识技能			
备注			

附件三：项目活动记录表

项目名称：________　　　　填表日期：________

组名		项目组长		指导教师
项目成员				
该次活动的主要内容				
活动中产生的问题				
小组合作学习情况概述				
备注				

教师打分：________

浅谈高中女生的体育教学

钟 毅 赵 舒

在我国，小学至初中属九年义务教育，针对中招体考，体育课多以跑、跳、投掷为主。体育课虽然让大部分学生觉得比较枯燥、单调，但同时也给初中学生打下了良好的身体素质基础。到了高中，由于没有高考的压力，体育课以趣味性和实用性为主。尤其是高中课改之后，学生普遍都比较喜欢上体育课，特别是男生，他们对很多项目都有浓厚的兴趣，在体育课上也是精神饱满，积极主动。相反，女生则积极性不高，对球类、田径等项目也不感兴趣，通过分析我们发现造成这种现象主要有几个原因：

在生理上，到了高中，大部分女生的骨骼生长发育停滞，柔韧性下降，体重增加，脂肪增多，肌肉耐力较小，且易疲劳，恢复较慢。

在心理上，高中女生自尊心更强，更加敏感。害羞，不愿在男生面前做运动练习；胆怯，不相信自己的能力，在学习一些跳跃，球类运动时往往由于害怕而难以完成；爱美，怕脏，怕晒，不愿参加户外的体育活动，导致高中女生上体育课不主动，积极性不高。

在思想上，大部分学生都把重心放在学业上，以升学为目的。由于体育不是高考科目，自然学生就不重视体育成绩，特别是高中女生，她们在文化成绩上非常努力，甚至有的女生以请病假为由，在教室看书做题，自动放弃锻炼活动的机会。

虽然在体育课上男生们很活跃、很积极，但是仍不能带动女生们的积极性，不能提高她们对体育运动的积极性。鉴于以上特点并通过实践教学，我们发现，高中女生体育课的内容要尽量安排对抗性小，难度适中，运动量和动作强度便于自我调节的项目并注重身体全面锻炼。课改后，在选修课的内容制定上，可以注入体育舞蹈、乒乓球、羽毛球等更受女生喜欢的项目，发挥体育课的趣味性，提高女生对体育课的兴趣。因此，我们可以采取一些方法来提高女生的积极性：

一、结合实际合理选材，是调动高中女生积极性的关键

我在课堂中观察到，高中女生普遍比较喜欢羽毛球、乒乓球等小球项目；对排球、篮球、足球兴趣不高。她们最不喜欢的运动项目有耐久跑、投掷等田径类项目。因此我发现高中女生喜欢运动量不大，易于练习的运动项目，而对于诸如800米、铅球这样运动强度大的项目则有明显的排斥心理，教学实践中还显示由于以往传统的教学方法，使得某些项目的学习周期太长，太单调，学生容易生疏、遗忘，达不到教学效果，比如：篮球运动，从初中到高中都有练习要求，而大多数女生都不知道单手肩上投篮的正确动作，她们对篮球运动的了解仅从看男生打比赛或电视上得到一点印象。综合高中女生的生理、心理等特征，结合高中课改的思想，我在高二年级的体育选修课上以健美操作为女生的选修项目，得到广大女生的一致喜爱，学习积极性高涨，而且我把形体训练贯穿其中，让女生在锻炼身体的同时树立起优美的体态。

二、教法科学、组织得当是提高高中女生兴趣的基础

我们在教学中发现一节课如果教与学结合得好，学生的积极性和教学效果会有很大提高，反之如果教法组织不当，即使是游戏等一些学生喜爱的运动，学生练习起来也有难度。因此在教学中我觉得应注意以下几个方面。

首先，一节课是否能吸引学生，主要是看它的内容和设计，把学生喜欢上的教学内容，通过合理的、创新的教学方法展现出来，不但能调动女生的积极性，还能有效地达到教学目标。据我们统计，高中女生普遍喜欢体育舞蹈、小球等对抗性小、运动强度不大的项目。课改后，我们结合女生的兴趣爱好，开展了健美操、乒乓球等选修课

程。以健美操课来讲，在课堂设计中，我选用女生们喜欢的音乐作为练习音乐，采用由简到难的教学方法，先教单个动作，等大部分女生把基本技术动作都掌握之后，再增加难度，学习组合动作。在学习组合动作的过程中，充分发挥女生的想象力，让她们自己设计组合动作，安排一个或一组学生展示练习成果，这样一来，大家相互学习，每个人都可以收集几套组合动作，也让大家体会到当老师的感觉，把音乐、舞蹈、运动有效结合起来，充分体现力与美的完美结合，大大促进女生的学习积极性。

其次，不断创新，活跃课堂气氛，是提高女生主动性的重要手段。在课堂中，学生才是主体，起主导作用，只要她们主动投入进来，学习效果就会事半功倍。在健美操课程中，有女生提出能不能学习电视上或网上的一些流行舞蹈，比如：街舞、瑜伽等形式，但是我不是每种舞蹈都精通，所以，我就和学生一起跟着网上的视频学习，有时候学生比我学得快跳得好，还要反过来教我，大家相互交流沟通，使我们师生之间的关系更加融洽，课堂气氛相当活跃，女生们的学习积极性自然高涨。

再次，通过积极参加班级和学校的一些表演活动来建立女生们的自信心。大多数学生都是在健美操课堂中练习，完全没有舞台经验，跳得怎样也只有同学和老师看得到，所以在面对班级和学校组织的表演活动时都会出现紧张状态，这时，老师和同学之间的鼓励能带给大家极大的精神支持。我们组建的健美操队伍积极参加各种表演和比赛，不仅让大家积累到经验，还取得了优异的成绩，使女生们更加自信。

最后，就是要针对每个人的个性特点，发展她们自己的专长，给学生充分的学习空间，不限制学生的学习方法。比如，让她们选择自己喜欢的学习内容，让她们自由选择搭档，让她们自己编排组合动作和队形，总之，给学生更多的空间和自由，才能发挥她们的创造力，才能真正调动女生的积极性。

三、师生关系融洽是提高学生学习积极性的保证

尊重学生，关心学生，与学生和平相处是建立良好师生关系的基础。作为教师来说，只有对学生、对课堂投入感情，与学生真诚相待，学生才会理解你，信赖你。针对高中女生自尊心强、敏感等特点，首先就是要让每个女生体会到教师对她们的关心和爱护。作为一名女体育教师，在与女生的沟通上会更加容易，所以，既要做严师，又要做益友。其次是要多表扬鼓励学生，特别是女生，她们自尊心更强，更怕失败，所以在她们进步时要给予表扬；在遇到困难时要耐心引导，帮助解决；失败时给予鼓励，吸取经验，再接再厉。在一次学习健美操组合动作时，有小部分女生不能连贯完成技术动作，手脚很不协调，这时，我给她们空间，让她们相互学习，我发现完成动作好的女生会主动给协调性差的女生讲解示范动作，把自己学习的方法教给同伴，这样一来既教会了同伴动作，又提高了自身能力，还增进同学之间的友谊，一举三得。同时，教师用鼓励的语言不断给学生打气，让她们多思考，耐心练习，就会有进步。最后就是要与学生打成一片，参与到学生的练习中去，和她们一起做游戏，一起跳健美操，一起打乒乓球，这样不仅能缩短师生之间的距离，还能加深师生之间的感情，学习效果非常明显。

四、提高理论知识有利于提高学习兴趣

在体育教学与锻炼中，理论知识的提高有助于激发学生对体育学习的兴趣。在教学中学生理论知识的提高可以使学生在体育实践中提高理解能力、接受能力，能够更快地掌握运动技术。在健美操教学中，我加强动作技术和形体训练的准确性，教女生如何去欣赏自己，欣赏同伴，学生的学习兴趣有了很大程度的提高。可见，体育理论知识的提高可以使学习兴趣得到升华。

总之，人的兴趣不是与生就有的，它需要在一定的基础上，在学习实践中形成和发展起来，只有在体育学习过程中形成和发展女生的

兴趣，才能更好地培养女生对体育运动的喜爱，从而使体育学习成为一种高尚的享受。

领悟集

参考文献：

[1]《中国学校体育》，1999，1、4 期．

[2] 吴键，《试论体育教学模式与体育教学艺术》．

[3] 周登嵩，《学生厌学与体育教学改革》．

[4] 蔡建波，《对体育课兴趣培养的认识与思考》．

学校青少年田径训练的相关问题研究

王国友

一、学校田径运动训练现状

学校田径运动训练，不比专业的运动学校，有一定的人数基础、班级和专业的管理模式。由于体育运动学校发展缓慢，招生能力与范围减小，参与田径训练的人数也有减少趋势。随着社会主义市场经济的发展和大中专院校毕业生双向选择政策的制定，各高等院校的扩招、民办高校的发展，几年来的大专毕业生人数急剧上升，就业市场趋向饱和，给体育运动学校招生带来了巨大的冲击，在这样的形势下，田径训练也受到了极大的影响。如运动员选材渠道缩小，生源质量降低等问题都显露了出来。

二、青少年田径训练影响因素分析

1. 社会媒体关注因素

青少年田径训练的发展是中国田径可持续发展的基础，离不开全社会的关心和支持。要想让全社会了解、关注青少年田径的发展，就必须加大力度做好宣传工作。媒体具有联系、沟通、传播信息的功能，在这个越来越重视信息交流，知讯者生存的社会里，被关注程度及舆论导向会直接影响事物的发展趋势。

据调查发现，社会媒体对青少年田径训练的关注度较差，媒体很少有关青少年田径运动的报道。几乎每天都有对足球运动和篮球运动的相关报道，从备战到比赛、从球员到教练无所不含。而对田径运动，尤其青少年田径运动的报道，除了对一些重大田径比赛进行相关报道外，没有任何与田径运动相关的文章。

2. 家庭支持程度因素

人是社会的人，家庭是社会的基本细胞，家庭成员对子女的影响会向外扩张，形成一种整合的社会力量。家人的行为方式、观点在家庭互动中影响子女观点，父母对体育的认识程度是能否支持子女从事体育的关键，因而家长对孩子参加田径训练的支持程度在一定程度上影响着青少年参与田径训练的积极性。

3. 训练单位管理因素

学校田径训练工作的好坏，在很大程度上取决于训练单位对训练工作的重视程度。领导班子能否深入田径运动队了解、检查训练工作中出现的问题并采取有效措施帮助解决，对学校田径训练的发展十分重要。调查中发现，学校对青少年田径训练较为重视，但从学校自身的实际情况（资金物资条件）出发，效果不是很理想。老师能够拿的津贴很低。

在学校训练中对运动员档案的建立和保存，是不可忽视的一项重要工作，它对于反映田径训练工作情况、发展、成绩以及关于训练各方面工作的决策等都是一个重要依据。目前我们学校虽然对训练的田径运动员进行了个人的资料搜集、整理、保存，但在入档过程中，存在着分类不合理、归整较乱、资料不详，有的档案资料不全甚至丢失等现象。也有不少训练单位根本没有建立运动员的档案。

4. 教练员因素

教练员从选材、训练的诊断、目标的确立、计划的制定和执行，到训练过程的指令、组织管理等各个环节对体育教学实施控制。教练员素质高低、能力强弱、基础知识深浅，将直接关系到运动员的成长，关系到竞技体育运动水平。田径教练员是田径运动中重要的一部分，尤其是作为培养青少年田径人才的教练员，他们对本地区田径运动的可持续发展起着举足轻重的作用。

5. 竞赛制度

判断与衡量学校青少年田径竞赛制度是否合理的标准，应是这种制度是否有利于优秀田径后备人才的健康培养。青少年田径比赛必须根据青少年身体特点和长远计划来制定特有内容，必须要以全面发展为重点，专业要求要降低。青少年田径比赛不应把夺金牌争名次看得太重，更多的应该是以观察学习、选拔优秀田径苗子、检查训练效果、积累比赛经验为目的。

在和田径教练员交谈过程中我们了解到。现行的青少年田径竞赛制度不尽如人意。评分标准不实际、竞赛内容缺乏针对性、组织比赛次数较少，比赛质量有待提高等，使得青少年田径运动员打好坚实基础和早出成绩之间的矛盾日益突出。

三、学校青少年田径训练发展的对策分析

1. 提高青少年田径训练质量，扩大招生范围，并进行科学选材

随着训练科学化水平的不断提高，在训练过程中引入了越来越多的现代科学技术对训练过程加以控制。建议加强教练员和青少年对训练理论的学习，提高认识，提升科学化训练水平。

2. 优化青少年田径训练的体育环境

青少年田径后备人才的培养，是一项长期、艰巨、循序渐进的工程，短时间内很难得到明显的效果。所以，要使青少年田径运动能得到长足的进步与发展，各地市政府就应提高对青少年田径训练队的重视程度，争取实现专人专管，实施合理的奖励与优惠田径运动员制度，鼓励更多的青少年加入到田径训练中。

3. 改革现行的竞赛制度，确保有量和有质的比赛活动

运动竞赛制度是运动员培养过程中的杠杆。改革不利于青少年田径运动员培养的竞赛制度，建立和完善与青少年田径训练规律相吻合的竞赛制度，才能使青少年田径训练沿着健康的道路持续发展。确保每年青少年参加比赛的数量，并保证裁判员和组织单位公平公正的判决，才能够极大地促进青少年运动成绩的提高。

参考文献：

[1] 王惠文．青少年田径运动训练中的情绪调节［J］．广东技术师范学院学报，2007（7）．
[2] 屠建利．青少年田径训练的规范化［J］．浙江体育科学，1999（6）．
[3] 郭波．当前青少年田径训练研究中的若干问题［J］．山西体育科技，2006（2）．

中学体育心理健康教育刍议

赵冬梅

1. 前言

《我国城市在校学生的心理和行为问题的调查研究报告》显示，我国城市在校学生中，存在心理问题和行为问题的小学生约占13%，初中生约占17%，高中生约占18.3%，大学生约占21.1%，由此可以看出我国青少年学生的心理问题总趋势是随着年龄的增加而递增的。在中学体育教学中贯彻“健康第一”的指导思想，开展心理健康教育是当今时代的呼唤，也是我国中学体育教学自身发展的需要。体育学科具有教学活动动态性、身体活动实践性、人际交往立体性、心理操作复合性等特点。如何提高中小学生心理健康水平，是教育学和心理学值得探讨的问题，也是现代体育教学将中学生心理健康教育融入体育教学中的主要原因之一。本文中，笔者从实证研究出发，力求为中学体育教育改革寻找新的突破口。

2. 研究对象与方法

2.1 研究对象

本研究以重庆市主城区部分中学的中学生为研究对象。

2.2 研究方法

文献资料法：本文通过 CNKI、维普等相关数据库查阅了大量的有关中学生的心理健康教育的论文和调查报告等文献，查阅了有关中学生心理健康教育方面的专业书籍，为论文的写作打下了理论基础。

访谈法：走访了部分心理学专家、体育教师和中学生，了解了当前青少年心理健康现状，探讨了当前中学体育教学中融入心理健康教育的必要性和重要性，为本文的撰写提供了实践基础。

3. 心理健康内涵解析

心理健康是由“心理”和“健康”结合而成的复合概念，因此要从根本上分析心理健康的内涵结构，有必要分析其属概念健康的含义及其本质。1948 年世界卫生组织（WHO）在其宪章中认为：“健康不仅仅是没有疾病或不虚弱，而且是一种在躯体上、精神上和社会上的完全状态。”我国学者在国外四维健康新概念的基础上也认为“健康不仅仅是指没有疾病或身体不虚弱的状态，而是包含心理、社会适应能力和道德的全面的状态”，即除生理健康、心理健康、社会健康外还包括道德健康。实际上道德健康也是社会健康的重要方面。

从上述关于健康的概念中我们不难看出，健康的本质是一种状态，它包括生理健康、心理健康和社会健康等基本方面。作为健康的子概念和人的整体健康状态的必要组成部分，心理健康本质上也应是一种状态，一种能顺应社会、具有较强的自我调节能力，并与社会保持同步的完全的心理状态。

4. 体育活动与心理健康教育的关系

4.1 体育教学以其自身的娱乐性来缓解中学生的不良情绪

当代中学生面临着巨大的竞争，其心理压力也越来越大。情绪的兴奋性比较高，容易起伏波动，形成心境化和文饰现象。中枢最佳唤醒水平理论认为：每个人都有一个感到愉快舒服的中枢最佳唤醒水平，特别是现代中学体育教育提倡快乐体育教学方式，使中学生在体育活动时，通过不同的体育项目，如体育舞蹈、健美操、球类活动等，既能调动学生参加体育锻炼的积极性，又能调节和改善学生的情绪状态，可谓一举两得。

4.2 体育活动以其竞争性特点来缓解学生的心理焦虑

认知行为理论认为，体育活动可以诱发人的积极性思想和情感，这些积极的思维和情感对抑郁、焦虑、孤僻、自卑等消极的心境状态具有抵抗作用。而中学生所处年龄阶段正是思维敏捷、感情丰富的最佳时期，要积极调动学生参加体育活动的积极性，让他们在体育活动中通过观察、记忆、想象以及思考等认知活动，积极参与竞争，接受各种挑战，以挫折法和成功的满足感来鞭策自己正确对待成功和失败，从而培养学生的竞争拼搏意识，使其自信心得到增强。

4.3 体育活动以其人际关系的协调性来促进学生的心理健康

我国著名的医学心理学家丁肇中教授曾指出：“人类的心理适应，最主要是对于人际关系的适应。”所以人类的心理病态主要是由于人际关系失调而产生的。而在体育教学活动中，多数是以集体的形式进行，学生在整个教学活动中不仅要动脑，而且还要承受一定负荷的身体活动，使人与人之间形成和谐、包容关系，增强互信感，有利于消除中学生的孤僻、自卑、恐惧等心理疾病。

4.4 体育活动以其将静态注意力分散来促进学生心理健康

诺瑟夫等心理学家曾经分析：长期从事体育活动锻炼的人在消除不良情绪方面比静态的放松练习或其他分散注意方式更有效。学生们在进行体育活动时，其注意力从枯燥的学习活动和日常琐事中分离出来，全身心投入到体育活动中，即静态注意向动态注意转换，能摆脱暂时的烦恼和忧愁，从而起到缓解和改善学生不良心理的作用。

5. 对中学体育教学加强心理健康教育的几点建议

5.1 改革中学体育教学课程计划

中共中央国务院在《关于深化教育改革全面实施素质教育的决定》和《体育与健康》课程标准中，对学校体育教学提出了要树立“健康第一”的指导思想，树立“以人为本，健康第一”的体育教育理念，把心理健康教育与身体健康教育融为一体，制定新的体育教学课程计划。

5.2 加强教师的心理健康教育

万言归宗，形象至胜。体育教师在整个体育教学活动过程中的形象（言、行），对学生来说有最直接的示范作用，这也是优化体育课堂环境的前提。在体育教学过程中需加强教师的自我心理调节能力，不断完善自己的个性品质，对学生做到真正的关爱，真诚地接纳学生，理解和尊重学生，创造一个健康向上的学习环境。

5.3 优化课堂环境，改变传统的教学方法

传统的体育教学观点中，在上体育课时，只注意学生身体素质练习，而忽视了心理健康的教育，特别是目前提得比较多的“快乐体育”。不能把“快乐体育”作为一种课堂教学目标，而要把“快乐体育”作为一种教学手段。改变“兴趣→技能→习惯”这种教学模式贯穿整堂体育课的理念，在特定的环境中实施“技能→兴趣→习惯”的教学模式。

5.4 加强课外体育活动的心理健康教育

在当前的中学教育中，学生面临学习、升学等压力，可支配时间相对较少。在紧张的学习之余，组织不同内容、不同形式的课外体育

活动，也有助于缓减学生的各种压力，愉悦学生的心情，陶冶学生的情操。同时学生们还可以借助体育活动的竞赛形式，脱卸平时的心理负担，平衡心态，增强其集体主义观念和荣誉感。

5.5 对学生进行不定期心理测评

所谓心理测评就是指用心理学方法和技术搜集学生的相关资料，对学生的心理特征与行为表现进行评价，以确定学生心理健康水平，并对其心理健康问题进行初步诊断和分类。这样有助于体育教师了解每个学生的具体心理情况，有的放矢地进行教育和引导。

6. 结束语

在中学体育教学中，融入心理健康教育内容是顺应时代发展潮流，实现“体育与健康”课程标准的需要。通过体育教学，增强学生身体素质，增进学生心理健康，培养正确的人生观和价值观，从而以强健的体魄和充沛的精力来保证学业的完成是当今体育教育课程的任务。

改善农村教育，缩小城乡差距

邹知熹

一、问题的提出

一个国家的发达程度，取决于生活在最底层人民的生活状态。邓小平在改革开放伊始曾提出，要让一部分人先富起来，先富带动后富。显然这一项举措已经在经济、民生、教育等方面取得一定成就。然而，在农村整体落后状况逐步得到改善的可喜状况背后，我们不能忽视农村仍然存在很多缺陷，致使其教育发展举步维艰。百年大计还需教育先行。因而我们需持续加强对农村教育现状的关注，积极探索新的机制来改善农村教育水平。具体看来，农村不容乐观的现状包含以下几点。

1. 基础设施落后，师资力量薄弱

农村各项基础设施均落后于城市，学校也不例外。对很多农村学校来说，拥有城市学校常见的实验室、微机室和塑胶篮球场是梦寐以求的事情。尽管我国经济发展持续走高，人均 GDP 逐步提升，农村人均教育经费却是止步不前。

农村教育状况犹如顺流而下，愈发偏离教育大势。试想在这种教育环境下培养出的学生如何能担起振兴民族，实现中国梦的大任？

2. 学生面临考试录取中的隐性歧视

教育事业乃全民兴办，全体公民平等享受教育机会实乃理所当然。然而在我国最重要的考试高考及各高校的招生录取中仅做到了表面上的公平。细心分析，我们不难发现，高考和高校招录有借公平之名掩歧视农村学生之实。高考的各项加分制度自然地倾斜于生活条件优越，学习拓展机会丰富，享用先进教学资源的城市学生。给予农村学生更多的机会，他们在高校一样能取得巨大进步成就梦想。教育的意义本就在此。

3. 贫富差距难以缩小，城乡矛盾愈加突出

我国基尼系数高居不下，已至危险边缘。底层人民面临较大生活压力，而通过正当渠道改善状况的机会减小，通往上层社会的渠道日趋狭窄。究其原因，很大部分在于教育的不公平和体制的不健康。如不加强对农村教育的重视，我国社会将会出现穷者愈穷，富者更富的严重两极分化局面。这种状况将为我国的持续稳定发展造成极大威胁。

4. 社会生产力发展减缓

随着我国经济的逐步发展，机械操作和技术运用将逐步取代较为原始的体力劳动。农村人口作为我国劳动人口的主力军，已为我国的改革发展提供了巨大的人口红利。然而随着我国经济的转型，如果不提高农村人口的知识技能水平，他们就会面临无法胜任现代化建设工作的困境，甚至成为我国经济发展的负担。

以上几点问题广泛存在于我国各农村地区，它们如顽石一般横阻于教育进取大道之上。倘若任其发展，其必将给我国特色社会主义事业建设和农村发展带来诸多掣肘。

二、具体建议和设想

欲改变农村教育现状，均衡城乡教育差异，笔者建议国家相关部门从以下几个方面做出政策上的努力。

1. 设法吸引优秀教师，平衡城乡师资差异

农村急需高素质、高水平教师，但其物资匮乏，条件艰苦。这使得很多致力于奉献基层教育的工作者因现实的需要而望而却步。不妨从以下两个方面做起：

（1）设立对口学校支援模式。为农村学校设立对口支援的城市中学和高校，采用合理的激励机制吸引优秀教师和优秀大学生前往乡村支教。

（2）提高农村教师待遇。农村教师的付出远比城市教师多，但他们的收入却难以望其项背。所以，教育部门应考虑给予农村教师高于城市教师的薪资待遇，关注他们的自我发展，提供相关培训机会。

2. 收紧城市考生加分及保送政策，放宽高校在落后地区招生指标

城市学生本身具有相对优越的学习条件，更容易在大学获得优秀教育资源。农村学生难以考取优秀大学，实际上他们更需要优秀大学的资源对自己进行全面提高，也容易取得更大的进步。横向比较，农村学生在大学的成长程度高于城市学生。所以，大学应进行招生改革，加强吸收落后地区的学生以扩大大学教学的收益。

三、可行性分析

综合考虑人力、成本、政策施行难度等因素，以上几个方面的建设既不可能在短时间内完成，也难以一次性进行全国推广。在实行的过程中，可选取严重欠发达的西部省市自治区2～3个，如西藏、贵州等地作为试点省份。这样既可在实施提案的过程中发现不足，改进缺陷，提高效率，也不会给资源、行政等方面造成太大的冲击。

四、小结

总之，我国农村教育的发展面临着巨大困难，而要想中国的教育赶上发达国家水平，保持中国的综合竞争力，政府部门势必锐意改革，以一系列有效举措来祛除农村教育中的沉疴旧疾。相关政策应体现出誓不到位不罢休的决绝，改革应该不惧阵痛，敢于进入深水区。唯有如此，方能使我国教育事业在民族复兴的道路上贡献力量，方能使农村学子在实现中国梦的历史任务上成为中流砥柱。

如何实施美育教学

汪　薇

党的十八届三中全会作出的《决定》对“深化教育领域综合改革”进行了战略部署，其中明确要求“改进美育教学，提高学生审美和人文素养”，这一要求对教学改革起着重大的现实意义。

美育是通过现实美和艺术美打动学生感情，使学生在心灵深处受到感染和感化，从而培养正确的审美观，具有认识美、鉴赏美、创造美的能力。美育即审美教育、情感教育，它对人的全面发展起着不可代替的作用。

那么，在具体的教学实践中，我们应该怎样改进美育教学？这是非常重要的问题。

改进美育教学要着眼于提高学生的审美素养。在美术课上，动人的线条，丰富的色彩，让学生感受到课堂的生动，激发了学习的情趣，从而帮助学生在审美中产生对生活的热情。首先，培养审美情感，增强审美意识，树立正确的审美观，进而引导学生树立正确的世界观和人生观。马克思曾说过：“忧心忡忡的穷人甚至对最美丽的景色都没有感觉；贩卖矿物的商人只看到矿物的商业价值，而看不到矿物的美和特性。”为什么忧心忡忡的穷人对最美丽的景色都没有感觉？因为他们处于饥寒交迫中，最急切的要求是解决温饱，没有心境去欣赏风景。商人追求的是利益，在矿物上看到的是丰厚的利润，也不会注意到矿物的美。这样的心境都抑制了审美情感的产生。其次，培养、提高审美能力。审美能力即对美的欣赏能力、判断能力和创造能力。美就在我们身边，需要我们去发现，去欣赏。每个人都有自已的思维、观念。所谓“一千个观众眼中就有一千个哈姆雷特”。面对一件艺术作品，我们可以大胆地发挥想象力，展开翅膀去诠释这件静止的作品。这就需要审美创造能力的提高，否则就会在这些艺术品面前显得茫然无知。

改进美育教学要着眼于提高学生的人文素养。美育就是将学生的世界纯洁化、高尚化。首先，营造一个有氛围的课堂。在课堂上，学生才是学习的主体，教师只是引导学生学习，做到激发学生的思维，明确学生的主体地位，真正给予学生话语权和自由表达的空间，营造平等、活跃的课堂气氛，让学生愿说、敢说、善说。让学生能做到发表自己的审美感受、介绍自己的作品、评价同学的作品等，并对学生独立的、有创新思维的审美感受及时给予鼓励，从而增强学生独立进取、勇于创新、善于表达的人文素养。另外，还要让学生学会学习、学会合作，而“自主、探究、合作”这一学习方式的学习过程是塑造健康人格、掌握学习方法、学会交流与合作、学会竞争的过程。其次，建立和谐的师生关系。教师应用亲切的眼神、动作，真诚坦率的态度面对学生，与学生融洽相处。应相信学生，充当一名“倾听者”，表示对其充分的尊重。再者，加强校园文化建设。美好的校园环境是一种无声的浸入学生心灵的美育。作为求学求知场所的校园环境应当追求洁净、井然、宁静的格调。翠绿缤纷的花草树木，给学生以清新、恬静、生机蓬勃之感。积极奋进的雕塑，给学生以鼓舞、启迪，激励学生奋发向上。简洁有力的标语、名言、警句，昭示一种精神，规范鲜红的路标，指明学生前进的方向。一幅科学家画像，就是一座丰碑，在无言中激励学生热爱科学、追求科学，向着科学的峰巅攀登。一个整洁、明朗、有序的教室，能够给学生愉悦、欢快之感。和谐优美的校园能够净化学生的心灵，陶冶学生的情操，鼓舞学生的意志，振奋学生的精神，有助于培养学生良好的行为习惯，有助于塑造学生的文明形象。

美育是整个教育中不可缺少的重要组成部分。总之，要改进美育教学，就需要围绕“提高学生审美和人文素养”来切实进行。

音乐教学中发展性教育评价

——对培养学生创新精神的研究报告

朱　艳

一、问题的提出

（一）背景分析

音乐是人类社会生活的重要组成部分，是使学生身心得以和谐发展、健康成长，培养创造性思维能力的重要手段。而创造性教育是21世纪教育的重要内容，许多国家把创新人才的培养作为教育发展和改革的主攻方向，如美国专门设置了思维技艺、创造技艺、创造活动等课程；日本提出把培养学生的生存能力作为教育的出发点，生存能力的核心就是创造能力；韩国要求中小学的教育从以知识记忆为主的教育向以培养创造力为重点的教育转移，创造教育已经成为国际教育教学改革的潮流。我国新课标也明确指出："创造是艺术乃至整个社会历史发展的根本动力，是艺术教育功能和价值的重要体现。"学生创造性的培养是课堂教学的重要目标之一。

（二）音乐教育现状分析

在中学音乐教学中，传统的评价方式往往只有考试的分数，缺少真正意义上有效地发展性评价。由于学科的特殊性，中学音乐教学还存在着任课教师少、学生人数多、课时少等不利因素。在教学过程中，教师往往忽视被评价者在各个时期的进步状况和努力程度，仅凭最后一次考试或作业判定成绩，甚至凭自己印象随意给学生打分、评等级。这种评价不仅不能全面客观地反映学生的学习情况，还会损害相当一部分同学的积极性。要改变这种现状，就要变传统的静态评价方式为动态的发展性教育评价方式。

二、研究过程与方法

（一）关键概念的界定

音乐教学评价——音乐教学评价是指对音乐学科教学过程及教学效果进行评估的过程。通过评价，可以鉴别学生的学习能力、学业状况和发展水平，它对音乐教师的教学质量有着极大的促进作用。

评价——评价应是多角度地综合地衡量学生的发展状况，评价学生不再仅仅依靠期末的考察，还包括了学生在过程中的表现，包括学习的主动性、创造性、积极性、使命感、责任感、自信心、进取心、意志、毅力、气质等方面的自我认识和自我发展。

互评是学生在交流过程中做出的互相评价。

（二）研究内容

（1）音乐教育对发展学生直觉、形象思维、发散思维能力的研究。

（2）音乐教学中发展性教育评价对培养学生创新精神的研究。

（三）研究对象与方法

（1）研究对象。在校选择了两个班级共 106 名同学进行研究教学。

（2）研究方法。本研究总体上以实验法研究为主，首先对实验班及对照班的同学进行观察和调研，进行科学的数据分析。

（四）研究过程

1. 音乐教育有利于发展学生直觉、形象思维、发散思维能力

通过查阅相关的资料证明：音乐是促进脑发育的最好途径。《学习的革命》一书中形象地称左右半脑为“学术性左脑”和“创造性右脑”。而长期以来我国传统教育模式常造成学生左脑超负荷、右脑则呈睡眠状态。音乐活动的开展则能够使大脑建立更多、更复杂的神经联系，因为熟悉旋律、感知节奏等音乐活动都需要右脑的参与，而对音乐性质及乐曲之间关系的理解，左脑则起着决定性作用。活动时手脑并用，既可使学生的观察、记忆、想象等能力得到锻炼和提高，

又有利于学生大脑的整体协调。

调查发现：音乐教学亦能培养发展学生的想象力与联想能力，特别是与之相关的非智力因素：热情、毅力、信心、活泼开朗的个性，使学生心随乐舞。世界著名的科学家爱因斯坦能拉一手出色的小提琴，他说过，音乐是他科学的引路人，并认为，想象比科学更重要。科学家钱学森特别支持艺术教育，他认为逻辑思维与形象思维，是不可分割的，他有一句名言："科学家不是工匠，科学家的知识结构中应有艺术，因为科学里面有美学。"高尔基也曾经说过："艺术是靠想象而存在的。"因此，学习艺术更能启发人的想象力，培养人的发散思维能力，可以提高听觉和视觉的综合感知能力，增进人的创造性。

2. 音乐发展性教育评价

（1）评价目标的确立。

一个好的学生评价体系应当达到以下几方面的目标：

①帮助教师把握学生学习起点，正确地确定教学目标，选择教学策略。

②帮助教师评定学生的学习结果。

③帮助教师总结教学经验，改进教学方法。

④了解学生的学习困难，找出存在的问题。

⑤了解学生的兴趣、爱好、情感，为今后的教学指明方向。

⑥激发学生的学习动机，促进学生学习。

（2）让学生知道自己怎样的质性评价。

作为教师评价，把评价的重心由关注"结果"转向关注"过程"，促进"结果"的提升。下面是为学生设计的学期教师评价表（例）：

音乐知识与技能的获得	你的钢琴演奏水平又有了新的突破，继续努力
创新能力	活动中，你经常会有新的创意，给你们组的创作和表演增加了不少新意，我想同学们一定觉得你很了不起吧
表达能力	你对作品的理解力很强，为什么不在上课是多发表一些见解呢？

续表

努力程度	每堂课你都非常投入，用你的努力，给我一个鼓励，让我们一起冲
交往能力	把你的节目编排构思和××同学交流，你们都会有收获！
合作能力	你是小组的音乐精英，是否可以多带动其他同学，加强你的团队协作能力，将是你的必修课程
内差评定	本学期你的学习进步很大，这种音乐学习的内驱力，会成就不一样的你哦！
发展特点	在新开设的葫芦丝课程中，你学习出色，多尝试难点的反复吹奏，希望下学期能听到你吹奏出更动人的乐曲
取得成功时	通过勤奋刻苦的练习，获得成功，你做到了，我很高兴！
遇到挫折时	孩子，老师发现你这两天有点灰心，别泄气，从容面对失败，就有超越自己的底气！
遭到失意时	你的汗水不会白流，你的努力也不会白费，一切皆有可能噢！

评价表中通过教师对学生在一学期内音乐学习中各方面的能力和学生学习态度、发展特点的评语式的评价，让每个学生都找到了自己在音乐学习方面的优缺点，既增强了一部分学习困难学生的自信，也让学习较好的学生找到了自己努力的方向。

研究证明：评价参与者的多元化是将教师的评价、学生的自我评价与学生间的互相评价等相结合，它有利于体现评价的价值，实现评价的效能。

3. 运用发展性教育评价对创造性思维的培养策略和分析

在新课标中，把“鼓励音乐创造”作为一项基本理念，这对培养具有创新精神和创造能力的新型人才来说，具有非常重要的意义：

（1）把培养学生丰富的情感放在首位，改变传统教学中重技轻艺的倾向，真正发挥音乐育人作用。

（2）丰富学生的想象力，培养灵感思维的形成。灵感的出现一方面需要学生具备扎实的知识经验和其他思维发展作为基础；另一方面需要教师创设与教学内容相适应的情境或氛围，如用图片展示、实物演示、角色扮演等方法激发学生想象，使学生头脑中迸发出灵感的火花。

（3）重视体验，培养愉悦感。在教学中，教师应有目的、有意识地对音乐作品进行理论分析与研究，逐步引导学生对作品中旋律、调式、节奏、和声、风格等各种音乐要素的良好体验与感受，引导学生从作品中获得美的享受，产生精神上更高层次的愉悦。

采用创新教学方式将 2 个班级进行了对比实验。在音乐课堂上，一个班级用创新的教学模式和发展性教育评价方法，另一个班采用传统的教学模式。之后，我们对两个班的学生的各项学习情况进行了抽查、取样分析，从调查对比显示：实验班的学生的创新能力得到了极大的提高，其他各方面也表现出良好的发展态势。

三、结论与分析

（一）结论

通过对“音乐教学中发展性教育评价对培养学生创新精神的研究”，证实用发展性教育的评价方式，通过积极引导、鼓励能够激励学生学习音乐的兴趣，激发学生音乐课中的创新热情，进而形成创新精神。

（二）分析

通过不断地实验研究虽积累了一定的经验，但因样本小、局限大，有待于我们进一步研究和探索，争取把音乐教育细致化，以更好地促进学生素质的全面发展。

找准中学音乐欣赏教学“切入点”

曾凡科

本文中所指的中学音乐欣赏教学主要包括初中阶段的感受与欣赏领域和高中阶段的音乐鉴赏学习模块。虽然感受与欣赏和鉴赏学习的侧重点各有不同，属于不同的学习层次，但就课堂教学而言，在作品分析以及教学方法的选择上，具有一定的共通性，同时为了表述简洁，本文统一称为中学音乐欣赏教学。

欣赏课教学，是音乐教学工作中的一项重要内容，上好一堂音乐欣赏课，对于音乐教师而言，它既是生动有趣、丰富多彩的，也是千回百转、劳心费神的。音乐欣赏教学中，每首音乐作品都涉及音乐表现要素，音乐情绪与情感，音乐体裁与形式，音乐风格与流派等方面的内容。但在具体的欣赏教学中，不可能将每首作品的方方面面都进行学习。我们只能依据课程、学段、单元以及目标，在有限的教学时间内开展教学活动。因此，把握作品特点，找准教学的“切入点”就显得十分必要。

可是，笔者在音乐欣赏教学工作中发现，有的老师在设计教学时没能把握住重点，其问题的根源在于教师没有找好音乐欣赏教学的“切入点”。找准教学“切入点”需要教师一方面将作品“品透”，既要全面、深刻地理解音乐作品的音响特点和文化内涵，另一方面要透彻理解教材编写意图，明确教学目标，确定教学重难点。

笔者在 2014 年 4 月为人民教育出版社录制了一堂初中音乐新教材教学用配套课例，课题为九年级下册第五单元《舞剧音乐》。我选择了其中两首作品作为教学内容，其一为《场景》，其二为《拿波利舞曲》，均选自柴可夫斯基作曲的芭蕾舞剧《天鹅湖》。通过对课标的研读，对教材的研究，对作品的反复聆听，我将“初步感受作品的抒情性和戏剧性”作为《场景》学习的主要目标，将“初步感受作品的舞蹈性和民族风格”作为《拿波利舞曲》学习的主要目标，并将《场景》作为重点学习内容。结合该课的教学，我简要谈谈音乐欣赏教学的两种切入方式。

一、以音乐为本，从音响出发

义务教育《音乐课程课标》在关于教学内容的提示中指出：感受与欣赏教学应注意以音乐为本，从音响出发，以听赏为主。同时在过程与方法中首先就提出：完整而充分地聆听音乐作品，在音乐体验与感受中，享受音乐审美过程的愉悦，体验与理解音乐的感性特征与精神内涵。普通高中《音乐课程标准》在教学建议中首先说明：音乐是听觉艺术。听觉体验是学习音乐的基础，发展学生的音乐听觉应贯穿于音乐教学的全过程。

（一）揭示最具表现力的音乐要素

挖掘作品最具表现力的音乐要素，应是音乐教学的重点内容。教师和学生从音乐要素的聆听入手，细致分析音乐语言的表达手法，层层解剖音乐作品内在的表现形式，挖掘音乐的内涵，从中获得审美的体验和感悟，深入对音乐作品进行分析。但这种聆听并非漫无目的、毫无重点地随意聆听，它需要教师通过潜心研究，寻找、捕捉到最能深入这部作品的音乐要素作为“切入点”，在四十分钟有限的时间内展开教学。

在《场景》的欣赏教学中，我主要抓住乐曲三个段落的音色（主奏乐器的变化）、力度（强弱的变化）、织体（配器色彩的浓淡变化）三种音乐要素以及随之引起的情绪情感变化入手展开对作品的欣赏和分析。通过全曲聆听、分段赏析、观赏演奏视频等方式让学生感受《场景》音乐的抒情性和戏剧性特点。

在《拿波利舞曲》的学习中，我则从乐曲 A、B 两个音乐主题节奏的分析与对比、两个乐段音乐速度的变化、音色的变化等三种音乐要素入手来分析音乐的舞蹈性。

(二) 突出作品主题，抓住重点主题学习

在欣赏教学中，除了一些结构短小的或整体性很强的音乐可以相对连贯和完整聆听以外，大部分的音乐作品是需要将作品主题、重点乐段单独聆听与作品完整聆听相结合进行教学的。尤其是音乐主题，是作品最主要的乐思，是音乐的核心部分，是音乐思维的“种子”，优秀的音乐主题往往蕴藏着十分丰富的思想内涵。在《场景》教学中，我抓住第一乐段双簧管吹奏的主题乐句，将之作为导入课题的音乐，并引导学生细心聆听，分析出音乐显得柔美而略显哀伤。双簧管柔美动人的音色生动地刻画了公主端庄、哀婉的形象。竖琴在弦乐震音的陪衬下，奏出了徐缓舒展的琵琶音，仿佛静静浮游的天鹅在湖面上漾起的层层涟漪，竖琴的伴奏，使音乐更为柔美、清纯。弦乐震音营造出一种略显紧张和不安的气氛，是对公主不幸遭遇的预示。音乐力度较弱，配器色彩清淡。结合乐谱的分析，感受小调式音乐柔和暗淡的色彩，带领学生唱会主题，多层面的体验音乐的抒情性。为后续第二、三段的对比欣赏做好铺垫，引导学生通过音乐音色、力度、配器的变化感受所引起的情绪情感变化和强烈的戏剧性发展。

在《拿波利舞曲》的教学中，我将 A 主题作为主题学习的重点，细致分析了主题乐句长短结合、疏密相间的节奏所产生的既轻快活泼又平稳从容的音乐特点，单独聆听第一乐段，让学生作进一步体验。并简要地和 B 主题整齐规整、密集紧凑的节奏进行了对比，让学生真切地感受音乐强烈的舞蹈性。

当然，学生使用的音乐教材中有部分音乐作品篇幅较长，受课时所限，是不可能细听每一个主题的。对于这样的作品，教师应该抓住重点主题的赏析，以重点主题为切入点，兼顾其他主题。这样，合理的设计既可以让学生花相对多的时间对重点主题进行深入的聆听、感悟，获得深刻的印象，又使学生对整部作品有全面的理解，还使教学详略得当、重点突出。

(三) 把握作品风格特征

每首音乐作品都有自己独特的音乐风格特征，在欣赏时，感受了解音乐的风格特征也可作为听赏的切入点。在《拿波利舞曲》的学习中，结合对作品吸取的意大利南部塔兰泰拉民间舞曲速度较快，临结束时逐渐加快，情绪热烈等元素的分析，以及结合舞蹈起源，即被名为塔兰泰拉的毒蜘蛛咬伤的人必须发狂似地跳舞，直到筋疲力尽方能解毒故事的简介，引导学生通过音乐感受作品的民族风格。

在欣赏中国少数民族音乐和世界各民族有代表性的优秀音乐作品时，音乐风格的分析和把握更是显得必不可少，各民族各地区的民族民间音乐因为地理环境、生活习性、语言特点等众多因素的影响，从而形成各自鲜明的民族特色和地方风格。

各时期各流派的各位代表性作曲家的音乐作品又各具个性和特点，教师在教学设计时也可根据具体情况考虑以作品风格特征为“切入点”展开教学。

二、从作品的相关文化切入

除音乐本体是实施教学的一条音乐线索外，作品的相关文化则是欣赏教学的一条文化线索。一般而言，一部音乐作品涉及的相关文化包括：与作品相关的社会生活，姊妹艺术，音乐与艺术之外的其他学科。当然，也包括音乐作品的创作背景、作曲家情况、作品产生的历史社会背景、作品的主题思想以及相关剧情等。中学音乐欣赏的内容多为古今中外的优秀音乐作品，蕴含了世界各民族的悠久文化，为学生探究人类的生存状态和精神世界提供了极好的载体。但是由于阅历所限，学生有时无法深刻理解音乐作品，因此，在教学中教师以了解作品的相关文化为切入点，结合音乐剖析作品的文化特征，挖掘作品的文化内涵，有机地将作品的文化线索和作品的音乐线索结合在一起，也能帮助学生更好地理解作品。但应该注意的是，在教学中切忌本末倒置，用大量的相关文化内容填充课堂，使课堂失去音乐的本质。应以相关文化为引线或切入点，并将相关文化与音乐本体紧密结合，最终落实到对于音乐本体的感悟和理解。

综上所述，优秀音乐作品的每一个音符都经过精心的酝酿，每一部作品都是智慧的结晶，欣赏不同的音乐作品，采用不同的切入方式，因音乐而宜，因师生而宜。音乐教师只要静心聆听、细心揣摩，一定会找到一个准确的"切入点"，从而指引学生寻找到那条通往音乐深处的路径。

参考文献：

[1] 义务教育《音乐课程标准》(2011 版)，北京师范大学出版社.
[2] 普通高中《音乐课程标准》(实验)，人民教育出版社.

浅谈在中小学开设地方特色音乐课的必要性

陈　璐

随着社会的不断发展，人们的生活水平不断提高，特别是在国门打开之后，外来文化、外来音乐不断传入中国，由此我们对外界文化、外界音乐有了更多的了解，知识面也得以拓宽，学生们对音乐的喜好也偏向于流行音乐，与此同时，我们的民族音乐文化因没能受到应有的重视而呈现衰微的状态，特别是一些富有地方特色的音乐文化快被淡忘了。在目前，连自己本地的地方特色音乐都不了解的大有人在。鉴于此，我们应该采取一些相应的措施，保护好自己的民族音乐，做好民族音乐文化遗产的传承和发展工作。当然这并不是要我们排斥非民族的音乐，而要从自己身边所熟悉的音乐入手，在学习本民族音乐的基础之上，到更广阔的领域去接受、学习人类所创造的一切优秀的音乐文化，学习世界各地优秀的音乐，不断提升自己、丰富自己。

音乐是人类文化绝不可少的部分，对于一个缺少了音乐的人来讲，他的文化是不完善的。没有音乐的人是不完全的人。这就清楚地表明，学校教育课程中一定要包括音乐教育。

柯达伊认为民间音乐是培养好的艺术趣味的源泉，民间歌曲中凝聚了人民多少世纪的才智和观察力，经过千锤百炼雕琢而成的优美的民间音乐，具有永恒的艺术魅力。通过民间音乐教育可以培养儿童对民族音乐文化的深厚感情，并且会进一步促使儿童热爱人类的一切优秀文化。我国是多民族国家，每个民族都有富有地方特色的优秀音乐。在社会发展的过程中，先辈们用他们勤劳的双手，聪明的头脑，就地取材，创造出独具本地风情的民族音乐。这些音乐都是经过多年来的不断积累与发展才形成的，它体现着本地方特有的审美习惯，包含着民族的历史和优良传统，是非常优秀的作品。作为后代的我们有必要将这些优秀的作品继续传承与发展下去。

一、地方特色音乐在中小学教育中的现状

在现在的中小学音乐教育中，很多地方都忽视了对本地特色音乐的学习，孩子们热衷于洋乐与流行音乐，对其他地区优秀的民族音乐根本不感兴趣。由于音乐教育的不当安排，我们的学生了解、学习、继承和发扬民族音乐文化的轨道发生了偏离，使学生的审美情趣、审美习惯发生了不利于民族音乐文化教育的变化。在现在的中小学学生中，学生们熟悉的音乐很多都是流行音乐，我曾在班上问我初中的学生，请他们说出重庆的特色音乐，能回答上的人非常少，很少有人知道本地特色音乐文化。比如重庆地区的川剧《金子》，川江号子传承人陈邦贵演唱的《川江号子》、摆手舞等，这些都是很优秀的音乐，然而现在的中小学生很少有人知道，这让很多富有地方特色的优秀音乐都面临着失传的危机，这是十分遗憾和悲哀的。这些都是因为学生们不了解所造成的不喜欢。然而民族的才是最好的，乡土的才是最美的，我们需要学习民族音乐，并在学习其他民族音乐的同时将本地音乐也融入到中小学课堂中去，让孩子们从自己身边的音乐入手，从小就熟悉、喜欢这些优秀的音乐。

二、在中小学开设地方特色音乐课的原因

1. 中小学学生有必要了解地方特色音乐

柯达伊认为，儿童都是首先使用母语学习讲话、进行交谈的。儿童也应该首先使用音乐的母语歌唱。简练、淳朴、富有生活情趣的民间歌曲正是引导儿童进入音乐世界的最好材料，是培养儿童热爱民间音乐、继承民族传统的必由之路。音乐如同我们的语言一样，具有很强的民族性和地域性。地方性的音乐来源于地方，更能接近民众，贴近民间，是孩子们最为熟悉的音乐，孩子们对自己的语言、文化环境

都十分熟悉，他们对属于自己的民族音乐文化有着深厚的感情和发自内心的热爱，有利于孩子们对本地区的音乐文化的理解与接受，也让学生对自己的传统音乐文化理解得最深刻，更能提高学生学习音乐的积极性。学生从小就对本地区民族音乐产生浓厚的感情，这不仅能让学生热爱自己的乡土，更为学生学习民族音乐打下良好的基础。同时也能更好地促进民族音乐的持续传承与发展。弘扬民族音乐文化也应该从中小学的音乐教育做起，中小学生是中华民族文化的接受者、传承者，更是创造者。没有青少年对民族音乐的喜爱和发扬光大，民族音乐将会失去它存在和发展的基础。就如我们很多少数民族人的打扮，如服饰、头饰正在被汉化一样，又像我们的母亲河每年断流一样，民间音乐中的许多品种也出现了断流，濒临绝灭。比如重庆的川江号子，虽然由于机动船、公路的兴起，船夫们纷纷退出，但这是重庆水上音乐文化的一大特色，是很有必要将它继续传承与发展的。

2. 地方特色音乐对学生具有良好的影响

（1）促进学生对民族音乐文化以及其他民族文化的热爱。

通过民间音乐教育可以培养儿童对民族音乐文化的深厚感情，并且会进一步促使儿童热爱人类的一切优秀文化。将地方民族音乐引入中小学课堂可以更好地培养学生民族自尊心、自豪感。爱国必先爱家乡。热爱民族音乐也必然要以热爱地方音乐为出发点。热爱的前提是了解和欣赏。“不识庐山真面目，只缘身在此山中”，学生们往往舍近求远，忽视了对身在其中的民族民间音乐的感受和领悟。让地方民族音乐进入中小学课堂显然是对这种情况的纠偏救失。我们每一个炎黄子孙的血液中都流淌着我们本民族的音乐成分，因此在我们的后代中实施地方民族音乐教育是不难做到的。

（2）有助于了解其他民族音乐。

如果我们想要了解其他民族，首先必须要懂得我们自己，通过民间音乐达到对一个民族的了解是最好的办法。学习地方特色音乐可以让我们更准确地了解、学习不同风格、不同民族的音乐文化，更好地把握、学习各民族音乐的风格。因此加强中小学的民族音乐教育，在学习民族音乐、西洋优秀音乐的同时，我们有必要将本地音乐纳入教育体系，有必要结合地方特色音乐选择音乐，开设地方特色音乐课，帮他们建立起一个完整而清晰的民族音乐概念。相对于了解其他各种优秀作品，我们更应熟悉本地音乐文化。

3. 对民族音乐文化具有传承与创新的作用

要创新就必须先传承，在原有的基础上去发展，只有中小学学生了解、喜欢民族音乐，才有对民族音乐、本土音乐的热爱，才能不断地将它发展下去。

我国民族音乐很多，各个地方有各个地方的特色音乐，无不给人以美的享受，从中得到丰富的体验，体味到各民族的风俗民情和鲜明的地域色彩。但有些地方音乐却随着时间的流逝一步一步远离我们。比如在重庆就有很多优秀却又面临失传危机的音乐。

三、重庆地区的特色音乐

重庆位于四川盆地东部长江的上游，是我国四大直辖市之一，至今有两千多年的历史，在发展过程中产生了很多丰富的地方特色音乐，如川剧、川江号子、土家族的摆手舞、吹打音乐，等等。这些都是经过几百甚至上千年的不断发展而形成的，但因为没有能受到足够的重视，缺少对这些音乐文化的学习和宣传，特别是没有将其融入中小学课堂，中小学生不了解，就谈不上喜欢，便导致这些优秀的音乐逐渐消失。

1. 川剧

川剧是我国的地方戏曲剧种之一。川剧表演生活气息浓厚，语言生动活泼、幽默风趣、充满鲜明的地方色彩。有非常悠久的历史，其间也产生了很多优秀的作品，成都和重庆是川剧两大演出中心。在川剧中有很多绝技，变脸就是川剧表演艺术的特殊技艺之一。

川剧《金子》是近代优秀的川剧作品之一，这是川剧作者在尊重原著曹禺的《原野》精神的前提下重新结构而成的。《金子》首演于 1999 年，初次亮相便在川、渝两地观众中引起轰动，并在北京、南京、上海、南宁引起了强烈的反响。《金子》囊括了中宣部、文化部、中国艺术节、中国戏剧各项大奖，可谓独领风骚、占尽风光。剧中的音乐优美，语言运用地道的四川方言俚语，大多都是百姓生活中的警语箴言，让人一听就懂，便于记住。如“假感情要钱，真感情要命”，类似台词既是地道的方言俗语，又是生活哲理的提炼。川剧《金子》成为当代川剧舞台上一座耀眼的丰碑，被公认为“二十世纪末中国戏曲的代表作”，这是值得重庆人民骄傲的，然而这么优秀的作品就连在重庆本地也很少有人了解、欣赏它们。随着社会的发展，人们生活水平的提高，电视开始普及，这本来是有利于川剧的宣传的，但现在电视上的音乐大多都是流行音乐，播放川剧节目的时间很少，导致川剧缺乏宣传，让我们身边这么优秀的作品被忽视。特别是当地现在的中小学生，嘴里唱的都是流行歌曲，却没有几个人可以说出川剧中优秀的剧目，更不用说是感兴趣了。有一次，我在讲“京剧”一课的时候，顺带问了一下学生是否知道本地也有一种很优秀的剧种，有些同学虽能回答上，但他们对它的了解并不是源于生活，而是从电视里看的，这也说明我们对本地音乐的教育是很缺乏的，如果我们再不给以重视，或许在不久的将来，川剧将会不为人知了，所以我们有必要让川剧走进当地音乐课堂，教师在课堂上给学生介绍川剧，选择优秀的川剧曲目给学生欣赏，让学生从小了解、喜欢、学习我们本地的优秀作品，这样既培养了学生对民族音乐的兴趣，又能更好地将川剧传承与发展下去。

2. 川江号子

川江号子是最具特色的四川劳动号子，是重庆长江水系的川江船工们驾船劳动时为统一动作和节奏，由号工领唱，众船工帮腔、合唱的一种民间歌唱形式。它随航运事业的兴起而产生，至今已有数千年的历史。重庆是川江号子的主要发源地和传承地之一。

川江号子是长江流域独特的民间艺术形式，它是在特殊的地理环境下产生的，川江号子的流传地一带水路曲折，山势险峻，特别是经过险要的三峡山川时，船工们寸步难行，它的存在体现了自古以来川江各流域劳动人民面对险要的自然环境不屈不挠的抗争精神和不失幽默的性格特征。在音乐形式和内容上，它的发展较为完善，具有很高的文化历史价值。川江号子曾多次走出国门为祖国赢得荣誉，成为风靡世界的音乐。

随着机动铁船的普及，公路的兴起，川江流域的原始木船变得少起来，船工都纷纷退出此行，目前健在的老船工和熟悉川江号子的老艺术家都已经老了，川江号子生存发展的基础开始动摇，濒临失传困境。李双江的《船工号子》曾引起轰动，但随着时间的流逝，喜欢的人慢慢少起来，人们又逐渐淡忘了。为抢救、传承、发展这笔宝贵的文化遗产，有人提出在重庆成立川江号子协会，并得到相关部门的支持，还在酝酿成立川江号子艺术团，围绕川江号子排演各种类型的文艺节目，成立川江号子学习班，培养川江号子接班人。川江号子是重庆地方特色音乐之一，教师在介绍当地音乐的同时让当地中小学学生了解、欣赏川江号子，这样也更有利于川江号子的传承与发展。

3. 吹打音乐

重庆地区的吹打乐也是本地的特色音乐之一，最具代表的有重庆市万盛区金桥镇的金桥吹打和巴南区接龙镇的接龙吹打两种民间吹打乐，距今有几百年的历史，用于很多场合，特别是在喜庆的时候，曲目丰富，极具地方特色，被列为“巴渝十大民间艺术”的行列，两地也被重庆市文化局命名为“吹打乐之乡”。

金桥吹打主要乐器有唢呐、鼓、锣、钵，其音域宽、音量大、力度厚、音色明快、穿透力强，其最显著的艺术特色是刻意模仿群马奔腾的“马风派”演奏。金桥吹打在四川省、重庆市的演出比赛中多次获奖。“接龙吹打”已入第一批国家级非物质文化遗产名录。在接龙镇的重大节日和庆祝活动中，人们就可以看见一支穿着黄、红、蓝、白、绿五种颜色的吹打服的民间吹打队，吹着唢呐，打着锣鼓，其场面既热烈又壮观，整个山乡都沉浸在一片欢乐气氛之中。

目前，有造诣的吹打乐手年事渐高，年轻人参加吹打乐的日趋减少，一些绝技难以传承，接龙吹打与金桥吹打均处于濒危状况，急需抢救保护。我们可以在中小学音乐课堂上，让学生了解这些乐器，感兴趣的学生还可以将它排练参加文艺演出，这样既体现地方特色音乐的文化，丰富了学生文艺活动内容，又有利于当地音乐文化的传承发展。

4. 摆手舞

摆手舞是土家族最具代表性的民间舞蹈形式，反映了土家人对神灵的敬畏和祖先的崇拜，对现实环境的抗争和不屈不挠的斗争精神，以及热爱劳动、热爱生活和对美好未来的无限向往。摆手舞再现了土家族农耕生活的全过程，是了解和研究土家文化的重要材料。

摆手舞的音乐节奏大多欢快愉悦，轻松活泼，在重庆的酉阳、秀山等地盛行。摆手舞是土家族人生活的一个重要组成部分，是保留、保存土家人民风俗、文化传统的少数民族艺术瑰宝，在不断的发展中摆手舞的内容、形式，举办的时间、地点，参加的人员，活动的规模发生了较大的变化，已成为各族人民群众喜闻乐见的文化娱乐活动。在有些地方，每当夜幕降临，随着音乐声响起，广场上就有从四面八方云集而来的各族群众跳起土家族摆手舞。这也是重庆地区优秀的音乐，但在今天，只有当地才有这种音乐，重庆地区的其他地方很多都不了解，导致后继乏人，使得它正一步步走向消亡。既然是大众的，人们都有喜爱的音乐，可以在课间休息时作为一项放松的运动推广它。这样既有利于学生缓解疲劳，也让这成为当地中小学校园音乐文化的一大特色，更好地促进摆手舞的传承发展。我有一次在教师生日会上，教老师们跳摆手舞，他们都说还是挺喜欢的，但以前不会跳，也没有这样的机会去学跳，这说明不是他们不喜欢这些音乐，而是没有机会让他们去了解，才导致对自己本土音乐文化如此陌生。

在重庆地区有这么多优秀的音乐文化，但却没有能融入中小学生课堂，让本地学生了解，导致这么多优秀音乐由于后继乏人正在一步一步远离我们。我相信在中国的其他地方也同样存在着这种类似的情况，这说明我们的民族音乐正面临着失传的危机。我们需要把这些优秀的、富有各地地方特色的音乐传承与发展下去。大多数原因都是因为现在的人对这些音乐的不了解，因此就谈不上兴趣了，现在的孩子们在日常生活中更多地接触到的是流行音乐，就连幼儿园的小朋友嘴里唱的都是《老鼠爱大米》《两只蝴蝶》，中小学生了解这些地方特色音乐的人更是少，便造成了后继无人的结果。因此，我们需要将地方音乐融入中小学的音乐课堂，让每个地方的音乐能更好地传承与发展，让孩子们学习民族音乐、本地音乐，发扬富有地方特色、富有中国民族特色的音乐。

结语

地方音乐反映出一个民族的生活状态、生存方式和情感寄托，与地方民族大众的生活、劳动、爱情息息相关，是非常优秀的作品。我们不能使祖先们留给我们的这么优秀的音乐文化随着时光的流逝渐渐离我们远去，各个地方的音乐文化不能因为后继无人而渐渐消失。中小学生作为祖国的接班人，有必要了解本地音乐文化。因此有必要在中小学的音乐教育中开设地方特色音乐课，让更多的人了解、喜欢、学习地方音乐、民族音乐，让这些音乐得以传承与发展，让本地音乐走向全中国，让中国的民族音乐走向世界。

参考文献：

《川剧》杜建华著，四川出版集团，四川人民出版社 2007 年 5 月
《音乐教育心理学概论》赵宋光主编，上海音乐出版社
《柯达伊音乐教育思想与实践》杨立梅主编，中国人民大学出版社
《中国少数民族传统音乐》田联韬主编，中央民族大学出版社